# 高麗末 懶翁의 禪思想 研究

金 曉 呑 著

民 族 社

1999

# 高麗末 懶翁의 禪思想 研究

金 曉 呑 著

# 머 리 말

　이 책은 몇 년 전 『懶翁惠勤의 禪思想 研究』라는 제목으로 제출했던 박사학위논문을 다시 보완·수정한 것으로서 太古普愚, 懶翁惠勤, 白雲景閑이라는 여말 3대화상에 대한 연구를 심화시켜 가는 과정에서 두 번째로 얻은 작은 결실이다.

　필자는 일찍이 불가에 입문하여 講院에서 大敎를 마치도록 많은 경전과 조사어록을 보면서 엉뚱하게도(?) "내 앞에 놓여 있는 이 경전과 어록이 어떻게 내 앞에 놓여 있는가, 그리고 이것들은 현재 나의 수행에 있어서 어떤 의미를 가져다 주는가"와 같은 의문을 가지게 되었다. 또한 필자가 특히 선사상에 관심을 가지게 된 것은 출가한 곳이 수덕사 견성암 선원인 까닭에 선과의 접촉이 자연스러웠고, 선사상으로 우리의 심성을 풍부하게 하고 좀더 자유스러운 인간이 될 수 있다는 확신을 가지면서부터였다. 이것이 내가 불교도이면서 사학을 공부하게 된 직접적인 동기다.

　그후 필자는 역사와 불교라는 두 가지 화두를 가지고 그 과제에 어떻게 접근해 나가야 하며, 어떻게 접목할 수 있을까 고심하였다. 언제나 이 두 과제 앞에서 중심 잡기에 조심스러웠고, 불교학자와 역사학자에 각각 주어지는 비판을 겸허히 경청해 왔다.

　시대적으로 고려말기를 택한 이유는 역사에서 여말 불교의 번영과 쇠퇴를 규명하고 싶었던 까닭이다. 불교는 왕실의 지원과 고승의 활동,

6

단월의 지원 등 세 가지 측면에서 살펴볼 수 있는데, 대체로 이 세 가지 요소가 조화를 이루면서 사회 전체에 긍정적인 역할을 함으로써 번영하였다 할 수 있다. 그리고 쇠퇴의 원인은 번영의 원리를 뒤집어서 생각할 수 있다. 과거 신라는 고려에게 왕조의 자리를 내주었으나 불교는 그대로 국교로서 존속하였다. 그런데 왜 조선시대에는 국교의 자리를 유교에 내주지 않으면 안 되었는가. 고려 말은 어느 때보다도 선사상이 완숙된 시기였고 많은 고승들의 노력이 경주되었던 때였다. 그럼에도 불구하고 왜 불교가 국교로서의 위치를 유교에 내주어야만 했던가 하는 문제는 관심의 대상이 아닐 수 없었다.

고려말 선사상 가운데 특히 나옹혜근의 선사상에 관심을 가지게 된 것은 그가 여말 역대 고승 선사상 가운데 가장 폭 넓은 선사상의 실제를 보이고 있기 때문이다. 혜근은 국내외에서 여러 선사상을 폭 넓게 섭렵하였을 뿐 아니라 이들 선사상에 내재한 폭 넓은 실제성을 유감없이 활용하는 데 누구보다 뛰어났다. 그것은 그의 사상이 철저한 대중구제 의식에 입각한 대기설법에 기반을 두고 있기 때문이다.

나옹혜근은 법통설에 있어서도 논쟁의 대상이다. 조선후기의 법통에 대한 논쟁은 조선 불교의 성격을 잘 나타내고 있다. 현재 '태고법통설'로 확정하고 있으나 아직까지도 그 까닭이 충분히 다루어졌다 할 수 없다. '태고법통설'과 '나옹법통설'을 진지하게 재검토하여 조선 법통설에 대한 이해를 돕고자 하였다.

또한 나옹혜근은 조선시대에 와서도 석가모니불의 후신으로서, 조사로서, 각종 법요식의 증명법사로서 크게 숭앙된 데서 알 수 있듯이, 여말의 대표적 고승으로서 한국 선사상의 큰 줄기를 이루고 있다. 뿐만 아니라 그의 선사상은 지금까지도 우리에게 올바른 역사인식과 적극적인 삶의 모델을 제시해 주고 있다. 따라서 나옹혜근의 생애와 행장, 그리고 그의 선사상을 새롭게 조명하는 것은 매우 중요한 의미를 지니고 있다고 본다.

  그러나 본 연구를 진행하면서 여러 가지 아쉬운 점이 많았다. 나옹혜근에 관한 연구가 몇 편 나와 있지만 총체적인 연구는 거의 없다는 점이다. 필자는 선학들의 연구를 토대로 나름대로의 관점을 가지려고 노력하였다. 고려말기라는 역사적 상황과 혜근의 선사상이 다른 선사들과 비교하여 독특할 수밖에 없었던 점을 규명하고, 그의 선사상의 폭 넓은 수용성, 사상성에 유의하면서 고려 말이라는 시대적 상황에서 對機說法하는 그의 실제적·총체적인 활용성을 강조한 것 등이 바로 그것이다. 재주 없고 우둔한 하근기인지라 잘못된 천착과 단견이 많으리라고 생각하며 이에 대한 선학들의 아낌없는 비판과 가르침을 기대한다.

  끝으로 나옹혜근의 선사상 연구를 여러모로 자상히 지도해 주시고 이끌어주신 洪潤植 지도교수님과 많은 가르침을 주신 박성봉, 목정배, 진성규, 김상현 교수님께 깊은 감사를 드리며, 출가 이후 오늘에 이르기까지 수행과 학문에 전념할 수 있도록 배려해 주신 은사 度律스님께 깊은 감사를 드린다. 그리고 편집일을 도와준 尋源스님과 오늘이 있기까지 여러 측면에서 도움을 주신 여러분들께 감사를 드린다. 특히 출판을 재촉해 주신 민족사 윤창화 사장님과 수고해 주신 직원 여러분께 심심한 사의를 표한다. 아울러 이 땅에 선풍이 크게 일어나고 부처님의 지혜 광명이 충만하기를 기원한다.

1999년 8월

金曉呑 合掌

# 차 례

# 제1장 序 論

근래 들어 한국 불교사에 관한 연구가 더욱 활발히 이루어지고 있다. 그중에서도 신라 불교사에 관한 연구는 이미 괄목할 만한 성과를 거두었다. 그것은 불교문화가 삼국시대와 통일신라시대에 걸쳐 크게 융성했기 때문이다. 해방 이후 국학관계 연구에서 특히 고려의 정치·경제·사회사에 대한 연구가 크게 두드러졌으나 고려 불교사에 관한 연구가 본격적으로 눈에 띄기 시작한 것은 최근의 일이다. 특히 고려후기 불교사에 대한 관심이 어느 때보다도 높아져 고려 불교사 연구의 한 주요한 흐름이 되고 있다.

고려후기 불교사는 크게 무신난을 계기로 대별되는 結社運動의 사상과 그 역할, 普照知訥의 불교사상, 定慧結社와 白蓮結社運動, 무신정권과 修禪社의 관계와 고려말기 사회·사상과 관련한 臨濟禪의 수용, 공민왕의 개혁정치와 普愚, 指空, 懶翁의 사상, 사회 변동에 따른 儒·佛 交代 등이 깊이 있게 다루어져 왔다. 고려 불교사에 대한 이러한 집중적인 연구는 고려후기 불교에 대한 인식의 심화와 함께 주목할 만한 성과를 가져왔다.

고려후기 불교사에 관하여 연구성과가 어느 정도 축적되었다고는 하나 연구시각을 달리하여 지금까지 알려진 자료를 면밀히 재검토함으로써 고려후기 불교사의 실상을 좀더 명확히 파악할 수 있도록 해야 한다. 그리고 자료 면에서도, 고려 말 승려들에 대한 중국측 자료를 발굴해서 기존의 자료와 비교하는 작업이 계속되어야 한다.

본 연구에서는 고려 말에 활동한 승려들 가운데 懶翁惠勤(1320~1376)에 관한 심층적 분석과 검토를 통해서 그의 사상이 고려 말 불교계와 고려 사회에 어떠한 영향을 끼쳤는가를 살펴보고자 한다. 특히 혜근이 당시 고려 사회를 어떻게 인식하였고 또 어떻게 대응해 나갔는지를 그의 어록, 가송, 기타 관계자료를 통해서 접근하고자 하였다.

# Ⅰ. 문제제기와 연구사적 검토

불교사를 연구하면서 유의할 점으로는 다음의 두 가지를 들 수 있다. 첫째는 불교사에 대한 올바른 인식이다. 불교사에서 특정한 인물이나 사상을 다룰 때 그 시대적 배경을 고려해야 한다는 사실을 간과해서는 안 된다. 한 시대라는 배경 아래서 그 인물이 성장하고, 그 시대의 필요에서 특정 사상이 배태되는 것은 당연하기 때문이다. 즉 그 시대의 정치적·사회적·경제적 현상들에 대한 충분한 이해를 토대로 해야만 특정한 인물이나 사상에 대한 명확한 인식이 가능한 것이다. 불교사 역시 그렇고, 한 인물을 통한 불교사에 대한 접근도 예외는 아니다. 한 인물에 대한 종합적인 이해는 반드시 종합적인 역사인식이라는 바탕 위에서 면밀히 검토될 때 비로소 그 인물에 대한 총체적인 조명이 가능할 것이다.

둘째는 방법론상의 문제이다. 이것은 앞서 말한 문제와 무관하지 않다. 특히 불교사를 연구함에 있어서 역사학자와 불교학자 사이에 나타나는 방법론과 시각의 차이를 극복해야 한다. 불교학자들은 불교 사상이나 신앙을 순수한 종교적 현상으로 파악하여 교리적 해석에 치중하고 있다. 여기에 반하여 역사학자들은 이를 정치·사회적 현상으로 파악한다. 역사학자들의 이러한 태도에 대하여 불교학자들은 불교를 종교적 관점에서 보지 않고 정치적인 면과 관련시켜 해석하고 있다고 비판하고 있다.

역사학자들이 불교사에 접근할 때에는 어디까지나 불교 사상과 교리면에 유념하면서 이를 정치·사회적인 현상과 관련시켜 진행해야 한다. 따라서 불교사 연구에 있어 불교학과 역사학의 상호 긴밀한 협력이 절실히 요구됨은 재삼 거론할 필요도 없는 것이다.[1]

한편, 국문학과의 연계도 고려되어야 한다. 특히 논의의 대상이 되는 인물이 많은 문학작품을 남기고 있다면 국문학과의 연계는 간과할 수 없는 중요한 문제이다. 이는 불교사에 대한 인식의 지평을 확대하는 작업이 될 것이며, 대상인물의 사상은 물론 그가 살다 간 시대의 배경에 대한 안목을 키워줄 것이다.

1980년대까지 고려후기 불교사에 대한 많은 연구성과가 나왔다. 이는 주로 수선사[2]나 백련사의 결사운동,[3] 무신정권과 선종의 관계,[4] 일연과

---

1) 李基東,「新羅社會와 佛敎 —— 國家權力과 身分制社會와의 관련에서」,『佛敎와 諸科學』, 동국대 출판부, 1987, pp. 960~961.

2) 秦星圭,「高麗後期 修禪社의 結社運動」,『韓國學報』36, 일지사, 1984.
   崔柄憲,「修禪結社의 思想史的 意義」,『普照思想』제1집, 불일출판사, 1987.
   韓基斗,「定慧結社의 本質과 그 變遷」,『普照思想』제1집, 불일출판사, 1987.

3) 閔泳珪,「高麗 雲默和尙 無寄 茸佚 —— 無寄警策과 釋迦如來行蹟頌 幷序」, 朴吉眞博士華甲記念『韓國佛敎思想史』, 원광대 출판부, 1975.
   高翊晋,「圓妙了世의 白蓮結社와 그 思想的 傳統」,『佛敎學報』제15집, 동국대 불교문화연구소, 1978.
   _____ ,「白蓮社의 思想傳統과 天頙의 著述問題」,『佛敎學報』제16집, 동국대 불교문화연구소, 1979.
   蔡尙植,「高麗後期 天台宗의 白蓮社 結社」,『韓國史論』5, 서울대 인문대학 국사학과, 1979.
   李永子,「天因의 法華懺法의 展開」, 佛敎文化硏究所 編,『韓國天台思想硏究』, 동국대 출판부, 1983.
   許興植,「眞靜國師의 生涯와 時代認識」,『東方學誌』제35집, 연세대 국학연구원, 1983.

4) 閔賢九,「月南寺址 眞覺國師의 陰記에 대한 一考察 —— 武臣政權과 曹溪宗」,『震檀學報』36, 진단학회, 1973.
   金塘澤,「高麗崔氏武人政權과 修禪社」,『歷史學硏究』Ⅹ, 전남대 사학회, 1981.

『삼국유사』,[5] 불교행사나 제도, 사원경제나 대장경에 관한 연구[6] 등을 관심영역으로 하고 있다. 최근 연구자의 수적 증대와 함께 연구범위의 확대는 元 간섭기는 물론 고려 말에 이르기까지 폭 넓은 연구를 가능하게 하였다. 또한 비록 한 권의 책으로 불교계의 실상을 파악하기에는 부족한 감이 없지 않으나, 채상식의 『고려후기불교사연구』, 허흥식의 『고려불교사연구』, 『한국중세불교사연구』 등이 있어, 고려시대 불교계에 대한 대체의 윤곽을 이해하는 데 도움을 주고 있다.[7]

고려후기 불교사에 대한 연구를 주제별로 보면 수선사나 지눌에 관한 논의가 이루어지면서 수선사의 결사운동이나 사상체계, 무신정권과의 관계에 대해서는 상당 부분 밝혀졌다. 또한 수선사 활동과 관련하여 백련사의 결사운동에 대한 연구도 상당한 수준으로 진척되었다. 고려후기 인물들에 관한 연구도 주로 이 두 결사를 대표하는 사람들을 중심으로 이루어졌다. 반면 원 간섭기 불교계의 동향에 관한 연구는 저조한

---

秦星圭, 「崔氏武臣政權과 禪宗」, 『佛敎硏究』 6·7합집, 1992.

5) 震檀學會 編, 「三國遺事에 대한 綜合的 檢討」, 『震檀學報』 36, 1973.

金煐泰, 「三國遺事의 體裁와 그 性格」, 『論文集』 13, 동국대 출판부, 1974.

蔡尙植, 「普覺國尊 一然에 대한 硏究」, 『韓國史硏究』 38, 한국사연구회, 1982.

金相鉉, 「三國遺事의 刊行과 流通」, 『韓國史硏究』 38, 한국사연구회, 1982.

嶺南大 民族文化硏究所 編, 『三國遺事硏究』 上·下, 1983.

洪潤植, 『三國遺事와 韓國古代文化』, 원광대 출판부, 1985.

韓國精神文化硏究院 編, 『三國遺事의 綜合的 檢討』, 1987.

6) 金炯佑, 『高麗時代 國家的 佛敎行事에 대한 硏究』, 동국대 출판부, 1992.

李載昌, 『高麗 寺院經濟의 硏究』, 동국대 박사학위논문, 1974.

劉昌翼, 『高麗 寺院經濟에 관한 硏究』, 성균관대 석사학위논문, 1984.

李炳熙, 『高麗後期 寺院經濟의 硏究』, 서울대 박사학위논문, 1992.

高麗大藏經硏究會, 『高麗大藏經 硏究資料集』 II, 1989.

7) 蔡尙植, 『高麗後期佛敎史硏究』, 일조각, 1991.

許興植, 『高麗佛敎史硏究』, 일조각, 1986.

______, 『韓國中世佛敎史硏究』, 일조각, 1994.

편이다.[8]

나옹혜근에 관한 논문으로는 대략 지공과의 관계, 그의 선사상의 특징과 조계종의 법통문제, 그리고 조선시대 불교계에 미친 영향, 그리고 그의 선시를 문학적 입장에서 이해하고자 한 것 등이 있다.[9]

혜근에 관해 먼저 주목한 쪽은 불교학계나 역사학계가 아닌 국문학계였다. 국문학계에서는 혜근의 작품이 歌辭文學의 효시라고 밝히고 있다. 최근 김종우, 이종군, 정원표 등 국문학계의 성과는 주로 국문학의 범위에 속하는 것이라고는 하지만 혜근의 연구에 적지 않은 시사점을 주고 있다.[10]

혜근에 관한 연구는 근래에 와서 지공과의 관계를 다루면서 그 범위

---

8) 李龍範, 「元代 喇嘛敎의 高麗傳來」, 『佛敎學報』 제2집, 동국대 불교문화연구소, 1964.

　　蔡尙植, 「高麗後期 佛敎史의 展開樣相과 그 傾向」, 『歷史敎育』 35, 역사교육연구회, 1984.

　　閔賢九, 「辛旽의 執權과 그 政治的 性格」 上·下, 『歷史學報』 38·40, 역사학회 1968.

　　安啓賢, 「麗元關係에서 본 高麗佛敎」, 黃義敦先生古稀紀念 『史學論叢』, 동국대 사학회, 1960.

9) 許興植, 「指空의 佛敎思想과 麗末鮮初의 現實性」, 碧史金佑成敎授停年退任記念論叢 『民族史의 展開와 그 文化』 上, 여강출판사, 1990.

　　＿＿＿, 「指空碑文의 綜合的 檢討」, 『鄕土文化』 5집, 밀양고적보존회, 1990.

　　＿＿＿, 「指空의 原碑文과 碑陰記」, 李箕永博士古稀記念論叢 『佛敎와 歷史』, 한국불교연구원, 1991.

　　＿＿＿, 「指空의 遊歷과 定着」, 『伽山學報』 창간호, 가산불교문화연구원, 1991.

　　＿＿＿, 「懶翁의 思想과 繼承者」 上·下, 『韓國學報』 58·59집, 일지사, 1990.

　　辛奎卓, 「懶翁和尙의 禪思想」, 『三大和尙硏究』, 회암사, 1996.

10) 金鐘雨, 「懶翁과 그의 歌辭에 대한 硏究」, 『歌辭文學硏究』, 정음문화사, 1979.

　　李相寶, 『韓國歌辭文學의 硏究』, 형설출판부, 1991.

　　鄭垣杓, 「懶翁和尙 偈頌의 文學的 性格」, 『三大和尙硏究論文集』, 회암사, 1996.

　　李鍾君, 『懶翁和尙의 三歌硏究』, 부산대 박사학위논문, 1996.

18

가 넓어졌는데, 그의 사상과 법맥에 대하여 논한 것으로는 허흥식, 한기두, 서정문(宗梵) 등의 논문이 있다. 그 밖에 박호남, 신규탁, 이철헌 등의 논문이 그의 사상을 다루었으나, 당시의 시대상과 관련시키면서 철저하게 규명하는 데까지 미치지는 못하고 있다.

주지하다시피 혜근은 보우와 함께 공민왕대에 각각 왕사와 국사를 지냈을 뿐만 아니라, 그와 더불어 '麗末三師'로 불리는 보우·백운과 함께 조계종의 승려로서 임제선을 수용하여 적극적으로 교화활동을 펴는 등, 원 간섭기 동안 침체되었던 고려 불교계에 활력을 불어넣으면서 선풍을 크게 진작하였다. 또한 인도승 지공으로부터 직접 인도의 사상을 접하였다. 조선시대에 와서도 혜근은 지공·자초와 더불어 3대화상으로 계속 존숭되었다. 이것만 보더라도 그가 불교사에서 중요 인물로 거론되기에 충분하며, 한국 불교사에서의 위치를 넉넉히 가늠할 수 있다. 이러한 점에 비추어볼 때 그 동안 혜근에 관한 심층적이고 종합적인 접근이 없었다는 것은 몹시 아쉬운 일이 아닐 수 없다.

혜근에 관해서는 그의 사상을 집약적으로 담고 있는 『懶翁和尙語錄』과 『懶翁和尙歌頌』 및 기타 혜근 관계자료의 유기적인 검토를 통하여 그의 선사상과 그 특징을 살펴 혜근이 제시하였던 시대상과 인간상, 그리고 수행의 구체적 방법과 교화의 내용을 드러낼 필요가 있다. 이러한 작업을 통해서 보조지눌·태고보우와의 공통점과 차별점도 자세히 밝혀질 것이다. 여말 변동기 혜근이 차지하는 역사적·사상사적 위치를 감안할 때, 그의 선사상의 내용과 사상적 위치를 밝히는 것은 한국 불교사를 폭 넓게 이해하는 데 큰 도움이 될 것이다.

# Ⅲ. 연구목적과 방법·범위

이 책의 연구범위는 나옹혜근이 살았던 원 간섭기의 충숙왕 7년(1320)부터 우왕 2년(1376)까지로 하며, 고려후기 불교사상사에 대한 좀더 심층적인 접근을 위하여 혜근을 중심으로 그의 선사상과 선사상의 활용에 천착하였다. 혜근은 정치·사회적으로는 원 간섭의 탈피와 대륙에서의 왕조의 변동, 그리고 종교·사상적으로는 유·불의 교체라는 격동의 시대를 살다 간 인물이다. 변혁기를 살다 간 혜근에 대한 연구는 고려후기 불교사에 대한 폭 넓은 이해를 가능하게 해줄 것이다.

제2장에서는 나옹혜근의 사상을 검토하기 위하여 그의 생애와 시대인식을 검토하였다. 혜근의 생애는 그의 궤적을 따라 출가·수행기 : 출생 ~入元 전, 구법·유력기 : 入元~귀국 전, 교화·활동기 : 귀국 후 ~입적으로 나누고, 주로 혜근의 비문과 행장을 중심으로 각 시기의 시대적 연관성을 살폈다.

아울러 혜근이 살다 간 전후 시기의 교단 내외의 상황과 여말 성리학과 불교계의 동향을 살펴보고자 하였다. 한 인물에 대한 연구는 시대적 배경과 아울러 그의 사상이 함께 조명되어야 한다. 시대가 영웅을 만든다는 말도 있듯이 한 사람의 사상은 반드시 그 시대적 배경과의 상관관계 속에서 파악해야 한다. 혜근이 살다 간 시기는 교단 안팎으로 혼란이 거듭되던 시기였다. 밖으로는 1세기에 걸친 원의 지배 아래서 국운이 쇠하고 왕조의 지배력이 약화되어 가는 시기였다. 이러한 틈을 타고

20

홍건적이 2차례나 침입하였으며, 왜구의 침입도 잦았다. 안으로는 僧政의 혼란과 함께 사상적으로는 성리학의 도전이 가중되고 있었으며 성리학의 수용과 더불어 사회구조가 서서히 변화되고 있었다.

이처럼 어려운 상황에서 여말의 선사들이 원에 들어가 임제선을 전승하고 있음은 주목할 만한 일이다. 이것은 불교계의 혼란과 국가적 위기를 극복하기 위한 적극적 태도로 파악된다. 이러한 시대적 배경 속에서 혜근이 그 시대적 상황을 어떻게 인식하였으며, 자신이 극복해야 할 과제를 어떻게 풀어나가고자 하였는가 알아보았다. 이를 위하여 시대적 배경, 지공·임제선의 전승, 工夫選의 실시와 檜巖寺 중창으로 나누어 검토하였다.

제3장은 나옹혜근의 선사상이 그의 생애를 통하여 어떻게 전개되어 갔는지를 살펴보고자 하였다. 이미 국내에서 깨달음을 이루었고 여러 선종의 가풍을 충분히 익히고 있던 혜근이지만, 원에 들어가 西天 指空의 선과 平山處林에게서 임제선법을 전승하고 돌아와 여말 선풍을 크게 진작시켰다. 그러므로 혜근이 이러한 지공선과 임제선을 어떻게 이해하고 현현하고 있는가를 규명하기 위해 여러 선종의 영향, 지공 선사상의 영향, 임제 선사상의 영향으로 나누고 그 각각이 어떻게 전개되어 갔는지를 살펴보았다. 그 다음으로 혜근선의 확립과정, 즉 혜근이 지공선·임제선을 자신의 선사상 속에서 유감없이 발휘하였으며, 나아가 이를 더욱 심화시켜 자신만의 선의 세계를 구축하고 있음을 살펴보았다.

이러한 것들이 고려 사회와 元代 사회의 이해 속에서 불교의 상관성과 함께 고려된다면 혜근의 선사상을 이해하는 데 도움이 될 것이다. 따라서 가능한 범위 내에서 상호 영향관계를 염두에 두고 혜근 선사상을 전개하였다.

제4장에서는 나옹혜근 선사상의 특징을 살펴보았다. 그리하여 여러 선종 가풍의 수용, 선·교·계·밀의 회통, 정토사상의 수용, 가사문학의 전개, 지눌·보우의 선사상과의 비교로 나누어 검토하였다. 혜근은

국내에서 전통적인 수행방법에 따라 깨달음을 이루었을 뿐만 아니라, 국내에 이미 들어와 있는 모든 선풍을 널리 수용하고 선 속에 교·계·밀을 회통시키고 있는데 이것은 선 안에 불교의 여러 사상을 널리 융섭, 일치시키려는 선가의 노력과 그 궤를 같이하는 것이다.

한편, 선의 입장에서 다양한 정토사상의 수용과 함께 '歌三首' 등을 짓고 있는데, 이는 혜근이 갖는 대중교화의 측면을 잘 드러내는 것으로서 혜근 선사상의 또 다른 특징이라 하겠다. 그리고 지눌과 보우의 비교는 혜근의 선사상을 이해하는 데 일조할 수 있다. 이와 같은 다각적인 검토에 의해서 여말 한반도에서 지눌 이후 조계종의 선풍이 혜근에 와서 어떻게 결실을 맺고 있으며 후대에 어떠한 영향을 끼쳤는지 살펴보았다.

제5장에서는 나옹혜근의 法孫과 法統說을 재검토하였다. 먼저 법손의 문제에 대하여는 混修와 自超가 모두 혜근의 상수제자임을 밝히고자 하였으며, 혜근의 법통에 관한 문제는 혜근을 둘러싼 다양한 법통설을 재검토하여 보았다.

혜근은 보조지눌 이후의 한국 전통선의 맥을 잇고 있고, 지공의 선과 평산의 임제선풍을 잇고 있다. 뿐만 아니라 조동종과 법안종의 선풍도 수용하고 있는데 이것은 혜근선의 포용성과 독창성을 보여주는 일례라 할 수 있다. 하나의 용광로 속에서 각종 쇠붙이들이 녹아 다시금 여러 금속이 탄생하듯이 혜근 또한 다양한 선풍을 수용함에 따라 여러 갈래의 법맥을 내고 있다. 조선중·후기 이래 논의를 거듭해 온 太古法統說은 유학의 영향 아래 중국(明)을 의식하여 지나치리 만큼 嫡子相承을 고집한 결과로서 한국 선의 축소를 가져올 우려가 있다. 나옹법통설은 이러한 점에서 다시 강조될 필요가 있다.

혜근은 여말 선사상의 대성자·실천자로서뿐만 아니라 조선시대에 와서는 석가불의 후신·조사·3대화상·증명법사로서 존숭되었으며 儀式集에 이르기까지 큰 영향을 끼치고 있다. 여기서는 혜근에 대한 역사적·사상적 평가와 그의 인간상이 어떻게 정립되고 있는가를 살펴보고, 궁극적으로는 혜근이 차지하는 역사적 위치를 규명하고자 하였다.

이와 같은 작업을 위하여 일차적으로 혜근의 어록, 가송, 그에 관한 비문을 기본사료로 이용하였다. 여말 시대상과 정치적 활동에 관해서는 『고려사』, 『고려사절요』 등의 사서를 참고하였으며, 혜근의 선사상에 관해서는 주변의 禪籍을 참고하였다.

# 제2장 懶翁의 生涯와 時代認識

# Ⅰ. 懶翁의 생애

## 1. 출가·수행기

나옹혜근의 행장에 따르면 그는 충숙왕 7년(1320) 1월에 출생하여 충혜왕, 충목왕, 충정왕, 공민왕대를 거쳐 우왕 2년(1376) 5월에 神勒寺에서 입적하였다. 이 시기의 대외적 정치상황은 원 지배의 정착이라는 소강상태에서 일단의 평원한 상태를 유지한 듯하나, 공민왕대에 들어오면서 중국대륙에서는 원·명이 교체되는 격변이 진행되고 있었으며, 국내적으로는 이러한 원의 혼란기를 틈타 反元정책이 실시되고 홍건적과 왜구의 침입도 잦았다.

사상적으로는 불교계에서의 임제선의 전승과 유교계의 성리학의 발전, 그리고 이어서 유·불교대라는 크나큰 변화가 일기 시작하였다.

먼저 혜근의 생애에 대해서는 아래와 같은 자료가 있고 그외에『고려사』,『고려사절요』 등을 단편적으로 참고할 수 있다.

覺宏 錄, 「懶翁行狀」[1]
李穡 撰, 「楊州檜巖寺禪覺王師碑」[2]

---

1) 『韓國佛教全書』(이하『韓佛全』), 6-703~709. 정식명칭은 「高麗國王師大曹溪宗師禪教都摠攝勤修本智重興祖風福國祐世普濟尊 者諡禪覺懶翁和尙行狀」(이하 「懶翁行狀」).

2) 『朝鮮金石總覽』上, pp. 498~502. 정식명칭은 「高麗國王師大曹溪宗師禪教都摠攝勤

權近 撰, 「靑龍寺普覺國師定慧圓融塔碑」[3]

　나옹혜근의 생애는 편의상 크게 세 시기로 구분지을 수 있다. 즉 출생에서부터 출가하여 구법을 위해 중국으로 들어가기 전까지의 국내 수행기(충숙왕 7년, 1320~충목왕 3년, 1347)와 중국에서 10년간 체류하며 구법한 시기(충목왕 3년, 1347~공민왕 7년, 1358), 그리고 고려에 돌아와 교화를 펼치다 입적한 때(공민왕 7년, 1358~우왕 2년, 1376)까지의 시기이다. 그중 마지막 세 번째가 혜근의 생애에서 가장 중요한 시기로서 왕의 부름에 응하는가 하면 공부선을 주관하고, 회암사를 중창하였으며 그의 선사상을 유감없이 펼치던 중 돌연한 추방과 입적이라는 벽에 부딪혀 그의 뜻이 좌절되고 만 시기이다.

　師의 법명은 惠勤, 호는 懶翁이며 주거처를 따서 江月軒이라고도 부른다. 본래 이름은 元慧, 성은 牙氏이다. 경북 영해 사람으로 부친은 牙瑞具로 膳官署令의 벼슬을 하였고, 모친은 鄭氏이다. 어머니가 어느 날 꿈에서 황금빛 새 한 마리가 품에 알 하나를 안겨주는 꿈을 꾸고 태기가 있어 혜근을 출산하였다 한다. 고려 충숙왕 7년 1월 15일의 일이다. 혜근은 날 때부터 영특하고 골상이 남과 달랐다. 모든 일에 남달리 열중하는 버릇이 있었으며 의문이 생기면 그 의문을 풀려고 끝까지 노력하였다.

　그런데 다정한 친구의 죽음은 그에게 無常을 깨닫게 하였다. 그는 인간의 생존에 대하여 깊은 회의를 품고 삶과 죽음의 문제를 풀고자 출가를 결심하니 나이 20세 때였다. 이후 혜근의 행장에는 그가 敎學을 공부했다든가, 구체적으로 어떤 경전을 열람했다든가 하는 기록이 보이지 않지만 이미 출가 전에 어느 정도 敎에 대한 지식을 갖고 있지 않았을

---

　　修本智重興祖風福國祐世普濟尊者謚禪覺塔銘」이다.
3) 『朝鮮金石總覽』 下, 아세아문화사, 1976, pp. 719~725.

까 추측된다. 또한 당시 유·불의 교류가 확대되어 있었고 그의 사려 깊은 태도로 보아 유교경전에 대한 접촉도 충분히 가능하였으리라 생각된다.

혜근의 유년시절 수학에 대해서는 그 이상 구체적인 내용은 알 수가 없다. 다만 충숙왕 13년(1326, 7세) 지공이 고려에 들어왔을 때 그에게 無生戒를 받은 것으로 보아 출가 전에 지공과는 이미 戒師와 受戒者의 관계를 맺고 있음을 알 수 있다.[4]

이렇듯 20세(충숙왕 후8년, 1339) 때, 친우의 죽음에 자극받아 생사의 해결을 보고자 찾아간 곳은 문경군 사불산 묘적암에 있는 了然선사였다.[5] 혜근이 요연선사에게 입문할 때부터 비범하였음은 다음의 일화에서 알 수 있다. 선사가 득도시 출가의 뜻이 무엇인가 묻자 혜근은 '三界를 뛰어넘고 중생에 이익을 주고자 함'이라고 밝히었다. 다시 '여기에 왔으니 이것이 무슨 물건이냐'는 물음에 '이것은 능히 말하고 능히 들으며 능히 올 수 있는 것이로되, 보려 하면 體가 없으나 가히 보고 찾으려면 물건은 아니지만 가히 찾아지나 이것을 어떻게 닦아나가야 할 줄을 모르겠습니다'라고 답하니 선사가 '나도 너와 같이 온 물건은 아니나 와서 구하는 것은 아직 남았노라'고 하였다. 이 대화에서 볼 수 있듯이 출가 당시 혜근은 이미 불법에 대한 상당한 깨우침이 있었음을 알 수 있다.[6]

이후 요연선사의 권유로 제방의 선사를 찾아 편력하기 5년, 楊州 檜巖寺에 도착하였다(충혜왕 4년, 1344). 이때 일본승 石翁화상이 승당에 내려가 禪床을 치면서 '이 소리를 듣느냐'고 물었으나 대중은 묵묵부답이었다. 이에 혜근은 '선불장 가운데 조용히 앉아 정신차려 눈뜨고 똑바로 보니 보이고 들리는 것 다른 것 아니고 다만 본래의 옛 주인은 바로

---

4) 功德山人, 「懶翁王師의 菩薩戒牒을 보고」, 『佛教』 제5호, 불교사, 大正 13年 11月.
5) 李穡, 「潤筆庵記」, 『東文選』 卷 74. '山中有庵曰妙寂 了然禪師居之 懶翁出家處也'
6) 覺宏 錄, 「懶翁行狀」, 『韓佛全』 6-703.

28

나일세[7]라는 偈를 보였다. 이는 佛性의 자각을 통하여 一切萬有가 바로 나이며, 내가 곧 우주라는 자기 실상을 확인하는 것임을 보여주는 것으로서 그가 이미 깨달음에 접하고 있음을 짐작케 하는 것이다.

그후 혜근은 회암사 외에 여러 사찰을 순력, 수도 정진하며 크게 깨달은 바가 있었다. 혜근이 元으로 들어가기 전의 기간은 나름대로 여러 선종의 가풍과 충분히 접촉하면서 자신의 경험과 지식을 넓히며 이 시대를 헤쳐나갈 방법을 모색하던 시기라고 생각된다. 그 뒤 그는 원으로 건너가(1347, 28세) 10년간 원의 燕京과 강남지역의 고승을 찾아 유력하였다.


## 2. 구법·유력기

혜근이 원에서 구법·유력한 기간은 대략 충목왕 3년 11월부터 공민왕 7년 3월까지의 10년간이다. 당시 불교계 고승들은 안정된 여원 관계와 교류에 힘입어 禪機를 겨루는 한편 중국 임제종과의 직접적인 접촉을 통해 고려 불교계에 새로운 선풍을 불어넣어 활로를 모색하고자 하였다. 이 점은 太古普愚, 白雲景閑, 無學自超, 竺源智泉 등도 마찬가지였다.

혜근은 충목왕 3년 11월에 출발, 이듬해 3월 12일 원의 수도 연경에 있는 法源寺에 도착하여 서천 108조인 지공을 만났다. 지공은 이미 충숙왕 13년(1326)에 고려에 들어와 3년간 머물면서 무생계를 설하여 고려 불교에 큰 영향을 주었으며, 원으로 돌아가서는 대부대감찰 罕帖木兒의 부인 金氏가 희사한 大都의 법원사에 머물며, 在元 고려인과 돈독한 유대관계를 맺고 있었다.

이때 혜근은 '누가 그대를 오라고 가르쳤는가' 라는 지공의 물음에

---

7) 覺宏 錄, 앞의 글, 앞의 책. '選佛場中坐 惺惺着眼看 見聞非他物 元是舊主人'

'제 스스로 왔으며, 뒷사람을 위하여 왔음'을 밝혔다. 혜근의 대답은 요연선사에게 말한 출가의 동기와 궤를 같이하는 것이다. 특히 십이방자를 가지고 왔다는 것은 이미 道를 이루어 十二家를 데리고 왔다는 뜻으로서, 단지 누구에게 배우거나 법계를 전수하기 위해서가 아니라 후인을 위한 구국의 원으로 왔음을 밝히고 있다.[8] 즉, 그는 고려 사회를 위하여 무엇으로든 이바지하겠다는 굳은 결의를 가지고 입원하였던 것이다.

혜근은 그 다음날 지공에게 보인 게송으로 완전한 인가를 받았다.[9] 지공은 이때 '西天의 20인과 東土의 72인이 있으나 그중에도 일등인이요, 찾기 힘든 인물'이라고 혜근을 칭찬하였다. 또한 혜근이 法器임을 알고, 板首로 10년을 있게 하였으니 두 사람은 형식적인 전법의식 이전에 이미 사법관계가 성립되어 있었음을 알 수 있다.

혜근은 한 곳에 오래 머물러 있지 않았다. 일생을 통하여 계속된 이러한 편력은 자신에게는 널리 배우는 기회가 되었음은 물론, 많은 사람들에게 가르침을 펴는 기회가 되었다. 배워야 할 사람이 찾아오기를 기다리는 소극적인 교화가 아니라 직접 찾아나서는 적극적인 교화를 펴나간 것이다.

이후 혜근은 至正 10년(충정왕 2년, 1350) 3월 지공화상의 곁을 떠나 通州를 지나 4월에 平江의 休休庵에서 여름 결제를 지냈다. 휴휴암은 蒙山德異가 머물던 곳으로, 혜근이 이곳을 찾은 이유는 고려에서의 몽산의 영향과 관련이 있다. 임제종 楊岐派에 속하는 鐵山紹瓊의 스승인 몽산덕이는 冲鑑(1274~1338), 混丘(1250~1322), 萬恒(1259~1315) 등과 직간접으로 교류를 가졌다. 조선 세조 때 信眉에 의해 몽산의 어록이 한글로 번역될 정도로 중요시된 것은 이러한 이유 때문이다.[10]

---

8) 覺宏 錄, 앞의 글, 앞의 책, 6-703.

9) 覺宏 錄, 앞의 글, 앞의 책, 6-703 中. '山河大地眼前花 萬像三羅亦復然 自性方知元
　　清淨 塵塵刹刹法王身'

10) 危素, 「普光寺重刱碑」, 『朝鮮金石總覽』上, p. 496. '拂衣遊諸廳 宿留吳楚 聞鐵山瓊

한 철을 지내고 휴휴암을 떠나려 할 때 노승이 함께 지내기를 간청하였으나 혜근은 시 한 수를 써서 자신의 脫絆的 자세를 전하였다. 8월에 淨慈禪寺에 이르렀을 때 蒙堂이 그대 나라에도 선법이 있느냐고 물으니 '동쪽 나라 해 돋으면 강남의 바다와 산 붉어지는 법, 같고 다름 묻지 마오. 영롱한 햇빛 만고에 사무치오'라고 답하였다. 이는 혜근의 자아의식이 얼마나 강한가를 잘 나타내 보이는 대목이다.

이어 당시 일대 禪傑인 평산처림을 만났다. 혜근에게 중국에 와서 먼저 누구를 만났느냐는 평산의 질문에 서천 지공을 만나고 왔다고 대답하니 평산이 다시 '지공은 평소 무엇 하고 지내는가' 하고 물었다. 혜근이 '평소 千劍을 쓰고 있습니다'라고 답했다. 평산이 다시 '천검은 그만두고 너의 一劍이나 가져왔으면 하네'라는 말에 혜근은 坐具로 평산을 선상에 때려눕혔다. 평산이 큰 소리로 '이 도둑이 니를 죽인다'라고 하니 '내 칼은 능히 사람을 죽이기도 하고 또 능히 살리기도 합니다' 하였다. 평산은 크게 웃으며 방장에 들게 하고 법의와 불자를 주어 믿음을 표시하였다.[11] 그때 게송을 지어 주기를, '돌 속에서 꺼낸 옥이니 계법이 청정하여 보리를 얻었고 선정과 혜광이 다 구족하였다' 하였다.[12] 즉 그를 禪·教·戒를 모두 겸한 인물로 평가하였다. 혜근은 평산의 곁에서 수개월 묵고 이듬해인 지정 11년(1351) 2월 평산처림을 떠나려 하자 그를 전송하며 그의 법기 됨과 장래를 예견하는 게송을 지어 주기도 하였다.

---

禪師 道行甚高 迎之東還 師執侍三年 瓊公甚期待之 及瓊公辭歸';「慈氏山寶鑑國師妙應塔碑」,『益齋亂藁』卷 7,『高麗名賢集』2, p. 290. '吳蒙山異禪師 嘗作無極說 附海船以寄之 師默領其意 自號無極老人';「松廣寺慧鑑國師廣照塔碑」,『朝鮮金石總覽』上, p. 601. '中吳異蒙山 見其文偈歎賞不已 賡和十數 仍貽書致古潭之號'

11) 覺宏 錄, 앞의 글, 앞의 책, 6-704~705.

12) 覺宏 錄, 앞의 글, 앞의 책, 6-704 下. '石中取出無瑕玉 戒根永淨得菩提 禪定慧光皆具足'

이후 明州의 補陀洛迦山에 이르러 관음을 예배하였다. 이곳은 관음 성지로 유명한 곳으로, 이로 보아 혜근이 개인적으로 관음신앙을 가진 것으로 추정할 수 있다.[13] 다시 育王寺를 찾아가서는 悟光, 雪窓, 無相, 枯木榮을 만나 서로 상량하였다. 그 이듬해, 4월 평산의 권유에 따라 婺州 伏龍山의 千巖화상을 찾았다. 이곳에서는 천 명이 넘는 납자들이 모여 선불장 입격을 겨루고 있었다. 혜근이 천암에게 게송 한 수[14]를 지어 보이고 천암에게 입실을 허락받아 이곳에서 한 철을 보냈다. 그 뒤 松江에서 了堂화상과 泊菴화상을 만났다. 다시 연경의 법원사로 돌아와 두 번째로 지공을 만나 전법게, 법의, 불자, 범자신서를 받았다.[15] 그후 한 달 가량 머물다 하직하고 여러 해 동안 산천을 두루 돌아다녔다.

혜근이 제방을 순력하는 사이 그의 이름이 順帝의 귀에까지 들어갔다. 순제는 지정 15년(1355) 가을 연경의 광제선사에 혜근을 머물게 하고 그 이듬해 10월 15일 개당법회를 열었다. 혜근이 이때 '本分宗師'의 선풍을 선양하니 황실에서는 금란가사, 상아불자, 폐백 등을 하사하였다. 이때 혜근이 향을 사르고 말하기를 '이 하나의 향은 서천의 108조인 지공화상과 평산화상에게 받들어 올려 法乳의 은혜에 갚는다'고 하여 자신의 사법 사실을 밝히었다.

혜근은 약 2년간 광제선사에서 머물다 나와 제방을 거쳐 지공이 머무는 법원사로 다시 돌아왔다. 혜근이 앞으로 어느 곳에 가면 좋겠냐는 물음에 지공은 본국으로 돌아가 '三山兩水之間'을 택하여 거주하면 불법이 자연 흥하리라고 하였다. 특히 이 수기는 혜근의 생애에 중요한

---

13) 혜근의 관음신앙을 볼 수 있는 자료로는 『懶翁和尙歌頌』, 「題東海國島」 二首, 「諸東海補陀窟」, 「禮江南洛伽窟」, 「禮普德窟觀音」이 있다.

14) 覺宏 錄, 앞의 글, 앞의 책, 6-705. '擊擊雷音振 群聾盡豁開 豈限靈山會 瞿曇無去來'

15) 覺宏 錄, 앞의 글, 앞의 책, 6-705. '百陽喫茶正安果 年年不昧一通藥 東西看見南北然 明宗法王給千劍'

의미를 지닌다. 혜근은 귀국 후 지공이 수기한 삼산양수간에 위치하는 회암사 중창에 남다른 관심을 쏟았기 때문이다. 10년간 구법과 견문을 넓힌 혜근은 지공과 작별하고 귀국하였다. 그는 왕사로 책봉된(1371) 뒤 공민왕이 송광사에 머물도록 하였으나 그 이듬해 가을 왕에게 요청하여 회암사로 옮겼던 것이다.[16]


### 3. 교화·활동기


공민왕 7년(1358) 3월 13일 귀국한 혜근은 평양과 동해 등을 거쳐 2년 뒤에 오대산 상두암에 들어온다. 이때부터 입적할 때까지를 제3기로 본다면 이 시기는 그에게 있어서 환희와 좌절이 함께한 시기라 할 수 있다. 용문산에 머물던 浙僧 古潭과 서신을 주고 받기도 하였으며, 환암 혼수는 신성암에 거주, 왕래하면서 혜근에게 道要를 물었다. 그는 혼수의 법기를 인정하여 금란가사와 상아불자, 산 모양의 석장을 주어 그 신표로 삼았다.[17]

공민왕 10년(1361), 왕이 혜근의 명성을 듣고 사신을 보내 설법을 요청하자 입궐하여 心要를 강설하였다. 이때부터 공민왕과의 본격적인 만남이 이루어지는데 이후 고려에서의 대부분의 활동은 공민왕과의 긴밀한 관계 속에서 이루어지게 된다. 왕은, "이름을 듣는 것은 직접 보는 것만 못하다"고 감탄하면서 만수가사와 수정불자를 내리고 신광사에 머물기를 청하였다. 혜근은 산으로 돌아가기를 원하며 사양하였으나 왕

---

16) 覺宏 錄, 앞의 글, 앞의 책, 6-706. '空云 汝還本國 擇三山兩水間居之 則佛法自然興矣'; 6-707. '封爲王師 …… 謂松廣寺爲東方第一道場 乃命居之 遣內侍李士渭爲輔行 二十八日 發檜巖 九月十七日 到松廣 壬子秋 師偶念指空 三山兩水之記 請移錫檜巖'

17) 權近 撰, 앞의 글, 앞의 책, p. 720.

이 "만일 그렇다면 나도 불법에서 물러가리라"고 강청하므로 신광사로 가게 되었다.

이때 1차 침략에서 참패를 당한 홍건적은 공민왕 10년(1361) 11월, 드디어 10여만의 무리를 거느리고 압록강을 건너 다시 침입하였다.[18] 이에 공민왕은 복주(현재의 안동)로 피란하였으나 다음해 정월 20만 명을 지휘하여 개경을 회복하였다. 홍건적이 패퇴해 가는 도중 신광사도 침입을 받았는데 그때 제자 등 대중이 피란하기를 권했으나 혜근은 평소처럼 지내면서 의연한 태도로 적이 스스로 물러나게 해서 사찰을 수호하였다.[19] 홍건적의 침입을 물리치기는 하였으나 이후 三元帥 살해사건이 일어나는 등 혼란이 이어지는 가운데 공민왕이 적극 추진하여 오던 개혁정치는 크게 퇴색하지 않을 수 없었다.[20] 홍건적의 내침은 고려의 대내외 정세에 많은 영향을 끼친 일대 사건의 하나였다.

혜근은 2년간 신광사에 머문 뒤 주지직을 사퇴하였으나 왕이 허락하지 않자 7월, 스스로 몸을 빼어 구월산 금강암으로 들어갔다(공민왕 12년, 1363). 왕은 김중손을 보내어 특별히 향을 내리고, 또 서해도 지휘사 박희, 안렴사 이보만, 해주목사 김계생을 보내 돌아오기를 강청하니 부득이 10월 신광사에 돌아와 2년간 더 머물게 되었다.

공민왕 14년(1365), 다시 주지직을 사퇴하니 왕이 마침내 허락하여 용문산·원적산·금강산 정양암 등으로 인연을 따라 유력하였다. 이때는 태고보우가 일찍이 왕사로 책봉되어 공민왕과 反元 개혁정치의 뜻을 같이하였으나, 동왕 8년(1359) 金元命이 辛旽을 천거한 후, 공민왕과 보우의 관계가 소원해지면서 신돈이 전면에 나선 시기였다.

공민왕 14년 7월, 왕이 신돈에게 僧錄司의 提調와 書雲觀의 판서를

---

18) 『高麗史』, 恭愍王(二) 10月條. '丁酉紅賊僞平章潘誠沙劉關先生朱元帥等十餘萬衆渡
　　鴨綠江'

19) 覺宏 錄, 앞의 글, 앞의 책, 6-706.

20) 閔賢九, 「辛旽의 執權과 그 政治的 性格」上, 『歷史學報』 38, 역사학회, 1968.

34

겸하는 막대한 벼슬을 제수하였다. 이미 보우가 구산통합을 추진하고, 원융부와 그에 따른 관속을 배치받아 불교계의 승정을 장악한 시기였음을 생각할 때, 이는 불교계 승정 전반에 큰 혼란을 가져오는 일이 아닐 수 없었다. 이때 보우는 글을 올려 신돈을 탄핵하였지만 별 소용이 없었다.[21] 또한 왕이 신돈의 천거에 따라 원에서 임제종의 萬峯時蔚에게 법을 받기도 한 화엄종 승려 雪山千熙(1307~1382)를 방문하여 관심을 갖자 보우는 동왕 15년 10월 왕사직을 사퇴하였다. 이어 천희가 국사에 책봉되고 또 왕사에는 禪顯을 책봉하여[22] 보우를 대신하였다. 이 시기 혜근은 조용히 물러나서 불교계의 현실과 승려로서의 자세 등을 숙고하였을 것으로 보인다.

공민왕 15년(1366) 3월에는 금강산 정양암에 가 있다가 동왕 16년 왕의 청에 따라 청평사에 머물렀다. 공민왕 19년(1370)에는 광명사에서 하안거를 지내면서 9월 工夫選을 베풀어 양종오교의 여러 승려를 모아 공부를 시험하였다.[23] 이때 혜근은 당시 국사였던 설산천희와 白雲景閑 등도 참석한 가운데 공부선의 주맹으로 활약함으로써 크게 이름을 떨쳤다.

공민왕 20년 7월에는 막대한 권력을 행사하던 신돈이 처형되고 보우

---

21) 維昌 撰,「太古和尙行狀」,『韓佛全』6-699 中. '國之治 眞僧得其志 國之危 邪僧逢其時 願上察之遠之 宗社幸甚'

22)『東國通鑑』卷 48, 恭愍王 16年 8月. '僧千熙爲國師 禪顯爲王師 二僧皆辛旽 所着者也'

23) 李穡 撰,「檜巖寺禪覺王師碑銘」,『朝鮮金石總覽』上, p. 499. '玄陵在位之二十年庚戌 秋九月十日 召師入京 十六日 就師所寓廣明寺 大會兩宗五敎諸山衲子 試其所自得 號曰工夫選 上親行觀言'; 覺璉 錄,『懶翁和尙語錄』,『韓佛全』6-711. '結夏廣明寺 秋初還檜巖寺 九月卽工夫選也'『懶翁和尙語錄』은 [底] 洪武七年 識記本(서울대 소장 覺璉集錄) [甲] 刊年未詳 異本(국립도서관 소장 覺璉集錄) [乙] 昭和五年 京城帝國大學 影印本(성균관대 소장) 등을 대조하여 기록·정리한 것이다.『韓佛全』6-702.

를 다시 국사로, 혜근을 왕사로 삼아 그를 송광사에 머물게 하였다.[24] 그리고 그 존호가 가리키는, 고승이 머무르기에 합당한 도량이라는 뜻으로 송광사를 '東方第一道場'이라 칭하게 하였다.[25] 여기에서 송광사를 제일도량으로 중시 여긴 왕실의 의도가 어디 있는지 살필 수 있다.

그러나 혜근은 송광사에 오래 머물지 않았다. 공민왕 21년(1372), 혜근은 귀국시 지공이 '三山兩水之間'에 머물라고 이른 대로 회암사로 옮겼다. 이곳 회암사는 바로 '삼산양수지간'에 부합되는 곳으로 인도의 나란타사와 산수의 지형이 같다는 곳이다.[26]

혜근은 이곳에 머물면서 동왕 22년(1373) 9월, 消災法席을 주관하고 회암사의 전각을 크게 중창했다.[27] 국운과 불운을 함께 일으킬 興國祐世의 목적으로 시행된 회암사 중창은 공민왕의 적극적인 후원과 많은 백성의 관심을 모았다. 그러나 회암사의 중창이 가속화될 무렵, 공민왕이 갑자기 薨去하는 사건이 일어났다.[28] 국왕의 비참한 죽음은 혜근에게 커다란 충격이 아닐 수 없었다. 혜근은 공민왕의 빈전에 나아가 小參을 하고 관례에 따라 왕사의 인장을 조정에 반납했다. 공민왕에 이어 즉위한 우왕은 곧 혜근을 다시 왕사로 책봉하였다. 이와 같이 어려운 시기에도 그는 회암사의 중창을 꾸준히 추진하여 우왕 2년(1376) 4월 중창불사를 마쳤다. 우왕은 4월 15일 낙성회를 겸하여 문수회를 베풀고 기로대신을 행향사로 삼아 참석시켰다. 낙성회는 경향 각지에서 신분을

---

24) 覺宏 錄, 앞의 글, 앞의 책, p. 707 中. '王師大曹溪宗師 禪敎都摠攝 勤修本智 重興
    祖風國祐世 普濟尊者'
25) 覺宏 錄, 앞의 글, 앞의 책, 6-707.
26) 李穡 撰, 「天寶山檜巖寺修造記」, 『東文選』 卷 73. '其山水之形 宛同西竺蘭陀之寺
    又指空之所自言也 其爲福地盖甚明矣'
27) 李穡 撰, 「檜巖寺禪覺王師碑銘」, 『朝鮮金石總覽』 上, p. 499. '師曰禪師指空 盖嘗
    指畫重營而燼于兵 敢不繼其志 迺謀於衆 增廣殿宇'
28) 『高麗史』 卷 44, 恭愍王 23年 甲申條.

막론한 세속과 불교계의 사부대중이 구름 모이듯 하여 그 수효를 헤아리기 어려울 정도였다. 그러나 회암사 중창은 잦은 왜구의 침입 등 국내 정세의 불안이 겹쳐, 배불의 강도를 더해 가던 신진 성리학자들로부터 거센 비난의 대상이 되었을 것은 쉽사리 추측할 수 있다.

이들은 불교보다 현실적이고 경세적 사상인 성리학으로 무장한 御史臺의 중신들이었다. 그들은 회암사가 개경에서 가깝고 백성들이 밤낮으로 오가는 바람에 생업을 폐하는 지경에 이르렀다고 비판하고, 왕지로써 혜근을 멀리 밀양의 瑩原寺로 옮기도록 조치하고, 서둘러 출발하라고 재촉하였다.[29] 혜근은 영원사로 추방되어 가는 도중 질병에 걸려 결국 5월 15일 驪興(현재 여주를 말함)의 神勒寺에서 입적하였다.

혜근의 遺身은 회암사에 옮겨 다비하였는데 두개골 5편과 치아는 모두 타지 않고 558과나 되는 많은 사리가 출현하였다. 혜근의 열반불사는 혜근에 대한 모든 의혹을 거두어들이고, 그를 더욱 존숭하게 하였다. 나라에서는 '禪覺'이라는 시호를 내렸으며, 여러 문도들이 금강산·윤필암·치악산·소백산·사불산·용문산·구룡산·묘향산·신륵사 등 모두 9개소에 사리석종을 세웠다. 또한 금강산·사불산·묘향산·미지산 등 전국 7개소에 혜근의 사리를 안치한 진당인 윤필암을 세워 그를 추모하였다.[30] 이러한 석종비문을 한결같이 이색이 찬술하고 있는 점은 특기할 만하다.

이밖에 혜근의 법의와 불자, 발우, 석장, 좌구 등은 금강산 정양사·회암사·신륵사·오대산·견암·위봉사·묘향산 보현사 등에 분산 보존하고[31] 청주 용자산 송천사에는 혜근의 진영을 안치하였다.[32]

---

29) 覺宏 錄, 앞의 글, 앞의 책, 6-708. '至丙辰春 脩營己畢 四月十五日 大設落成會 上遣具官柳之璘 爲行香使 京外四衆 雲臻輻湊 莫知其數 會臺評 以爲檜巖密邇京邑 四衆往還 晝夜絡繹 或至廢業 於是有旨移住瑩原寺'

30) 李穡 撰,「香山潤筆庵記」,『東文選』卷 72;「金剛山潤筆庵記」,『東文選』卷 73;「四佛山潤筆庵記」,『東文選』卷 74;「砥平縣彌智山潤筆庵記」,『東文選』卷 74.

　한 인물을 기리기 위해 이처럼 많은 곳에 석종을 세우거나 그의 진영과 유품을 보관한 예는 일찍이 없었다. 이는 그만큼 혜근의 문도가 융성했고, 고려 사회에 그의 법화가 지대했음을 보여주는 사례라 하겠다.

---

31) 李穡 撰, 「安心寺指空懶翁舍利石鍾碑銘」, 『韓國金石全文』 中世下, 아세아문화사, 1988.

32) 李穡 撰, 「淸州龍子山松泉寺懶翁眞堂記」, 『東文選』 卷 76, 조선고전간행회, 1968, p. 1225.

# Ⅱ. 懶翁의 시대인식

## 1. 시대적 배경

나옹혜근이 살다 간 시기의 대외적 정치상황은 원 지배가 정착되어 한때 평원한 상태를 유지한 듯하나 공민왕대(1352~1374)에 들어오면서 원의 혼란기를 틈탄 반원정책의 실시와 원·명의 교체라는 변동에 휩싸이게 되고, 홍건적과 왜구의 침입도 잦아서 국내는 정치·사회적으로 불안정했다. 사상적으로 불교계는 臨濟禪의 직접적인 전승으로 새로운 활로를 모색하였지만, 한편에서는 성리학으로 무장한 新進士流의 불교 비난이 강화되고 있었다.

불교사회는 이처럼 급변하는 정치·사회적 환경 및 교학의 쇠퇴와 이론적으로 불충분한 선·교융합 등, 불교 자체의 사상적 요인으로 인한 갈등과 승정질서의 타락 현상이 나타나기 시작했다. 그리고 사원의 대토지 소유는 심화되는 반면 잦은 외란으로 인해 論功行賞에 따라 지급할 토지는 부족해서 성리학으로 무장한 신흥사류의 불만을 불러일으키고 있었다.

원 지배기에는 수선계 선종이 퇴조한 반면, 天台宗의 세가 크게 확장되고 瑜伽宗 또한 그에 못지않게 세를 늘려가고 있었다. 물론 선종에 대한 후원은 계속되고 있었지만 충선왕과 충숙왕은 천태종과 유가종을 지원하고 이들 종파에 속한 사찰에 원 帝室의 願堂과 眞殿寺院을 두었다.[33] 그리고 무신집권기와는 달리 충숙왕 때에는 유가종의 彌授가 국

존(1324)으로 봉해지기도 하였으며, 공민왕대에는 闍崛山의 復丘가 왕사
(1351년, 사후 국사 추증)로, 迦智山門의 보우(1356년 왕사, 1381년 국사), 그
리고 華嚴宗의 千熙(1367년 국사), 미상의 禪顯(1367년 왕사), 혜근(1371년
왕사)의 예에서 볼 수 있듯이, 왕사와 국사의 잦은 변동은 고려의 정치
적 현실과 관련되어 있었다.

불교사회가 이와 같은 상황에 있을 때 국권회복을 위한 공민왕의 反
元 개혁정치가 단행된다. 여기서 주목되는 것은, 공민왕이 불교계 인물
들과의 긴밀한 연대 속에서 개혁정치를 추진하고 있다는 점이다. 즉 공
민왕 5년(1356)에는 보우를 왕사에 책봉하고 광명사에 圓融府를 세워 정
3품의 관속을 두게 하는 등, 보우와 공민왕 사이에는 종교적인 유대 이
상의 긴밀한 관계가 이루어지고 있었다. 그러나 공민왕의 1차 개혁정치
는 2차에 걸친 홍건적의 침입으로 중단되고, 동왕 14년 화엄종 출신의
신돈을 기용하면서 서둘러 실시한 제2차 개혁정책이 실패함으로써 결
국 불교사회까지 부정적인 파장에 휩싸이게 되었다.

한편 무신란 이후 교종의 세력은 크게 약화되었다. 비록 유가종과 화
엄종의 종장이 왕사로 임명되기도 하였지만 불교계를 주도한 것은 선
종이었다. 교종의 약화는 교세나 사회적 활동의 위축만을 의미하는 것
은 아니다. 이것은 이 시대의 교종에서 교리의 새로운 해석이나 저술
등의 활동을 거의 찾을 수 없는 데서도 알 수 있다.

고려중기 예종 이후에는 선종이 부흥하면서 看話禪이 크게 일어나고
있었다. 간화선은 교학까지도 포섭하는 형태로 나타났다.[34] 이를 흔히
겸학, 겸수라고 일컫는데 일찍이 선종에서는 화엄에서 출발한 선승이
많았다. 심지어는 화엄종에서 간화선법을 잇는 양상도 보였다.

---

33) 許興植, 「僧政의 紊亂과 宗派間의 葛藤」, 『高麗佛敎史硏究』, 일조각, 1986.

34) 崔柄憲, 「高麗中期 李資玄의 禪과 居士佛敎의 性格」, 金哲俊華甲記念 『史學論叢』,
    지식산업사, 1983; 金相永, 「高麗 睿宗代 禪宗의 復興과 佛敎界의 變化」, 『淸溪史
    學』 5, 정신문화연구원 청계사학회, 1998.

물론 선·교의 겸학, 겸수에는 긍정적인 면도 있으나, 여말에 성리학의 도전에 대하여 불교계가 타협과 융화 등 소극적으로 대처할 수밖에 없었던 것은 바로 이와 같은 교종세력의 약화, 선·교의 독자성의 상실, 불교이론의 동질화 현상과 무관하지 않다. 또한 종파의 성격에 상관없이 한 인물에 의해 僧政 전반이 좌우되는 현실도 불교를 약화시키는 계기가 되었다. 이처럼 여말 불교사회의 변동은 불교계 자체의 사상적 경향과도 밀접하게 관련된 것이다.

僧科·僧階·僧職 등 승정체계의 혼란도 불교의 약화에 미친 영향은 크다.[35] 불교교단의 관리를 위한 승정이 무신집권기부터 점차 원칙에서 벗어나기 시작하였고, 원 지배기를 거쳐 여말에 이르러서는 그 체제가 완전히 변질되었다. 법계 수여의 기본이 되는 승과는 고종(재위 1213~59)대까지는 자주 실시되다가 이후로는 침체기로 접어들었는데 이렇듯 승과의 결행은 곧 승정의 위축을 반영한다 하겠다.

승과 시행의 이러한 추세가 말해 주듯이, 무신집권기까지 대체로 골격이 유지되었던 승정체제는 후기로 가면서 더욱 파행적으로 운영되었다. 승려와 국사, 왕사 등 최고 성직자에 대한 예우가 원 지배기에는 더욱 극진해지면서 官階·封君과 같은 세속적 우대가 더해지고, 독립된 관부를 설치하여 이들에게 승관을 專管케 한다거나, 심지어 이들이 승정을 완전 장악하는 경우도 있었다.[36] 그 예로 신돈 같은 경우는 승록사

---

35) 승정제도는 科擧, 官階, 官職 등의 정치체제에 준해서 국가에서 직접 관리·통제했다. 이밖에 國師·王師의 책봉, 度牒制의 시행, 僧錄司의 설치 등도 국가의 일이었다. 그 가운데 가장 핵심이 되는 것은 역시 승과, 승계, 승직이다. 승과는 선·교 공히 大德→大師→重大師→三重大師로 승급하였다. 삼중대사 이상의 법계로는 선종은 禪師→大禪師, 교종은 首座→僧統이었다.

36) 독립관부의 설치, 국사·왕사에 의한 승정 전관의 사례: ① 瑜伽宗 慈淨彌授(1240~1327): 충숙왕 7年(1315)에 內殿懺悔師에 임명, 懺悔府 설치. 「法住寺慈淨國尊普明塔碑」,『韓國金石全文』. '兩街都僧統' ② 太古普愚: 『高麗史』世家 恭愍王 5年(1356), '癸酉封普愚爲王師立府曰圓融府置官屬' ③ 雪山千熙: 恭愍王 16年(1367)

의 제조로서 승정권까지 막강한 권력을 행사하였으며,[37] 이외에 독립관부의 설치 없이도 묘련사계 丁午는 충숙왕 즉위년(1313)에 국통에 올라 승정을 전담하였던 것이다.[38]

승정의 원칙이 무너지면서 오교양종 체제의 운영에도 혼란을 가져왔을 것으로 생각된다. 이러한 상황에서는 엄정한 승풍 또한 기대할 수 없는 것이었다. 때문에 고려후기로 갈수록 불교사회의 속화와 만연된 타락상, 이에 대한 금령이 사서 곳곳에서 발견된다.[39]

불교 비판과 배격은 일찍이 주자학 전래 초기에서부터 볼 수 있다. 그러나 좀더 구체적으로 대두되는 것은 공민왕대부터라고 할 수 있다. 공민왕 원년(1352)에서 공양왕 3년(1391)에 이르는 시기의 억불 분위기는 대체로 불교에 대한 편견과 피상적인 지식에 의한 것임이 분명하나 후기로 갈수록 이론적으로 불교의 존재 자체를 완전히 부정하고 있으며, 현실적으로는 철저한 파불을 주장했다.[40] 그중 朴礎, 鄭道傳의 「闢佛疏」

---

「彰聖寺覺眞國師大覺圓照塔碑」, 『朝鮮金石總覽』 上. '大華嚴宗師禪敎都摠攝'

37) 『高麗史』 世家 卷 41 恭愍王 乙巳 14年條. 신돈은 7월에 眞平侯에 봉해진 뒤 12월에 '守正履順論都燮理保世功臣 …… 提調僧錄司事兼判書書雲觀事'로 봉해졌다.

38) 朴全之, 「靈鳳山龍巖寺重創記」, 『東文選』 卷 27.

39) 『高麗史』 卷 7, 文宗 10年(1056) 9月 癸巳條 禁令・仁宗 9年(1131) 禁令. '今有避役之徒坵號沙門殖貨營生耕畜爲業 …… 通商賣買結客醉誤雜花院'; 『高麗史』 志 39 刑法 2 禁令・仁宗 9年(1131) 6月條 禁令・忠肅王 3年 3月條 禁令. '今有職人及僧人商販'; 『高麗史』 志 39 刑法 2 禁令. 仁宗 9年(1131) 6月條 禁令. '陰陽會議所奏近來僧俗雜類緇集成群號萬佛香徒念佛讀經作詭誕或內外寺社僧徒'; 『高麗史』 志 33 食法 2 鹽法, 忠宣王 元年(1308) 2月條. '本國諸宮院寺社及權勢之家私鹽盆以專其利國用 …… 諸宮院內外寺社所有鹽盆盡行入官估家 …… 若有私置鹽盆及私相貿者易嚴行治罪'

40) 성종조 최승로의 '時務 28條'(『高麗史』 93, 列傳 卷 6 참조) 안에 최초로 보인다; 『高麗史』 115, 列傳 卷 28 李穡. '五敎兩宗 爲利之窟 川傍山谷 無處非寺 不廢浮屠之徒 漫而卑陋 亦是國家之民 多於遊食 云云'. 이후의 억불론은 다음과 같이 정리할 수 있다. ① 恭愍王 10年(1361) 5月 御史臺 『高麗史節要』 卷 27, 恭愍王 10年 5

가 대표적이라고 할 수 있다.[41]

　이러한 억불론은 숭유억불 또는 유교치국의 목적론적인 성격을 띠고 있다. 이와 함께 불교계에 대한 억압책이 실시되었는데 주로 불교사회 윤리에 대한 경제적 측면에서의 비판이 거세어지면서 그 경제적 제재가 사원전과 노비문제를 중심으로 전개되었다.

　寺院田에 대한 법적 조처로는 사원전 확대의 방지는 물론이고 公私賤口와 工商·賣卜·맹인·巫覡·倡妓와 함께 승려 또한 田地의 급여 대상에서 제외시킴으로써 승려의 개인적 경제기반을 박탈하였을 뿐 아니라 승려의 신분 격하를 꾀하였다.[42] 또한 과전법은 사원을 면세대상에서 제외시킴으로써 사원은 새삼 조세의 부담을 안게 되었다.[43] 이러한 조처는 종래 사원이 향유했던 전지의 무제한 점유와 면세특전, 승려의 토지 私占 등 사원과 승려의 세력기반을 제한·박탈하여 국가 통제하에 두려는 것이었다.

　노비에 관해서는 공양왕 3년 郎舍가 노비의 매매와 그 납사의 폐를 아울러 금지할 것을 상소함에 따라 그대로 시행하게 되었으며, 동왕 4년 人物推辨都監에서 奴婢決訟法을 정하여 권세가에 노비를 투증하거나 사원이나 신사에 노비를 시납하는 것을 강력히 금하고 있다.[44] 이 또

---


月條 ②恭愍王 11年 監察大夫 金續命, 右獻納 黃瑾의 상소 ③ 恭讓王 2年(1390) 2月, 『高麗史』 117, 列傳 卷 30 鄭夢周 ④ 『高麗史』 119, 列傳 卷 32, 鄭道傳 ⑤ 恭讓王 3年(1391), 『高麗史』 120, 列傳 卷 33 金子粹. 이후 성균관 생도 朴礎 등 15인이 공동으로 上啓한 수천 자의 長疏는 여말 억불론의 정점이라 할 수 있다.

41) 朴礎, 「闢佛疏」, 『東文選』 卷 53 第5冊, p. 680; 鄭道傳, 「闢佛疏」, 『東文選』 卷 54 第5冊, p. 693.

42) 『高麗史』 85, 忠烈王 14年(1288) 志 38 刑法 禁令. '榜曰僧徒及奴僕雜類踏殺行人自今攸司捕捉騎馬公行無所畏忌或走馬監禁犯人論罪'; 禑王 12年(1386) 8月 禁令. '禁僧乘馬 王國師乃許乘驢'; 『高麗史』 志 39 刑法(二) 忠烈王 33年(1307) 禁令. '禁僧同雪笠大禪師大德已上着八面八頂笠圓頂笠違者罪之'

43) 『高麗史』 志 32 食貨 1 田制.

한 구귀족세가와 사원의 경제력 증대를 막기 위한 조치의 일환인 것이
다.[45]

불교 전체를 대상으로 한 제재조치로는 도첩제의 강화를 들 수 있
다.[46] 이밖에 공양왕 3년 7월 都堂의 啓請으로 거가세족이 금은으로 寫
經하는 것을 금하게 한 것이나 부녀가 사원에 왕래하는 것을 다시 금한
것 등은 승려와 교단에 대해서만이 아니라 일반의 신불에 대해서도 제
한을 가한 것으로 볼 수 있다.

불교 교세에 대한 현실적인 억제책으로 충선왕 때에는 양반들이 사
사로이 원당을 남설하는 것을 금했고,[47] 공민왕 때에는 고려 태조의 道
詵秘記를 준수하여 그 이상의 사사를 함부로 조영하지 못하게 했다.[48]
여말에 田制개혁을 주장한 趙浚은 國家補裨所 조성 이래 五大寺·十大
寺로서 경성에 있는 사원에는 사사전을 품급하고 지방에 있는 사원은
柴地를 지급하되, 도선비기 외에 신라·백제·고구려 때 창건한 사사나
신조된 사사에는 田柴를 막론하고 급여하지 말자는 상소를 올렸다.[49]
또한 승려에 대하여 여러 가지 금제가 가해졌다. 충숙왕 때에는 승려의
상행위를 금하고 일반 승려의 여염집 雜居와 權化의 난행을 금하였으
며,[50] 일반 부녀의 사찰 왕래도 금하고 승려가 말타는 것도 금하였다.[51]

제반 公私佛事에 대한 제한도 시도되었다. 충선왕 때에는 부모의 忌
祭가 아니면 사사 왕래를 금하였고, 충숙왕 때에는 존비노소를 가리지

---

44) 『高麗史』 志 37 刑法(二) 奴婢. '將自己奴婢 投贈權勢 施納佛宇神祀者 痛行禁理'

45) 林英正, 「奴婢問題」, 『韓國史』 8, 국사편찬위원회, 1981.

46) 『高麗史』 志卷 85 刑法(二) 禁令; 『高麗史』 志 38 刑法(一) 職制.

47) 『高麗史』 志卷 84, 刑法 職制.

48) 『高麗史』 卷 38, 恭愍王 元年 2月條.

49) 『高麗史』 卷 78, 食貨志 田制.

50) 『高麗史』 刑法志 禁令 忠肅王 3年 3月條 및 忠肅王 後8年 5月條.

51) 『高麗史』 禁令 恭愍王 3年 7月條 및 禁令 禑王 12年 8月條; 『高麗史』 卷 85, 刑法
志 禁令.

않고 재를 올리는 것을 금하였다.

경제사가들이 자주 지적하고 있는 바와 같이 구세력의 비대해진 경제적 기반이 불교와 관련이 있었고, 거듭되는 내우외환으로 군비를 보충하고 군공을 세운 군인들의 불만을 덜기 위하여 사원경제를 이용할 필요가 있었다. 고려 말에는 홍건적과 왜구의 방어나 요동 공격을 위해 군사를 빈번히 동원했으나, 이들에게 군인전을 지급하지 못하여 불만이 고조되고 있었다. 이러한 군인들의 불만을 이용하는 개혁파 학자관료와 이를 지원하는 무장 출신의 대표적 인물인 李成桂 등은 私田과 사원전을 혁파하여 군인전을 확보함으로써 개혁세력과 무장세력의 불만을 해소하고 그들의 지지를 이끌어내려 하였다. 그리고 그 여세를 몰아 왕조 교체와 함께 성리학을 국교로 하는 조선왕조가 성립될 수 있었던 것으로 생각된다.

여말에 불교 세력에 대한 억제 조처를 추진한 실제 세력은 신왕조 창건의 세력기반이 되었던 신흥 유신관료들이었다. 단적으로 말해 이 조처는 국가의 경제적 기반을 무너뜨리는 것으로 판단되는 사사와 그 田民·승려에 대한 제한 조처였으며, 신왕조의 불교정책의 방향을 예시해 주는 것이기도 하였다.

그들에게 있어서 불교사찰과 승려의 세속권의 확대는 이제 불교가 鎭護의 구실을 하는 것이 아니라 도리어 왕조의 기반을 무너뜨리는 원인이며, ‘修身之道’ ‘修行成佛’이라는 원래의 구실을 못하고 도리어 풍속을 오염시키는 遊食者의 利窟과 다름없었던 것이다. 그리하여 신왕조에 들어서 유교정치의 기반을 굳히기 위해 양반관료들은 불교억제책을 강행했다.

이러한 시기에 불교계 내부에서 이를 극복하고자 하는 노력이 없었던 것은 아니었다. 이를 몇 가지 유형으로 나누어보면 無寄(충숙왕대, 생몰연도 미상)와 같이 개경 묘련사계의 귀족불교에 반발하여 서민 대상의 정토신앙인 백련사의 옛 전통을 부흥하려는 운동을 일으켜 불교계의 비판과 각성을 촉구하고 나선 경우도 있고,[52] 보우와 같이 구산통합으로 분쟁을 없애려는 경우도 있었다.[53] 또 중국으로 건너가 임제선을 직접 전승하여 정체성을 확립하고 선풍을 새로이 일으키고자 하는 움직임도 있었다.

혜근의 경우 지공의 선과 임제의 선을 직접 전승하려고 시도하였으며, 공부선 즉 승과를 통하여 인재를 배출하고 승정을 바로잡아 선풍을 진작하고자 하였다. 또한 회암사 중창을 통해 범국가적 단합을 도출해 냄으로써 국운을 부흥하고 불법을 재흥코자 하였으며, 적극적으로 정토사상을 수용한 것 등은 투철한 시대인식과 그에 따른 대응으로 볼 수 있다.

앞서 여말 불교계의 상황을 개괄적으로 살펴보았거니와 사상계의 측면에서 볼 때 가장 심각한 것은 성리학이 전해지면서 유·불교대라는 중대한 변화가 일기 시작했다는 사실이다. 그리고 공민왕 5년(1356), 과거제도를 정비한 후 점차 신진사류 계층, 즉 유학의 소양을 갖춘 신진 관료들이 불교의 폐단과 그 대책을 거론하기 시작, 조선 건국의 이념에 따라 억불숭유의 정책이 나타나고 불교는 완전히 밀려나게 된 것이다. 여기에는 여러 가지 원인이 지적되고 있지만 성리학의 수용과 그에 따른 적절한 대응을 불교계에서 마련하지 못한 것도 하나의 큰 원인으로 지적되고 있다.

고려에 성리학이 전해지고 급속히 수용되는 배경에 대해서는 두 가지 측면에서 생각해 볼 수 있다. 하나는 詞章學의 극복과 함께 성리학을 진흥하려는 유학계의 의지가 선행되었다는 점, 다른 하나는 현실적 폐단이 심하게 드러나고 있는 불교를 대신할 새로운 사상과 사회를 선

---

52) 『釋迦如來行蹟頌』上·下 2卷, 5言 776句, 總 3,880言, 『韓佛全』6-484; 黃浿江, 『釋迦如來行蹟頌研究』, 『韓國佛敎文化思想史』卷下, p. 580.

53) 『太古和尙語錄』卷下, 『韓佛全』6-698. '噫 禪是一門而人自闢多門 …… 若統一爲一門九山不爲我人之山 山名道存 同出一佛之心 水乳相和 一槩齊平'

도할 수 있는 이념을 절실히 필요로 했으리라는 점이다. 또한 성리학이 이때에 새로이 전래될 수 있었던 것은 우선 종래 유학계가 관심을 쏟았던 心性 문제가 이미 유학자의 손을 벗어나 있었음에도 불구하고 무신정권기에 결사운동 등을 주도하며 크게 활약한 선승들의 사상과 융합·조화되어 그 내부에서 기반을 쌓아간 때문이라는 지적이 있다.[54]

그러나 좀더 직접적인 배경으로는 불교계의 타락을 들지 않을 수 없다. 당시 불교계는 속세와 타협하여 권력을 쥐고, 그것을 빌려서 사회적·경제적으로 많은 폐단을 야기하고 있었다.[55] 그리하여 불교는 한 사회를 이끌어갈 지도이념으로서의 지위를 잃게 되었고 이를 대신할 새로운 사상의 도입이 불가피해졌다. 또 한편으로는 새로운 사상을 접하고 현실에 눈을 뜨게 된 유자들이 원나라로부터 성리학 보급의 권고를 쉽게 받아들이게 되었던 것이다.

성리학의 수용은 지식인의 학문적 욕구 차원을 넘어서 후기로 올수록 정치적 성격을 띠고 전개되어 갔다. 동시에 불교의 폐단, 그리고 불교 자체의 모순에 대한 비판이 진행되었다.

실제로 고려 불교는 후기에 들어와서 몽고의 승정과 승려의 생활에 영향을 받아 국사·왕사가 승정권을 차지하고 세속의 권세가로서 우대받게 되고, 불교계 내부에서는 승정을 둘러싼 종파간의 갈등이 심해지고 있었다. 승려 개인의 생활에서도 원대의 퇴폐적인 라마교의 영향을 받아 많은 폐단을 야기하고 있었다.[56]

---

54) 慧諶, 「答崔參政洪胤」, 『曹溪眞覺國師語錄』, 『韓佛全』 6-46~47; 尹南漢, 「儒學의 性格」, 『韓國史』 6, 국사편찬위원회, 1975; 文喆永, 「麗末 新興士大夫들의 新儒學 受容과 그 特徵」, 『韓國文化』 3, 서울대 한국문화연구소, 1982, pp. 100~108; 尹絲淳, 「朱子學以前의 性理學導入問題——崔冲의 九齋와도 關聯하여」, 『崔冲研究論叢』, 경희대 전통문화연구소, 1984.

55) 이 장 주 33) 참조.

56) 제1장 주 8) 참조.

　원의 지배하에 성리학이 수용된 초기에는 그 목적이 단지 유학의 부흥을 위해서였으나, 불교의 부패상이 갈수록 심각해지면서 불교를 대신할 사상운동으로서, 그리고 불교와 관련된 경제기반을 재편하려는 경제변혁으로까지 발전하면서 정치문제화되었다.

　한편, 무신의 난과 몽고의 침입은 사회에 많은 변화를 초래하였다. 거주지와 本貫이 분리되는 현상이 일어나고 천민집단이 존재하던 지역적 신분편제가 무너짐으로써 본관을 중심으로 하는 지역적·혈연적 집단이 크게 분화되고 있었다. 고려전기에는 동일한 지역에 본관과 거주지가 같은 3, 4 姓이 살았으나 후기에는 여러 곳에서 이주한 많은 姓氏가 살게 됨으로써, 중국의 친족윤리를 반영하는 성리학적 사회윤리가 수용될 수 있는 기반이 조성되어 가고 있었다.

　이러한 사회구조의 변화는 성리학의 확산과 14세기 말부터 사회윤리의 근간이 되어왔던 불교식 禮制를 점차 유교식 예제로 전환시키기 시작하였으며, 억불의 확대와 사상계의 변혁은 불교식 예제를 무너뜨리고 있었다. 고려후기에 들어오면서, 성리학을 인정한 원 세조 이후 고려 국왕과 원과의 밀접한 정치관계상 원과 자주 접촉하던 관리들에게 성리학과 중국의 친족윤리가 서서히 침투되어 갔다고 보여진다.

　공민왕 원년에 불교의 말폐를 지적하는 사소한 문제에서 시작한 억불 논의는 공양왕 3년까지의 40여 년간 계속되어 성균관의 부흥, 예제에 관한 문제까지 본격적으로 거론되기에 이르렀다. 즉 공민왕 14년 柳濯이 왕비의 국장을 두고 火葬의 불가함을 상주하여[57] 제동을 걸기 시작하였고 공양왕 원년(1389)에는 憲司에서 화장을 不仁이라 하여 埋葬을 주장하는 상소를 올림으로써 화장을 법으로 금하기에 이르렀다.[58]

---

57)『高麗史』111, 列傳 卷24 柳濯. ‘魯國公主薨王惑浮屠說欲火葬以問濯不可乃止賜推
　　忠秉義同德補理翊祚功臣號’
58)『高麗史』85, 志卷38 刑法(二) 禁令. ‘恭讓王元年憲司上疏曰 葬者藏也 所以藏其骸
　　骨 不暴露也 近世浮屠氏茶毘之法盛行 …… 人死而不葬於地者多矣 嗚呼不仁甚矣’

48

또 家廟制와『朱子家禮』에 의한 제사를 주장한 趙浚의 상소[59]로 공양왕 2년에 주자가례 시행을 반포하기에 이르렀으며[60] 마침내 동왕 3년, 즉 조선 건국 1년(1391) 전에 大明律 服制式을 준행하게 되었던 것이다.

이처럼 유학의 신진사류는 불교식 예제를 유교식 예제로 바꾸어 유·불교대의 바탕을 한 발짝씩 넓혀갔다. 五服制度가 정해진 것은 고려 전기 성종대였다.[61] 그러나 이것이 정제화, 일반화된 것은 공양왕대에 이르러서이며, 뿌리를 내리게 된 것은 17세기 후반이었던 점에서 볼 수 있듯이 유교식 예제가 왕실을 정점으로 일반 서민에 적용되는 데는 상당한 시간이 요구되었다.

성리학과 동시에 중국의 예제가 도입되면서 사회구조에 가장 중요한 영향을 주는 상제에도 변화가 나타나고 있었고, 성리학의 윤리를 예제로 시행하자는 주장도 차차 나타났다. 그 가운데 가장 주목을 요히는 것은 불교식 화장과 백일 단기상제를 버리고 삼년상으로부터 점차 감쇄된 상복제를 따르려는 사례가 생기게 되었다.

유교식 장법은 화장이 아니었으므로 사원의 개입이 불필요하게 되었으며 사원에서의 제례를 가묘로 대체하기 시작하였다. 이러한 현상은 고려 말 이후 가속화되어 갔는데, 가묘가 보급되기 시작한 것은 본관과 거주지의 분리에서 오는 소외감을 보상받으려는 심리현상과 결부되었기 때문으로 생각된다.

가묘의 특징은 사원에서 주관하던 제례를 집안으로 가져와서 4대조

---

59)『高麗史』116, 列傳 卷 31 趙浚. '孟子曰不孝有三無後爲大以其絶祀也故古者父母終旣葬於野虞而安神廟而祀之此事亡如事存之道也　吾東方家廟之法久而廢弛今也國都至于郡縣凡有家者必立神祠之衛護是家廟之遺法也 …… 願自今日用朱子家禮大夫以上祭三世六品以上祭二世七品以下至於庶人止祭其父母'

60)『高麗史』63, 志卷 17 禮 5 大夫士庶人祭禮條.

61)『高麗史』64, 志卷 18 禮 6 五服制度. '成宗四年初定此制十一年六月制六品以下不入常參官父母百日後所司勸'

를 봉사하는 것이었다. 따라서 적어도 고조를 같이하는 부계친족이 모이게 되고, 자연 장자를 중심으로 한 가문의 개념이 생기게 되었던 것이다. 신진사류 가운데는 사원 제례를 폐지하기 위하여 부모의 상에도 사원에 출입하지 못하게 하자고 주장하는 사람도 나타났다.[62]

고려전기에 본관과 거주지가 일치된 사회 기반에서 불교와 통치권이 균형을 이루고 있었고, 지역적 신분편제를 바탕으로 한 연대적 질서가 성립되어 있었다. 그러나 고려후기에 들어와서는 불교와 통치권의 결탁, 본관과 거주지의 분리, 지역적 신분편제의 붕괴 등 일련의 변화와 혼란이 잇따르자 신진사류는 성리학의 윤리에 강제성을 부여하여, 즉 법제화하여 새로운 사회질서를 세우고자 하였다. 조선왕조는 이러한 변화의 흐름 속에서 그 기틀이 형성되어 갔는데, 이는 당시의 혼란을 마무리지으려는 시대적 필요성에 부합하는 것이었다.

성리학의 수용과 함께 사회제도의 변화가 점차 확산되어 가고 있을 무렵, 우리는 혜근에게서 어떠한 것을 찾아볼 수 있을까. 우선 그의 어록을 살펴보면, 많은 부분이 對靈小參이라든가 水陸齋라든가 하는 의례에 할애되어 있음을 알 수 있다. 이것은 당시 유교식 예제로의 점진적인 변화에 대한 불교계의 변화나 대응으로 볼 수 있지 않을까 한다. 물론 혜근은 선사이다. 그러므로 많은 사람을 접할 때에 당연히 임제·간화·無心禪 등으로 깨우침을 주었을 터이지만 그러나 아무리 선사라고 하여도 인간의 삶과 죽음을 집전하는 의식은 여전히 중요하지 않을 수 없다.

일찍이 선종 오가칠종에서는 정토에 관한 관심을 꾸준히 보여주었으며, 자체의 계율서인 '淸規'를 제정하면서 장례·제례에 관한 계율을 설치하고 있다.[63] 즉 선승이 의식을 직접 집전하였던 것이다. 선이 '大機大

---

62) 『高麗史』 111, 列傳 卷 24 趙暾. '貴賤父母 雖父母喪 毋得詣寺 違者以失節論'

63) 『禪苑淸規』 尊宿遷化條, 『續藏經』 卷 111; 金昌淑, 「禪苑淸規와 勅修百丈淸規의 亡僧條에 관한 考察」, 『韓國佛敎學』 21, 한국불교학회, 1996.

50

用・隨處作主'를 이상으로 하는 한 인간사를 그대로 방치할 수는 없다. 장례・제례에도 적극적인 참여가 있어야 했고 어떤 방법으로든 선종 안에서도 죽은 자에 관한 적절한 의식이 행해져야 했다. 그 방법으로 제시된 것 중 하나가 대령소참 등의 靈駕法語로서 이는 선종 특유의 독특한 의식이라 하지 않을 수 없다.

혜근은 원에 들어가 10여 년을 지냈다. 보우가 1년 남짓이라는 짧은 기간 체류한 것과는 크게 차이가 난다. 그리고 주로 燕京과 강남지방을 유력한 것으로 미루어볼 때 선에 관해서만 참구한 것은 아니었을 것이다. 그렇다면 그의 참구는 禪의 범위 내에서 선과 정토의 무애한 관계 속에서 이루어질 수 있었으리라 추측할 수 있다. 여기에 관해서는 뒤에서 다시 장을 달리하여 언급하겠지만 그 기반은 혜근의 대중교화의 구제의식에 있다 하겠다.

한편에서는 성리학자들을 중심으로 한 사회의 변동과 함께『주자가례』를 근거로 한 예제로 변화가 이루어지고 있었음에도 불구하고 선가에서의 예제의 실행은 새로운 전통을 이루는 것이었다 할 수 있다. 그리고 이러한 전통은 조선 건국 이후에도 상당 기간 지속되었고 현재에 이르기까지 그 영향을 볼 수 있다.


## 2. 지공선・임제선의 전승


菩提達摩로부터 비롯되는 중국 선종은 사상적으로는 당대 荷澤神會의 南宗禪과 馬祖係의 祖師禪을 정점으로 하여 송대에 와서는 大慧의 看話禪으로 만개하였으나, 원대에는 당・송대 禪佛敎의 발전에는 미치지 못하고 있었다. 오히려 원대 이후에 선은 주자학과 양명학에 밀리고 있었으며, 선승들도 민중의 시대적 요청을 받아들여 정토와 선, 혹은 선・교일치와 頓悟漸修 등의 주장을 모두 수용하여 念佛禪을 주장하는

등, 변모된 通佛敎로 바뀌어갔다.[64]

원은 중국의 화북지방으로 들어오면서 티베트불교의 일파인 라마교를 국교로 정했다. 따라서 남송시대까지 漢民族의 종교로 번창했던 임제·조동의 선불교는 문화와 전통이 다른 호족의 지배하에서 그 특색을 충분히 발휘할 수 없었다. 지원 4년(1338) 강남의 금릉에 설치된, 불교 통제의 총사령부 격인 大龍翔 集慶寺에서 東陽德輝가『勅修百丈淸規』를 편찬한 사실이 그 좋은 예로서, 송대『禪苑淸規』와는 성격을 크게 달리한다. 즉, 송대『선원청규』가 호법청규라 불린 데 반해 원대에 편찬된『칙수백장청규』는 호국청규라 불렸던 것이다.

그러한 가운데 원대 선종은 남쪽에는 임제종이, 북쪽에는 조동종이 교세를 떨쳤다. 송대의 공안선을 계승한 임제종에서는 雪巖祖欽(?~1287), 高峰原妙(1238~1295), 中峰明本(1243~1323), 石屋淸珙(1272~1352), 平山處林(1279~1361) 등이 대표적인 선사들이었으며, 萬松行秀(1166~1246)는 조동종의 대표적인 선승이었다.[65]

우리나라는 일찍이 나말여초에 구산선문이 형성되었고, 고려전기에는 이미 중국 오가칠종의 선법이 전하고 있었다. 그러나 고려중기에 義天(1055~1101)에 의해 교의 입장에서 선을 통합하려는 천태종이 개창됨에 따라 선문은 큰 타격을 입게 되었다. 그러나 조계선문은 천태종과는 별도로 圓應學一(1051~1144), 慧炤(혹은 慧照), 李資玄(1061~1125), 大鑑坦然(1069~1158), 之印 등의 노력에 힘입어 그 맥을 계승해 갔고 무신집권

---

64) 선종에서의 정토 수용의 흔적은 일찍부터 나타나고 있다. 禪淨雙修의 대표적인 인물은 永明延壽(904~974)로 그의 사상을 볼 수 있는 자료로「參禪念佛四料揀」을 들 수 있다. 사실 선과 정토의 결합은 송대의 선승들도 줄곧 주장하였다. 이러한 현상은 원대에 오랜 기간 몽고족의 지배를 받아온 중국 불교가 스스로를 지탱하기 위해 토착적인 민중신앙을 돌파구로 삼은 것이라고 할 수 있다. 이 장 주 63) 참조.

65) 萬松行秀,『萬松老人評唱天童覺和尙頌古從容庵錄』卷 6,『大正藏』卷 4,8 諸宗部 5 NO. 2004.

기에 보조지눌, 보각일연 등에 의해 크게 부각되었다. 원 지배기에는 안정된 여·원관계가 정착되고 양국의 교류가 원활해지자 조계종의 승려들은 원에 건너가 원 불교와 직접적인 접촉을 꾀하여 지공선과 임제선을 받아 오는 등, 그 어느 때보다도 활발한 의욕을 보였다. 이것은 당시 원의 선종에 대한 정책적인 지원과 임제·조동종의 성행에 기인하기도 하지만 좀더 깊은 뜻은 여말 정치상황과 사상계의 변화에 적극 대처하기 위함이었다.

당시 고려 불교는 왕실을 중심으로 다분히 미신적 성향이 짙어진 인상을 주고 있었다. 곧 라마교, 밀교의 영향으로 영험과 공덕만을 강조하면서 불교계의 사회적 기능이 상대적으로 축소되어 갔던 것이다. 태고, 나옹, 백운, 무학 등이 살았던 시대는 바로 그러한 상황이었다. 백운경한은 '邪法이 증치하고 佛法이 쇠폐한다'고 한탄하였으며, 태고보우 역시 왕실의 속신적 신앙뿐만 아니라 선문까지 포함하여 불교 전체를 근본적으로 비판하였다.[66]

태고, 나옹, 백운, 무학 등이 원으로 건너가 임제선이나 지공의 사상을 수용하게 되었던 것은 한편으로는 구산선문 각파의 대립과 원의 밀교(라마교)가 왕실, 귀족사회에 폭 넓게 유포되고 다른 한편으로는 성리학의 도전이라는 새로운 국면을 맞아 불교계를 변화시키고 거기서 활로를 구하려는 의도로 보인다.

지공의 경우 비록 중국과 인연이 깊다 하더라도 중국 선의 전통과는 직접적인 관계가 없고 달마대사와도 법계를 달리하는 자칭 서천 108조이다. 그러므로 혜근, 경한, 자초 등의 지공에 대한 구법은 어디까지나

---

66) 釋璨 錄,「興聖寺入院小說」,『白雲和尙語錄』上,『韓佛全』6-652. '示衆云 諸兄弟 今當末運 賢聖隱伏 邪法增熾 佛法衰弊 人多懈怠 向外馳求 四方兄弟 這邊過夏 那邊經冬'; 維昌 撰,「太古行狀」,『韓佛全』6-698 下. '今也 九山禪流 各負其門 以爲 彼劣我優 閧鬪滋甚 近者盆之 以道門持 矛楯作藩籬 傷和敗正'; 金昌淑,『太古普愚의 思想과 淨化運動』, 동국대 석사학위논문, 1990, pp. 45〜61.

고려 불교의 자주성을 지켜 임제종의 법등상속을 고집하지 않고 순수
하게 법을 구한 것으로서 판단된다.

혜근은 지공과 처음 만났을 때, '누구의 가르침을 받고 오지도 아니
하고 스스로 후인을 위하여 왔으며 특히 십이방자를 가지고 왔다'고 한
것은 이미 고려에서 도를 이루어 12家를 데리고 왔다는 뜻으로 파악할
수 있다. 혜근이 누구에게 배우기 위해서나 법계를 전수하기 위해서가
아니라 고려의 후인을 위한 구국의 방법으로 원에 온 것은 28세 때였
다. 지공이 하루는 매화를 보고 게송을 지으니 그에 화답하여 지공을 3
월의 설중매에 비유하면서 지공의 선지가 오늘에야 온 천지에 알려지
게 되었다고 말하고 있는데,[67] 여기에서도 두 사람의 妙悟傳授를 엿볼
수 있다.

> 못 깨달으면 산하는 내 것이 아니요
> 깨달으면 모든 것이 한 몸이로다.
> 깨닫고 못 깨달음 모두 부수면
> 새벽마다 닭은 오경에 운다.[68]

이 게송을 듣고 지공은 혜근이 큰 法器임을 인정하고 판수(板首)로 10
년을 있게 하였으니 지공과 혜근의 긴밀한 관계를 알 수 있다. 그 뒤 혜
근은 평산처림을 만나고 다시 연경의 법원사로 돌아와 두 번째로 지공
화상을 만난 자리에서 법의, 불자, 범자신서를 받았다. 이때 지공이 혜
근에게 준 전법게는 다음과 같다.

---

67) 覺宏 錄, 앞의 글, 앞의 책, 6-704. '年年此樹雪裡開 蜂蝶忙忙不知新 今朝一簡花滿
　　枝 普天普地一般春'
68) 覺宏 錄, 앞의 글, 앞의 책, 6-704. '迷則山河爲所境 悟來塵塵是全身 迷悟兩頭俱打
　　了 朝朝鷄向五更啼'

> 방장실에 앉아 다과를 드니
> 이것이 변함없는 좋은 약이로다.
> 동서를 바라보면 그러하지 않은 데가 없으니
> 눈 밝은 법왕에게 천검을 준다.[69]

즉 지공이 '눈 밝은 법왕에게 천검을 준다'고 하여 전법하니 혜근은 이에 화답하여, '스님의 차를 받들어 마시고 일어나서 세 번 예배합니다. 다만 이 참다운 소식은 예나 지금이나 변함이 없습니다'라고 하였다.[70]

「指空和尙禪要錄序」에서 지공을 가리켜 摩竭陀國王의 셋째아들이며 種姓世系가 석가와 같다고 말하고 있다.[71] 아울러 지공이 스스로 달마대사의 재래라고 칭하고 있는 점도 지공에 대한 존숭의 연원이라 하겠다. 혜근의 지공선 계승은 서천 선의 직접적인 전래라는 점에서 그 의의를 찾을 수 있다.

지공의 비명에는 반야·법화·화엄을 습득하고 바라문교까지 정통하였으며, 보살계를 준 계사로, 또 다라니를 구사한 밀교승으로 기록되어 있다. 지공에 있어 선·계·밀 모두가 그의 불교사상이자 중생제도의 방법이었다. 귀국 후 혜근 역시 선·계·밀의 융섭으로 교화활동을 편 것으로 미루어볼 때 혜근에게 미친 영향은 심대하다 하겠다.

혜근이 귀국에 앞서 앞으로 어느 곳에 가면 좋으냐고 묻자 지공은 본국으로 돌아가 '삼산양수지간'을 택하여 거주하면 불법이 자연 홍하리라고 하였다. 지공은 일찍이 고려에 다녀오는 등 고려에 대한 이해가 깊었다. 특히 삼산양수 사이인 회암사가 禪寺의 중심이 되면 고려에 불법이 대성한다는 수기는 후일 혜근의 생애에 있어서 중요한 의미를 지

---

69) 이 장 주 15) 참조.

70) 覺宏 錄, 앞의 글, 앞의 책, 6-705. 奉喫師茶了 起來卽禮三 只這眞消息 從古至于今'

71) 閔漬, 「佛祖傳心西天宗派旨要序」. '師本西竺摩竭陀國第三子也 其種姓世系與我佛同焉'

니는 것이었다. 혜근은 실제로 귀국 후 지공의 말에 따라 회암사 중창과 지공 기념사업에 열중하지 않았던가.

혜근은 지정 15년(1355) 가을, 연경의 광제선사에 머물면서 이듬해 10월 15일 개당법회를 열었다. 이때 혜근은 향을 사르고 말하기를 '이 하나의 향은 서천의 108조인 지공화상과 평산화상에게 받들어 올려 법유의 은혜에 갚는다'고 함으로써 지공과 평산의 사법 사실을 명확히 밝혔다.

당시 고려로서는 혜근을 비롯하여 백운, 무학 등 고려 고승들이 서천선을 직접 전래하고 임제선을 수용함으로써 선종의 맥을 뚜렷이 잇게 되었다. 인도 불교와의 직접적인 접촉은 고려 승에게는 새로운 안목을 틔우고 고려 선가의 정체성을 재확인하는 데 영향을 끼쳤다.

지공은 활구를 구사한 선사이며, 그의 선은 간화선 이전의 선풍을 되살리는 것으로서 오히려 조사선에 가깝다 할 것이다. 지공의 선은 간화선이 풍미하고 있던 당시로 보아서는 상당히 복고적이라 할 수 있는데, 그렇다고 해서 이를 사상의 후퇴라고 보아서는 안 된다. 어떤 사상이든지 항상 그 근원을 돌아봄으로써 새롭게 자리매김할 수 있는 것이기 때문이다. 혜근의 경우 지공선은 그의 선사상을 더욱 풍부하게 하고 독특함을 갖게 하였다고 생각된다. 이는 임제선을 계승하고 간화선만을 강조하고 있는 태고보우의 사상과 비교할 때 많은 시사점을 주고 있다.

앞에서도 보았듯이 혜근의 평산처림 사법은 혜근의 비명과 어록에 전하고 있다. 혜근은 고려에서부터 익히 그의 명망을 들었을 것이라 생각된다. 그런데 이들의 처음 만남은 그대로 선기를 겨루는 자리처럼 보인다. '지공의 천검은 그만두고 너의 일검이나 가져오라'는 말이 떨어지기 무섭게 혜근은 좌구로 평산을 선상에 때려눕혔다. 평산이 큰 소리로 '이 도둑이 나를 죽인다' 하니, 혜근이 평산을 일으키면서 '내 칼은 능히 살인하고 또 능히 활인합니다'라고 하였다. 가히 자웅이 서로 겨루는 장면을 방불케 한다. 평산은 크게 웃으며 방장에 들게 하고, 법의와 불자를 혜근에게 주어 雪巖 ― 及巖 ― 平山으로 이어지는 법맥을 잇게 하였다.

> 삼한의 혜근 수좌가 노승을 찾아왔는데, 그 하는 말이나 토하는 기운이 불조와 걸맞다. 종안은 분명하고 견처는 아주 높으며 말 속에는 메아리가 있고 글귀마다 칼날을 감추었다. 여기 설암이 전한 급암선사의 법의 한 벌과 불자 하나를 주어 믿음을 표한다.[72]

평산처림은 혜근이 중국에서 두 번째 만난 禪傑로 혜근에게 큰 영향을 끼쳤다. 평산은 『中峰廣錄』의 저자인 중봉명본과 사촌간으로 『碧巖錄』의 저자인 圓悟克勤의 10대손이다. 혜근은 광제선사 개당법회에서 지공화상과 함께 평산화상의 법을 잇고 있음을 명확히하였다.

사법의 자리에서 평산은 게송을 지어 칭찬하기를, 돌 속에서 꺼낸 옥에 비유하면서 '계법이 청정하여 보제를 얻었고 선정과 혜광이 다 구족하였다' 하였으니, 즉 그를 선뿐만이 아니라 교·계를 모두 겸한 인물로 평가하고 있다. 혜근이 평산의 곁에서 수개월 묵고 이듬해 지정 11년(1351) 2월 떠나려 하자, 그는 혜근의 法器와 장래를 예견하는 글을 적어 전송하였다.

> 회암의 판수가 운문을 꾸짖고
> 백만의 인천을 한 입에 삼켰네.
> 다시 밝은 스승을 찾아 참구한 뒤에
> 집에 돌아가 하는 설법은 성낸 우레가 달리리.[73]

---

72) 覺宏 錄, 앞의 글, 앞의 책, 6-704~705. '三韓惠首座 來見老僧 看其出言吐氣 便與佛祖相合 宗眼明白 見處高峻 言中有響 句裡藏鋒 玆以雪巖所傳及巖先師法衣一領 拂子一枝付囑表信'

73) 覺宏 錄, 앞의 글, 앞의 책 6-705 上. '檜巖板首罵雲門 百萬人天一句呑 更向明師參透了 廻家說法怒雷奔'

이는 혜근의 선기를 그대로 표현한 것이라 하겠다. 혜근은 병신년 (1356) 10월 15일 원의 광제선사에서 열린 개당법회에서 평산의 사법을 확인시키고 있다.[74] 또한 귀국 후 혜근은 공민왕이 평산에 대한 찬을 요청하였을 때 평산을 칭송하기를 "가슴 속의 몹시 독한 기운이 하늘을 찔러 불조도 감히 그 앞에 나아가지 못하네. 임제의 미친 바람이 바다 밖까지 불었나니, 三韓의 임금님 방에서 만년을 전해 가리"[75]라고 하고 있다. 곧 불조를 뛰어넘는 도도한 평산의 선풍이 고려까지 미쳐 만년을 전해 가리라고 그에 대한 존경을 표하고 있다.

## 3. 공부선의 실시 및 회암사의 중창

앞서 여말 불교계가 안고 있는 문제점을 지적하면서 승과·승계·승직 등 승정체계의 혼란을 들었다. 무신집권 이후 불교교단의 관리를 위한 승정이 점차 원칙에서 벗어나기 시작하였고, 원 지배기와 여말에 이르는 동안 그 체계는 완전히 변질되어 갔다. 법계 수여의 기본이 되는 승과의 경우 무신집권기인 고종(재위 1213~59) 때까지는 자주 실시되었으나 이후 침체기로 접어들어 결행이 잦았는데, 이는 곧 승정의 위축을 반영한다 하겠다.

그러므로 공민왕 19년(1370) 신돈이 제거되고 난 뒤 중단되었던 승과를 혜근이 주맹이 되어 다시금 승과인 공부선을 실시한 것은 분위기 일신과 승풍을 진작하는 데 일조했다는 점에서 큰 의미를 지닌다. 또 이러한 공부선을 혜근이 주관하고 있다는 것은 그가 당시 불교계를 대표한다는 의미가 있기 때문에 주목된다.

---

74) 覺宏 錄, 앞의 글, 앞의 책, 6-706 上.

75) 「上復請讚平山和尙」, 『懶翁和尙歌頌』, 『韓佛全』 6-742 上. '胸中極毒氣衝天 佛祖無能敢向前 臨濟狂風吹海外 三韓御室萬年傳'

공민왕 19년 광명사에서 하안거를 지내면서 9월 공부선을 베풀어 양종 오교의 여러 승려를 모아 공부를 시험하게 하였다. 이때 혜근은 공부선의 주맹이 되어 활약하였는데 당시 국사였던 천희(화엄종)와 경한 등도 함께 참석하였다.[76]

혜근은 공부선에서 三句·三關, 그리고 「工夫十節目」으로 공행의 얕고 깊음을 시험하였는데 이것은 이전부터 내려오는 임제·간화선의 수행 전통을 그대로 계승하는 것이었다. 그중 특히 「공부십절목」은 혜근 선사상의 특징을 잘 나타내는 것이기도 하다. 이 자리에 일찍이 원에 들어가 萬峯時蔚의 선법을 받은 화엄종의 천희[77]가 함께 거동하고 있는 것으로 보아 선·교일치의 선불장이었음을 알 수 있다.

공부선 결과 幻庵混修가 유일하게 입격히는 데 그쳐 그다지 흡족한 성과를 거두지는 못하였으나 당시 침체에 빠진 불교계를 일으키기 위해 공부선을 통해 승정을 바로 세우고 새로운 인재를 발굴하며 승풍을 일으키려는 혜근의 노력이 잘 드러난다 하겠다.

혜근이 주맹이 되어 실시한 공부선은 앞서 화엄종 승려인 신돈에 의해서 유학자들을 상대로 한 성균관 재건과 과거 시행, 그리고 보우의 선문구산 통합운동과도 연계시켜 살필 수 있다. 일찍이 신돈이 시도한 일련의 유학부흥운동은 유·불 교류의 장으로 이해할 수 있으며, 보우의 구산통합운동은 선문을 단합시켜 새로운 선풍을 가져와 여말 사상계를 주도해 가려는 노력으로 판단된다. 이러한 측면에서 혜근이 주관한 공부선도 교·선의 일치와 승정을 바로잡고 불교계를 쇄신하려는 노력의 일환이다.

한편, 혜근의 시대인식의 발로로 볼 수 있는 것으로서 회암사의 중창을 들 수 있다. 이 불사는 왕실의 적극적인 지원을 받아 이루어졌는데,

---

76) 이 장 주 23) 참조.

77) 李穡, 「彰聖寺眞覺國師大覺圓照塔碑」, 『朝鮮金石總覽』 上, p. 530.

회암사는 일찍이 지공이 '삼산양수지기'라는 수기를 주어 이곳에 사찰을 일으키면 국운이 도래하고 불법이 재흥한다고 예언했던 곳이다. 이 것은 신라시대에 황룡사에 9층탑을 세우면 三韓이 통일된다고 진언, 국론을 모아 삼국통일을 이끌어내는 데 일조하였던 慈藏의 경우를 연상케 한다.

회암사의 초창에 대해서는 현재로서는 자세히 알 수 없고, 다만 지공開基 이전에 이미 사찰의 흔적이 보인다. 즉 태고보우의 비에, "13세에 회암(사) 廣智禪師에게 출가하였고"[78]라고 하고 있어 1313년 경에는 이미 회암사가 있었던 사실을 알 수 있다. 또한 신빙하기는 어려우나 『東國輿地勝覽』 권2에도, 大定 갑오(1174)에 금나라 사신이 이곳에 왔다[79] 하니 天曆 初로부터 154년 전의 일이다.

金守溫의 『拭疣集』 권2 「檜巖寺重創記」에는, "西天 薄伽提 존자가 이 절터를 보고 서천 나란타사 터와 똑같다 하고, 이에 먹줄을 잡아 측량하여 임시로 짚을 덮어서 그 대략을 표시하였는데 얼마 뒤에 현릉(공민왕을 가리킴)의 왕사인 보제존자가 지공에게 삼산양수기라는 수기를 받고 드디어 여기에 와서 살았다"고 하고 있다.

또한 「天寶山檜巖寺修造記」에는 "지공이 그 산수의 지형을 재어보니 완연히 西쁜의 蘭陀寺와 같다"[80]고 하였다. 즉 지공은 '삼산양수지기'의 秘記에 따라 회암사를 量地하였으며, 비기는 곧 회암사의 지형이 저 인도의 아난타사의 그것과 같다는 데서 성립되고 있는 것이다.

회암사의 중창이 본격적으로 시작된 것은 1370년 1월 甲寅 지공의 영

---


78) 李穡, 「太古寺圓證國師塔碑」, 『朝鮮金石總覽』 上·下, p. 525. '師成童 悟絶倫十三 投檜巖廣智禪師出家'

79) '高麗王子僧圓鏡手跡 在南樓東西壁 及客室西偏小樓閣 師僧云 大定甲午歲 西都叛 西北路梗 時金使至 從春川路導也 金使入寺云云'

80) 『牧隱文藁』 卷 2. '指空量地於溪 其山水之地形 宛同西竺蘭陀之寺 又指空之所自也'. 이 장 주 16) 참조

골이 회암사에 도착한 후였다. 즉 공민왕 15년(1366) 겨울, 원에서 **普菴**
장로가 지공이 유촉한 가사와 **手書 辭世狀**을 가지고 와 전하였고, 이듬
해 정월 사도 **達睿**가 지공의 영골과 사리를 받들고 와 회암사에 봉안함
으로써 본격적인 회암사 중창불사가 시작되었다.[81] 공민왕은 지공의 영
골이 도착하여 **王輪寺**로 이운할 때 그곳에 행차하여 친견한 뒤, 몸소
정대하여 궁중으로 맞아들일 정도로 극진히 예우했다.[82] 공민왕과 혜근
의 관계가 급속히 가까워진 것은 지공의 영골사리가 도착할 때 혜근이
지공의 가사와 사세장을 받고서부터라고 생각된다. 이것은 혜근이 지공
의 직계사제임을 증명하는 것으로서 공민왕의 두터운 신임을 얻게 된
것이다. 이후 혜근은 주로 회암사에 머물면서 공민왕 21년(1372) 9월, 왕
명으로 지공의 부도와 비를 세우고, 우왕 2년 4월 15일에 이르러서는
낙성회를 베푸는 등 지공관련 추모사업을 벌였다.

회암사는 지공이 혜근에게 수기한 '삼산양수지간'에 부합되는 곳으로
일찍이 지공이 인도의 나란타사와 산수의 지형이 같다고 한 곳이다.[83]
혜근 역시 "이 땅은 본시 내가 처음 불도에 든 곳이며, 또한 우리 선사
의 영골을 안치한 곳이다. 하물며 선사께서 일찍이 나에게 수기한 바가
있으니 어찌 무심하리요"[84]라고 하고 있듯이 회암사 중건에 남다른 관

---

81) 李穡 撰,「西天提納薄陁尊者浮屠銘」,『東文選』卷 119. 지공을 다비한 후 그 영골
   을 4分하여 達玄·清慧·法明과 內正 張祿吉이 각각 가지고 떠났다고 한다. 그런
   데 바다를 건너면서 서로 헤어져 司徒 達睿가 清慧로부터 영골을 얻어 고려로 가
   지고 왔다고 한다.

82)『高麗史』卷 42, 世家 恭愍王 19年 正月條 및『高麗史節要』卷 29, 恭愍王 19年 正
   月條. '幸王輪寺 觀佛齒 及胡僧指空頭骨 親自頂戴 遂迎入禁中';「普濟尊者諡禪覺
   塔銘」,『韓佛全』p. 711 上. '庚戌春 司徒達睿 奉指靈骨 來厝檜巖 師禮師骨'

83) 李穡,「天寶山檜巖寺修造記」,『東文選』卷 73. '其山水之形 宛同西竺蘭陀之寺 又
   指空之所自言也 其爲福地盖甚明矣'

84)『懶翁和尙語錄』,『韓佛全』6-707. '師曰 此地是吾初入道處 亦先師安骨之地 況又先
   師 曾授記於我 烏得無心哉'

심을 가지고 불사를 이룩하고자 하였다.

회암사의 중창이 가속화될 무렵, 공민왕의 급작스러운 흥거사건[85]이 있고, 우왕에 의해 왕사로 재책봉되는 등 변동의 시기에도 회암사 중창 불사를 꾸준히 추진하여 동왕 2년(1376) 4월 중창을 마쳤다. 이때 낙성회를 겸하여 문수회를 베푸니 국왕은 기로대신을 행향사로 삼아 참석시켰다.

당시 중창된 회암사 당우는 그 규모와 미려함이 동국에서 제일이었다. 보는 이마다 이와 같은 사원은 중국에도 흔치 않다고 말할 정도였다[86]고 하니 이것은 공민왕과 우왕이 혜근을 물심양면으로 적극 후원한 덕분이었다. 회암사 낙성회는 개경의 사녀는 물론 지방의 범부에 이르기까지 수도와 지방, 신분을 막론하고 사부대중이 구름 모이듯 하여 그 수효를 헤아리기 어려울 정도였다. 많은 사람들은 국제정세의 커다란 변화에서 오는 위기감과 국왕의 흥거 등 국내외의 어려움 속에서 이룩한 대사찰의 낙성인 까닭에 더욱 큰 관심을 보인 것이다.

이와 같이 전국의 사부대중이 모이는 것을 보고, 현실적이고 경세적 사상인 성리학으로 무장한 어사대의 중신들은 회암사가 개경에 가깝고 사녀들이 밤낮으로 오가는 바람에 생업을 폐하는 지경에 이르렀다고 비판하고, 王旨로써 혜근을 멀리 밀양의 영원사로 옮기도록 조치하고, 서둘러 출발길에 오르도록 하였다.[87]

혜근은 추방되어 가는 도중 여주 신륵사에서 입적하고 만다. 이렇듯 회암사 중창은 결국 혜근을 죽음으로까지 몰고 감으로써 국운의 도래

---

85) 『高麗史』 卷 49, 恭愍王 23年 甲申條.

86) 李穡, 앞의 글, 앞의 책. '宏壯美麗 甲于東國 遊覽江湖行遍者皆曰 雖中國未之多見 非誇言也'

87) 『懶翁和尙語錄』, 『韓佛全』 6-708. '至丙辰春 脩營已畢 四月十五日 大設落成會 上 遣具官柳之璘 爲行香使 京外四衆 雲臻輻湊 莫知其數 會臺評 以爲檜巖密邇京邑 四衆往還 晝夜絡繹 或至廢業 於是有旨移住瑩原寺'

와 불법의 재흥을 위한 혜근의 뜻은 좌절되었으나 그의 절실한 시대인식은 높이 평가되어야 할 것이다.

혜근의 뜻은 그의 제자인 자초에 의해서 계승되었다. 자초는 혜근에 이어 지공의 삼산양수지기의 수기를 이어받아 회암사에 지공과 혜근의 부도와 비를 세우고, 나말의 선승인 道詵(827~898)의 풍수지리설을 계승하여 한양천도를 건의하여 조선 건국에 일익을 담당하였다. 이것은 조선이 성리학을 국교로 내세워 건국됨에도 불구하고 자초가 그 창업에 일조하고 있다는 데서 큰 의미를 갖는다 하겠다. 이후 지공·나옹·무학 3화상의 부도와 비가 회암사에 나란히 세워지니 3화상의 국운 부흥과 불법 재흥을 위한 지극한 염원을 가늠할 수 있다.

# 제3장 懶翁 禪思想의 展開

나말여초 선종의 도입 이래 한반도에서는 차츰 九山禪門 등이 형성
되었다. 국내의 선승들은 중국에서 발생한 법안종, 위앙종, 운문종, 조
동종, 임제종 등 오가칠종의 가풍을 접해 왔으나 오가칠종을 단순한 가
풍의 차이로 볼 뿐 조계혜능을 한 뿌리로 보아, 분파하지 않고 조계일
파로 부르고 지명을 따 구산선문의 이름으로 삼았다.

그러나 고려중기 화엄종의 대표적 승려였던 義天이 천태종을 개창하
자 많은 선종의 무리가 이에 흡수되어 갔다. 특히 광종 이후 교종과 타
협적인 성격을 가진 법안종의 영향을 받은 계통이 그 중심세력으로 흡
수되었다.[1] 그리하여 통칭 5교9산으로 불렸던 불교계는 오교양종으로
재편성되었다.

고려중기 선종은 楞嚴禪에 바탕을 둔 慧炤, 李資玄(1061~1125), 圓應
學一(1051~1044), 大鑑坦然(1069~1158) 등이 송의 임제종과 간접적으로
교류하면서 활로를 찾았으며 무신집권기에는 보조지눌이 修禪社를 통
해 결사운동을 일으킴으로써 새로운 전기를 맞게 되었다.[2] 지눌은 간화
선을 적극 수용하여 徑截門을 세우니 이 역시 임제선풍이었다. 그리하
여 중·후기에 이르러서는 화엄종, 유가종, 천태종, 조계종의 4대종파가
그 대종을 이루게 되었다. 그러나 조계종의 승려는 중국 오가칠종의 가
풍에 매이지 않고 그 가풍을 두루 포용하고 있는 모습을 보이고 있다.

혜근의 선사상은 오가칠종의 가풍과 교학까지도 두루 아우르는 조계
선풍을 바탕으로 지공의 영향을 받은데다 평산으로 대표되는 임제종의
가풍을 접목함으로써 크게 꽃피웠다 할 수 있다. 그의 선사상 안에는
교학과 정토가 나란히 수용되고 계의 정신, 밀교의 사상까지 포용, 활

---

1) 彦頤, 「雲門寺圓應國師碑」, 『朝鮮金石總覽』 上, p. 348; 義天, 「示新參學徒緇秀」,
  『大覺國師文集』 卷16.
2) 許興植, 「高麗前期佛敎界와 天台宗의 形成過程」, 『韓國學報』 11, 일지사, 1978; 「高
  麗中期 禪宗의 復興과 看話禪의 展開」, 『奎章閣』 서울대 도서관, 1982. 12.

용되고 있으며 조선시대에까지 전승되었다. 따라서 그의 선사상을 여러 선종 가풍의 영향과 지공선 그리고 임제선의 영향으로 나누어 검토하고, 이러한 바탕 위에서 혜근의 선이 어떻게 확립되고 있는지 살펴보고자 한다.

# I. 여러 禪宗 家風의 영향

## 1. 법안·조동·위앙 가풍의 영향

선종은 고려전기인 광종(재위 949~975)대 전반까지는 착실히 발전하였으나 전기 후반부터 화엄종이 부상하면서 중국의 법안종으로 유학한 계통의 선종만이 어느 정도 종세를 유지하였을 뿐이고, 이후로는 대체로 침체를 면치 못하였다. 고려의 전성기라고 할 수 있는 문종 이후 예종까지의 선종에 대한 자료는 거의 남아 있지 않을 정도로 미약해서 고려후기에 수많은 선승이 배출되었음에도 불구하고 이를 체계적으로 정리하여 이해하기가 어렵다.

고려전기에 선종은 특히 법안종과 조동종 등의 가풍에 크게 영향을 받았다. 광종은 법안종의 永明延壽(904~974)에 대하여 지대한 관심을 표하여 智宗을 포함한 36인을 연수의 문하에 보냈다.[3] 그것은 법안종의 가풍이 융합적인 까닭에 고려 사회의 통합에 사상적 뒷받침이 될 수 있기 때문이었다.

광종 이후 법안종의 가풍이 유행하게 되었는데 원래 법안종은 중국 五代 吳越지역에서 크게 발전하였던 천태사상과 관계가 깊고, 교·선일치와 정토 수용의 특징을 갖고 있었다.[4] 이러한 법안종의 성격 때문에

---

3) 杭州慧日永明寺智覺禪師延壽,『景德傳燈錄』第 26,『大正藏』51, p. 421~22.

4) 법안종의 禪僧인 영명연수의 禪·淨兼修思想은 가장 현저한 것으로 타와 비교할 수 없는 것이라 할 수 있다. 연수에서는 정토뿐만 아니라 천태·화엄 등 여러 종

의천의 천태종 개창시 다수의 법안가풍의 선승이 흡수될 수 있었던 것
이다.[5]

　이러한 가풍을 지닌 법안종이 국내 선종계에 미친 영향은 지대한 것
이었다. 특히 고려후기 지눌이 그의 저술에서 연수의 저술을 많이 인용
하고 있는 것은 법안종의 영향을 말해 주는 단적인 증거라 할 수 있다.[6]
이후 조계종을 표방하는 국내의 선종에서도 화엄·천태 등의 교학을
배우고 정토신앙을 아울러 수행하였으니 국내 불교계에 끼친 법안종의
영향이 지대하였다는 것을 알 수 있다. 혜근의 정토사상 수용과 선사상
에 입각한 영가법어의 활용도 이와 같은 맥락에서 살필 수 있다.

　우리나라에서는 나말 선종이 유입되면서 동시에 조동선을 접촉하게
되어 여초에는 東山良价와 그 제자에게 수학한 이가 신라인 金藏을 비
롯하여 20여 명 있었다 한다.[7] 특히 이들 가운데 동산의 제자인 雲居道

---

파와의 융합조화 사상이 나타나고 있다. 그는 정토교 신앙도 두터워 염불과 선의
조화를 꾀하였다고 하며, 이에 대해서는『萬禪同歸集』,『自行錄』,『百八佛事』,「參
禪念佛四料揀」에 표명되어 있다. 특히 다음의 「參禪念佛四料揀」의 偈는 선정쌍수
의 근거를 나타내는 것으로 주목된다. '有禪無淨土 十人九蹉路 陰境若現前 瞥爾隨
他去/無禪有淨土 万修万人去 但得見彌陀 何愁不開悟/有禪有淨土 猶如戴角虎 現世
爲人師 來生爲佛祖/無禪無淨土 鐵床幷銅柱 万劫與千生 沒個人依怙'

5) 천태종 개창시 법안의 선승들이 이에 흡수된 것은 법안의 가풍과 관계가 깊다. 법
　안종의 영명연수가 천태사상과 교섭을 가진 것은 스승인 天台德韶(891〜971)와의
　만남에서 비롯된다. 법안종 2조인 천태덕소는 '始入天台山建寺院道場 無幾韶大興
　玄沙法道 歸依者衆 …… 其又興智者道場數十所'(『宋高僧傳』卷 13, 德韶傳)라고 하
　고 있듯이 吳越王 錢叔(忠懿王, 재위 948〜978)의 보호 아래 천태산에 들어가 천태
　사원을 건립하여 智者의 遺跡의 부흥과 法眼宗의 종지를 펴고, 玄沙師備(835〜
　908)의 법도를 선양하였다(『宋傳』卷 28 延壽傳 및『景德傳燈錄』第 26,『大正藏』
　51).

6) 宗眞,「普照知訥의 禪思想에 대한 再照明」, 伽山李智冠華甲紀念論叢『韓國佛敎文
　化思想史』下, 가산문화원, 1994, pp. 926〜27.

7) 一然,『重編曹洞五位序』,『韓佛全』6-216.

膺에게 수학하고 귀국한 이른바 海東 四無畏大士인 慶猷(871~921), 逈徹(864~930), 麗嚴(862~930), 利嚴(870~936)과 동산의 제자인 疎山에게 법을 받아 귀국한 慶浦(869~948) 등이 고려초 조동선을 주도하였다. 특히 이엄은 고려 태조가 須彌山에 廣照寺를 지어 모시고(932) 스승으로 삼았다. 이로써 구산선문 중 수미산문을 이루었으나 그 맥을 이어가지 못하여 그 세력이 약화되어 버렸다.

그러나 一然, 志謙(1145~1229), 夢如(?~1252) 등 당시의 고승들은 조동선 사상의 핵심인 洞山의 五位頌에 많은 관심을 가지고 있었으며 국내 선사들 사이에 널리 전해져 있었다. 조동선이 비록 국내에서 종파를 이루지는 못하였지만 그 사상은 조계종 고승들에게 흡수되어 고려 말에 이르기까지 국내불교 선종계에 큰 영향을 주었다. 일연은 『重編曹洞五位序』에서 다음과 같이 말하고 있다.

> 보법선사 지겸이 송나라 때의 중간본과 조동의 유문을 얻었고, 이에 소산과 말산 二家의 語訣을 하편으로 하였다. 그러나 상세하지 못함이 매우 애태우게 하고 맞지 않는 것이 너무 많아 그 깊이를 잃어버렸다. 항상 내가 이것을 마음에 두었는데 일찍이 조계의 소융화상을 찾아뵙고 조동의 가세를 여쭈었더니 화상께서 또한 이렇게 이르셨다. '대단히 슬퍼하며 탄식하는 자 여럿이나 한가하지 못해 한둘이 지도를 받는구나. 후회하여도 이미 늦을 뿐이다.'[8]

여기서 우리는 일찍이 고려중기 강종과 고종 양대의 왕사를 지냈던 지겸이 조동오위의 중간본과 조동의 유문에다 소산과 말산의 어결을 합하여 책을 간행하였다는 것과 일연이 수선사 3세인 小融夢如에게 조

---

8) 一然, 앞의 글, 앞의 책, 6-216 下. '比有普法禪師志謙 得宋本重刊 又拾曹洞之遺文 幷疏山末山二家語訣 排爲下篇 備基不甚祥過致多乖謬 爲失不淺 嘗自介懷 曾謁曹溪小融和尙 於及曹洞家世 和尙亦以此云 慨然流嘆自再三 然未暇一二諮稟 簹臍無及矣'

동의 가풍을 묻자 몽여는 조동의 오위송에 대한 후학의 무관심을 한탄하고 있음을 알 수 있다.

즉, 비록 조동종계의 수미산문이 계승되지 못했지만 고려후기에 들어와서도 조동의 가풍은 일연, 지겸, 몽여 등 국내 조계종 고승들의 많은 관심을 모았으며 그들에게 영향을 주고 있다는 것을 알 수 있다. 이것은 원에서 조동선이 유행하고 관심을 모은 것과도 관계가 있다. 耶律楚材(1190~1244)의 「萬松老人評唱天童覺和尙頌古從容庵錄序」를 보면 다음과 같다.

> 우리 종문에 천동이라는 분이 있어 頌古 100편을 지었는데 그것을 절창이라고들 한다. 나는 만송노인께 이 송에 評唱을 지어 후학들을 틔워 일깨워주십사 하고 간청하는 편지를 7년을 두고 아홉 차례나 보냈는데 …… 재삼재사 펼쳐놓고 책을 만지며 감탄하였다. 만송스님이 서역에 오신 듯하다. 그 한 조각의 말, 반쪽 글자들이 모두 귀결처를 가리키고 안목을 내놓은 것이다. 고금에서 가장 뛰어날 정도로 높아서 만세의 모범이 될 만하다. 인간과 하늘을 저울질하고 조화해 내는 자가 아니라면 뉘라서 여기에 동참할 수 있으랴 …… 그래서 이에 序를 쓴다.
>
> 갑신년 중원일 漆水移刺楚才 晋卿이 서역 阿里馬城에서 쓰다.[9]

원대 선종은 북쪽에는 조동종이, 남쪽에는 임제종이 활약하고 있었다. 예컨대 조동선에 속하는 萬松行秀(1166~1246)는 금말원초에 걸쳐서 조동선풍을 크게 진작한 인물이다.[10] 그는 만송노인이라고 불렸으며 많

---

9) 『大正藏』卷 48, 諸宗部 5 NO. 2004, p. 226. '宗有天童者頌古百篇號絶唱 予堅請萬松評唱是開發後學 前後九書間關七年 …… 再四披繹撫卷而歎曰 萬松來西域矣 其片言隻字 咸有指歸 結疑出眼 高冠今古足爲萬世之模楷 非師範人天權衡造化者 孰能與於此哉予與 …… 迺序之曰'; 前川亨, 「耶律楚材論 —— 金朝滅亡前後における思想狀況と政治狀況の牽關」, 『駒澤大學硏究所年報』 3, 駒澤大, 1992; 佐藤祖哲, 「耶律楚材の佛敎」, 『宗敎硏究』 53卷 3號, 日本宗敎學會, 1980.

은 제자를 두었다. 그의 『從容錄』은 宏智正覺의 송고 100칙을 평한 것으로 佛果克勤(圓悟를 가리킴)의 『碧巖錄』과 함께 2대 명저로 알려지고 있다. 『종용록』은 원의 명재상인 湛然居士 耶律楚材의 간곡한 청을 받아들여 지은 것을 문도 從祥이 책으로 펴낸 것이다.

혜근의 경우 이미 국내에서 조동선의 가풍을 알고 있었으리라 생각된다. 그가 원에서 조동선의 고승과 만난 기록은 보이고 있지 않으나 조동가풍을 접하였을 것은 어렵지 않게 짐작할 수 있는데, 이것은 그의 어록을 보면 알 수 있다. 혜근의 가송을 보면 제자들의 요구로 조동의 오위주송에 대해 「幻庵傳寫五位註頌來看因以題前」[11]과 「昰禪者傳寫五位註頌因以題前」[12] 두 편의 시제를 남기고 있으며, 또한 운거도응에게 조동선을 전수하여 수미산문을 연 이엄존자의 탑을 찾아가 그를 추모하는 「題利嚴尊者塔」을 짓기도 하였다.[13]

이러한 예는 당시의 선자들 간의 조동선에 대한 관심과 이해를 잘 나타내는 것이니, 혜근 역시 이를 배척하지 않고, 자신의 무애자재한 선풍 속에 조동선의 사상을 섭수하고 있다는 것을 알 수 있다.

그외에 지겸과 몽여를 통해서는 고려에서의 위앙종의 영향을 알 수 있다. 지겸은 이미 나말 順之가 전래한 위앙종의 선풍을 계승하였으니, 『宗門圓相集』에서 위앙종의 선풍을 특색 있는 圓相을 통하여 방편으로 시설하고 있다.

「宗門圓相集跋」은 조계산 수선사의 3세인 淸眞國師 몽여가 지은 것

---

10) 永井政之, 「萬松行秀の禪とその周邊」, 『宗學硏究』 19, 駒澤大, 1997; 「萬松行秀考」, 『宗敎硏究』 50卷 3號. 日本宗敎學會, 1976.

11) 『韓佛全』 6-745 中. '曹洞宗風事若何 崑崙白鷺兩交加 君臣偏正能廻互 不坐那邊是作家'

12) 『韓佛全』 6-745 中. '家風細密孰能知 偏正從來體自難 欲識那邊眞的處 堂堂黑白未分時'

13) 『韓佛全』 6-745 上. '遍歷諸方咨決了 只今唐漢有遺蹤 我來禮塔非他意 只爲三韓振祖風'

으로 되어 있다. 또한 일연이 조동종의 핵심사상인 『중편조동오위』를
편찬할 때 몽여 소융화상에게 조동종의 가풍을 물으며 자문을 구한 데
서도 몽여가 문파에 관계없이 두루 통달해 있었음을 알 수 있다.

「潙山大圓禪師警策」이라고도 불리는 「潙山警策」[14]은 산문(長行)과 운
문(重誦)으로 구성되어 있으며, 간결하고도 간절하여 요점을 잘 드러내
고 있다. 종래 선문에서는 「위산경책」을 『四十二章經』 및 『遺敎經』과
함께 '佛祖三經'이라 하여 중시하였다. 고려에서는 이미 1341년 정각사
에서 불조3경을 개판한 일이 있고 보우에 의하여 『緇門警訓』(10권)이 들
어오는데, 이 책 맨 첫 글이 바로 「위산대원선사경책」이다.

이상에서 수미산문이 개창된 후 그 맥은 비록 이어지지 못했으나 조동
의 가풍이 널리 유행하였으며, 광종대 이후 연수의 사상을 중심으로 하
는 법안종이 국내 선사상에 큰 영향을 주고 있음을 알 수 있다. 또한 「위
산경책」의 유포에서도 위앙의 선풍이 널리 알려져 있음을 볼 수 있다.

숙종대 의천(1055~1101)이 천태종을 개창하고 이때 법안종 가풍을 지
닌 선문이 많이 포섭됨에 따라, 조계선문은 큰 타격을 입었다. 그러나
고려중기 『楞嚴經』에 바탕을 둔 이자현, 혜소, 탄연 등의 공로로 선종
이 부흥하고, 이후 보조지눌, 진각혜심, 보각일연 등에 이르러 새로운
전기를 맞게 되었다.

그런데 이러한 조계선은 법안·조동 등 여러 선종의 가풍을 아우르
는 특징을 보이고 있다. 혜근 역시 이러한 전통을 그대로 수용하고 있
다. 혜근이 출가수행하던 시기의 조계선은 이미 국내에 들어와 있던 오
가칠종의 사상과 교학까지도 수용하면서 형성되었으며, 이런 국내 분위
기 속에서 성장, 수행한 혜근도 자연 이러한 사상을 전부 아우르고 있

---

14) 「위산경책」은 당시 학인들이 나태해져서 헛되이 시간을 보내며 위의를 지키지 않
　　는 등 폐풍이 심하므로 깊이 걱정하고 경책하여 수행의 정도를 가게 하기 위해
　　지은 것이다. 주석서로는 宋의 守遂가 쓴 「潙山警策註」(1卷), 明代 道霈의 「同指
　　南」(3卷), 弘贊과 開詗의 「同句釋記」(2卷), 大香의 「同記」(1卷) 등이 있다.

다 하겠다.

## 2. 간화선풍의 영향

고려중기 선종의 부흥은 慧炤(또는 慧照), 이자현, 탄연, 之印 등의 노력에 힘입은 것이었다. 특히 이자현이 일으킨 居士佛教는 『능엄경』에 의한 간화선이라는 특징을 보인다.[15] 실제로 초기 선승들은 '直指人心'을 내세운 心印으로 직접적인 사자상승만을 허용하였고, 경전은 무시하였다.

그러나 차츰 경전의 중요성이 재인식되면서 선종 특유의 어록이 출현하기 시작했다. 그중에서도 『능엄경』은 선사들이 자주 활용하였고 선서라고 불릴 만큼 중요시되었다. 이자현은 『능엄경』이나 雪峰義存의 어록을 연구하여 자력으로 禪旨를 터득하고 있다.[16] 이와 같이 경전이나 어록에서 선지를 터득하는 방법은 그 자체가 간화선에 가깝다 할 수 있다. 이러한 교·선 융합적이며 간화선적인 경향은 지눌 이래로 수선사에 많은 영향을 끼쳤다. 간화선은 송대 대혜에 의해 크게 개발되었다는 것은 널리 알려진 사실이다. 그러나 간화선은 원래 임제종의 선의 한 방법이다. 따라서 간화선도 임제종의 범위 내에서 이해하여야 한다.

먼저 『景德傳燈錄』을 비롯한 몇몇 자료에서 한반도에서의 임제선의 직접적인 전래를 살펴볼 수 있다. 『경덕전등록』 권12에 22인, 『傳法正宗記』 권7에 24인 등 대략 20여 인 이상으로 전해지고 있는데, 여기에

---

15) 金相永, 「高麗中期의 禪僧 慧照國師와 修禪社」, 李箕永博士古稀紀念論叢 『佛教와 歷史』, 한국불교연구원, 1991.

16) 「春川文殊院重修碑」, 『朝鮮金石總覽』 上, p. 326. '嘗讀雪峰語錄云盡乾坤是箇眼汝 問甚處蹲坐於此 言下豁然自悟 …… 嘗謂門人曰吾窮讀大藏經徧閱群書 而首楞嚴乃 符印心宗發明要路'

‘新羅國智異山和尙’이라 하여 신라 승려가 있었음을 밝히고 있다.[17] 자세한 내용은 밝혀져 있지 않으나 이 지리산화상은 임제의 선법을 오롯이 계승한 것으로 보인다.[18] 현존 자료로 볼 때 신라인으로 임제에게서 직접 참학한 사람은 이 지리산화상뿐이다.

지리산화상에 이어 임제의 선법을 한국에 전래한 사람으로는 고려의 혜소를 들 수 있다. 혜소의 생몰연대는 미상이나 대각국사 의천과 함께 입송하여 淨因道臻의 법을 계승해 온 것으로 전해지고 있으며[19] 1140년에 계족산에서 定慧社를 열어 선법을 흥성시켰다는 기록으로 보아 大慧宗杲(1089~1163)와 활동시기가 비슷하다. 이 무렵 송대 선종계에는 이미 간화선에 의한 참구법이 널리 알려져 있고, 혜소의 제자 탄연이 간화행법을 보이고 있음을 볼 때 그의 선법도 간화선 계통이 아닌가 생각된다.

대감탄연은 논란의 여지가 있는 스승과는 달리 분명하게 임제의 선법을 계승하고 있는 인물이다. 그의 임제선 전승에 대해서는 「斷谷寺大鑑國師碑」에 잘 밝혀져 있다. 곧 탄연은 임제의 9대손으로, 廣利寺 介諶(1080~1148)의 법을 전해 받았으며[20] 그 전승방법도 중국에 직접 가서

---

17) 『景德傳燈錄』 卷 12, 『傳法正宗記』 卷 7. ‘新羅國智異山和尙’

18) 『禪藏』 5, 『天聖廣燈錄』 卷 13, pp. 294~95.

19) 「慧炤國師祭文」 ‘航海西遇 得淨因髓’, 『東文選』, 『圓鑑錄』, 아세아문화사, 1973, p. 166; 「前后所將舍利」條, 『三國遺事』 卷 3, 塔像 제4; 「龍門寺重修碑」, 『朝鮮金石總覽』 上, p. 410. 淨因의 계보는 臨濟義玄 ― 興化存獎 ― 南院慧顒 ― 風穴延沼 ― 首山省念 ― 葉縣歸省 ― 浮山法遠 ― 淨因道臻으로 기록되어 있다.

20) 「斷谷寺大鑑國師碑」, 『朝鮮金石總覽』 上, pp. 563~64. ‘以宗派考之師乃臨濟九代孫也師諱坦然 …… 師之德行道譽爲世所仰每國大事上必以御筆諮問于師由是名嘗寫所作四威儀頌倂上堂語句附商舶寄大宋四明阿育王山廣利寺禪師介諶印可諶乃復書極加歎美僅四百餘言文繁不載’; 介諶에 이르는 법계는 臨濟義玄 ― 興化尊獎 ― 南院慧顒 ― 風穴延沼 ― 首山省念 ― 汾陽善昭 ― 石霜楚圓 ― 黃龍慧南 ― 晦堂祖心 ― 靈源惟清 ― 長靈守卓 ― 無始介諶이다

전해 받은 것이 아니라 서신을 통해서였다고 한다. 간화선의 선풍을 보이고 있는 탄연의 선법은 스승 혜소국사와 함께 지눌의 수선사에도 영향을 끼쳤다.[21]

탄연 다음으로 간화선과 연결되는 사람은 보조지눌(1158~1210)이다. 지눌은 임제계 간화선이 고려에 정착되는 계기를 마련하였으며, 여러 면에서 고려후기 선종에 새로운 전기를 제공한 인물이다. 지눌은 세 차례에 걸쳐 깨달음을 얻었는데 그 세 번째가 『大慧語錄』(30권)을 통한 간화선의 방법이었다. 지눌은 '無學常師'한 인물로 사자간의 직접적인 심인의 전수보다는 경론이나 조사의 어록을 통한 오도를 확인하고 또 그러한 오도를 강조했던 선사이다. 중요한 것은 깨달음을 얻는 것에 있지 嗣承에 있는 것이 아니라고 본 것이다. 그리고 그 득오의 수단으로서 간화선을 장려하였다.

지눌의 사상은 선·교를 절충한 惺寂等持門, 圓頓信解門, 看話徑截門 등 3종문으로 표현되고 있다. 그는 지리산 上無住庵에 거주하던 41세 때 『대혜어록』을 보고 크게 깨달음을 얻었으며 이후 『看話決疑論』을 지어 간화경절문의 뜻을 밝히었다. 이것은 고려후기 이후에 간화선이 널리 보급되는 계기를 만들었다는 점에서 큰 의의가 있다.

간화선은 이미 잘 알려져 있듯이 북송시대부터 고위관료의 귀의를 받으며 開封을 중심으로 활약하였던 임제종 楊岐派의 대혜종고에 의해서 집대성된 것이다. 불교가 중국에 들어와서 인도적 형태를 탈피하여 중국적 특색을 발휘한 것은 '공안·간화선'이라 할 수 있다. 인도 불교가 중국에 들어와서 중국적 특색을 발휘한 것은 물론 선만은 아니다. 천태의 '一念三千', '三諦圓融'이나 화엄의 '十玄緣起', '法界觀門' 같은 것은 인도에서 볼 수 없는 논리체계로 승화되었으나 교학적 의리와 사상의 경계를 아직 벗어나지 못했다. 그런데 '공안·간화선'은 本然의 實

---

21) 『第3次踏査資料集 寺崛山門遺蹟地』, 중앙승가대 불교사학연구소, 1995.

相을 체험한다는 범주로서 등장하였다. 그러므로 천태·화엄은 오히려 인도 불교의 연장이며, 비약적 승화라고 보겠지만 공안·간화선은 인도적 범주에서 완전히 탈피하여 중국적 성격을 구현한 것이다.

그러므로 모든 경론에 의존한 교학을 '敎內'라 하고, 선을 '敎外'라 하였으며, 교내의 것은 의리와 이론의 범주에 속하는데, 교외의 것은 그와 달리 '格外禪'이라고 하였다. 그런 뜻에서 중국의 조사선에서는 '不立文字·敎外別傳'을 표방하게 되었다.[22] 공안은 일찍이 五祖 弘忍 문하에서 北宗 神秀(?~706)와 慧安國師가 먼저 공안어구를 사용하였고, 그 뒤로 조계 남종에서 靑原行思와 뒤에 南嶽懷讓 문하에 결탁된 馬祖道一도 공안문답을 쓴 것을 뒤에 오가칠종에서 공식화하였던 것이다.[23]

宋朝의 雪竇重顯(980~1052)은 선문의 공안 100칙을 한데 모아 『百則頌古集』을 엮었고, 佛果圓悟(1063~1135)가 그것을 唱評하고 垂示하여 『벽암록』 10권을 만들었다. 그리고 天童山의 宏智正覺(1091~1157)는 '世尊昇座達摩廓然'을 벽두로 백칙공안을 뽑았고, 無門慧開(1129~1206)는 '趙州狗子', '百丈野狐' 등 48칙을 모아 『無門關』이라는 공안집을 엮기도 하였다. 이것이 대혜의 공안선, 간화선이 본격적으로 발전하는 가교 역할을 하게 되었다.

공안문답이 간화선법으로 정립된 것은 송의 대혜종고를 그 시초로 본다. 그것은 공안 화두를 하나의 연구대상으로 하여 그 화두에 전심력을 기울여 疑團을 집중하는 것이다. 그것을 화두를 본다고 하여 '看話'

---

22) 公案問答은 송대의 誌公(422~514)과 傅大士(497~569)에서 처음 발상되었다고 본다. 지공, 부대사는 남보다 특이한 행의를 취하며, 그 言句 또한 보통으로 이해할 수 없는 格外談을 시작했는데 이를 '般若禪'이라고 불렀다. 그 반야선이 牛頭禪으로 발전되고 오조홍인 문하에서 신수와 혜안을 비롯하여 우두계와 조계 남종계에서 이 공안문답을 사용했다. 그 뒤로 五宗·七家가 공안문답으로 선납을 제접하고 선지를 문답하는 유일한 공식으로 삼았다. 대혜종고는 이것으로 간화선법을 정립하였다.

23) 關口眞大, 『禪宗思想史』, 山喜方佛書林, 1966, p. 149.

라 하는 것이다.

대혜는 특히 여러 가지 공안 가운데 조주의 '狗子無佛性'을 禪家의 正令으로 대중에게 권하였다. 대혜의 간화선은 한마디로 옛 조사들이 깨닫게 된 기연인 공안을 참구하는 새로운 선수행법이라 할 수 있다. 그것은 어디까지나 주체적인 大疑心을 일으켜 자기의 근원적인 심지를 계발하기 위한 것이다.

『大慧書』[24]의 「答呂舍人」 등에서는 마치 늙은 쥐가 소의 뿔에 들어가 꼼짝할 수 없는 것처럼 전심력으로 간화할 것을 말하고 있다. 간화선은 의심을 타파함으로써 자기의 근원적인 마음을 깨닫는 대오의 수단으로서 주장된 것이다. 그러나 대혜는 普說에서 자주 말하고 있듯이, 깨달음을 기다리는 待悟禪을 부정한다. 사실 공안은 의단을 일으키기 위한 것이며, 의심을 일으키지 않는 공안은 의미가 없는 것이다.

대혜는 자기의 심지를 계발하고 주체적인 의심을 일으키기 위한 간화선의 수행구조에 가장 적합한 것이 '趙州의 無'자라고 간주하였으며, 대혜가 조주의 무자 공안을 채용함으로써 의심을 일으키는 大疑의 간화선은 완성될 수 있었다.[25]

이러한 간화선의 전통은 원대에까지 이어져 내려왔다. 간화선에 있어서 신심과 의심은 대혜 이래로 많이 강조되어 왔는데 高峰原妙(1238~1295)는 여기에 '大憤志'를 더하여 수행에 전념하는 정신을 강조하였다. '대분심'은 수행자의 불타는 구도심이며, 자기 자신에 대한 끊임없

---

24) 「大慧普覺禪師書」, 『大慧普覺禪師語錄』 卷 第28, 『大正藏』 卷47. 『大慧普覺禪師書』를 따로 떼서 『大慧書』라고 통칭한다.

25) '無'자 공안은 五祖法演(?~1104)의 상당법문에서 비롯되어 대혜종고에 의해 새롭게 중요성이 강조되었으며, 無門慧開의 『無門關』에서 완성되었다. 『무문관』은 원오극근의 『벽암록』보다 100년 뒤에 출현한 것으로 대혜가 주장한 조주의 무자 화두를 중심으로 총 48칙의 공안을 뽑아서 엮은 본격적인 간화선 공안집이다. 그는 조주의 무자 공안은 선종의 제일관문이며 '禪宗無門關'이라고 하였다.

는 비판이자 자기 반성이다. 자기 비판과 자기 반성 없이는 인간은 발전을 기약하기 어려운 것이다.

『天目中峰和尙廣錄』(30권)의 저자이기도 한 원대의 대표적 인물인 中峰明本[26]도 간화선을 수용하고 있다. 이렇듯 간화선은 대혜 이후 송·원에 걸쳐서 중국 선종의 근본적인 수행법으로 일관되게 실천되었다.

한반도에서 간화선 수행법은 보조지눌 이후 적극 수용되어 널리 유행하게 되었다. 즉 간화선의 유행은 지눌로부터 한 획을 긋는다 할 수 있다. 지눌은 항상 사람들에게 『금강경』을 지송하도록 권하였고, 法을 세우고 義를 말할 때는 『六祖壇經』을 전거하였으며, 李通玄의 『화엄신론』과 『대혜어록』을 양쪽 날개로 삼았다 한다.

지눌은 41세 되던 해 지리산 상무주암에 머물 적에 상선으로 처음 수입된 『대혜어록』 30권을 얻어 읽다가 '선은 고요한 곳에 있지도 않고 시끄러운 곳에 있지도 않으며 …… 또한 그런 곳을 여의고 있는 것도 아니다'[27]라는 문구에 확연히 눈이 열리는 기연을 얻어 일체의 구애 없는 활발자재함을 얻고, 이때부터 간화선법을 하나의 참구방편으로 하여 학인을 지도하는 문을 세우게 되었다.[28] 그는 『간화결의론』을 지어서 간화선법의 요체를 천명하였고, 수선사 2세인 眞覺慧諶(1178~1234)은 『狗子無佛性話揀病論』을 지어서 그 간화의 10종병을 여의고 참구하는 법을 밝히었고 주로 간화선으로 참구의 문을 삼았다. 『구자무불성화간병

---

26) 明本의 전기는 『天目中峰和尙廣錄』(30권) 「行錄」·「塔銘」·「道行碑」 등에 자세하며, 『東語西話』 卷下 略歷, 『佛祖歷代通載』 제22권, 『五燈會元續略』 제5권, 『增輯續傳燈錄』 제6권에 행장이 실려 있다.

27) 『大慧普覺禪師語錄』 卷 19, 『大正藏』 卷 47, p. 893 下. '禪不在靜處 不在鬧處 …… 第一不得捨却靜處鬧處'

28) 지눌의 수증과정은 대체로 3단계(三轉機의 悟證)로 구분하여 볼 수 있다. 제1단계: 淸源寺에서의 『六祖壇經』에 의한 1차 오도 定慧雙修, 惺寂等持門, 제2단계: 下柯山 普門寺에서의 李通玄 『華嚴新論』에 의한 2차 오도 圓頓信解門, 제3단계: 智異山 上無住庵에서의 『大慧語錄』에 의한 3차 오도 看話徑截門.

론』은 보조 입적 후 5년에 『圓頓成佛論』과 『간화결의론』을 합본하여 간행하였다. 혜심은 「上康宗大王心要」에서,

> 十二時中, 四威儀內에 화두를 보되 승이 법등에 묻기를, 백척간두에서 어떻게 나아갑니까. 세·출세간, 선·악 攀緣, 종종 攀緣을 상속치 말게 하고 또한 끊지도 말며 생각 생각에 다만 화두를 들라.[29]

라 하고 있다. 그 뒤 조계산 송광사는 16국사를 배출하는 등 간화선풍이 크게 일어나게 되었다. 간화선의 유통 발전은 일연, 보우 등의 예에서 볼 수 있듯이 송·원에서보다 오히려 고려에서 그 전통을 잇고 일반화되었던 것이다.

이후 지눌의 제자인 수선사 2세 진각혜심은 『구자무불성화간병론』 1권과 『禪門拈頌』 30권을 남겨 간화방법을 크게 선양하였다. 특히 『선문염송』은 조선시대에 『경덕전등록』과 함께 승과의 기본교재로 사용될 만큼 조선시대에 와서도 선가의 대표적 선적이자 최고의 선서로 꼽히게 되었다. 이렇듯 간화선으로 대표되는 당시의 사상적 변화는 고려후기 선사상이 발전해 나가는 데 큰 영향을 주었다.

고려에서의 간화선은 지눌계 외의 계통에서도 널리 전개되고 있다. 특히 충렬왕 19년(1293)에 『禪門寶藏錄』 3권을 찬술한 천태종의 眞靜國師 天頙이 그 대표적 예이다. 천책은 『湖山錄』을 저술하기도 하였는데 그의 『선문보장록』은 선·교일치와 臨濟禪旨, 조사선풍을 강조하고 한국 선의 독자적 관점을 보여주는 梵日의 眞歸祖師說을 전하는 전적이다. 이 두 저서 역시 간화선법을 수용하고 있다.

혜근이 공부선을 주관할 때 화엄종의 대표로 고문을 맡았던 설산천희도 입원하여 몽산덕이의 法嗣인 萬峯時蔚에게서 임제선법을 받아오고 있는데 간화선법은 이 안에 포함되는 것이라 하겠다.[30]

---

29) 『眞覺慧諶語錄』, 『韓佛全』 6-23 下.

혜근 역시 공부선 「공부십절목」에서도 보이고 있듯이 간화의 방법을 학인을 지도하는 데 활용하고 있으며, 그의 어록, 가송 곳곳에 '狗子無佛性', '威音王以前', '庭前栢子樹', '父母未生前' '萬法歸一' '是甚麼' 등의 참구를 강조하고 있다. 「答李相國齊賢」, 「示知申事廉興邦」에서 이와 같은 실제를 볼 수 있다.

> 어떤 중이 조주스님에게 '개에게도 불성이 있습니까' 하고 물었을 때 조주는 '無'하였다는 이 최후의 일 구 '무'자를 힘을 다해 들되, 부디 언제 깨치고 깨치지 못할까를 기다리지 말고 …… 다만 그 '무'자 하나만을 오로지 들어 바로 나아가면, 화두는 들지 않아도 저절로 들리고 의심은 의심하지 않아도 저절로 의심될 것입니다 …… 거기는 과거의 여러 부처님과 조사님네의 몸과 마음을 던져버린 곳이요, 또 相國(이제현을 가리킴)이 힘을 얻고 힘을 덜어 부처가 되고 조사가 될 것입니다.[31]

> 마음을 닦는 법을 따로 구하지 마십시오. '이 무엇인고'라는 話頭를 항상 들되, 어디서나 언제나 버리지 마십시오. 그리하여 끊지 않고 들며 쉬지 않고 참구하여 조금도 間斷이 있게 하지 말고 …… 그저 이렇게 들고 그저 이렇게 참구하되 끊이지 않고 참구하여 들면 어느새 화두는 들지 않아도 저절로 들리고 의심하지 않아도 저절로 의심되어 …… 몸과 마음이 하나같고 자고 깨나 일반인 곳에서 몸을 뒤쳐 한번 내어던지면, 그런 경지에 이르러 서천의 28조사와 동토의 6조사와 천하의 선지식들이 전하지 못하고 말하지 못한 本有의 일을 알게 될 것입니다.[32]

이것은 『대혜서』 전편에 일관되는 것으로 오로지 '無'자와 '是甚麼' 등을 간화 참구할 것을 간절히 이르고 있다.

---

30) 李穡, 「彰聖寺眞覺國師大覺圓照塔碑銘」, 『朝鮮金石總覽』 上, pp. 529~33.

31) 「答李相國齊賢」, 『韓佛全』 6-725 上.

32) 「示知申事廉興邦」, 『韓佛全』 6-726 中.

# Ⅱ. 指空 禪思想의 영향

## 1. 지공선의 특색

20세기에 들어와 지공에 대해서 주목하고 관계자료를 살핀 사람은
李能和였다. 그후 고려 불교와 지공에 대한 관심이 꾸준히 이어져, 근
래까지 축적되어 온 연구성과들도 주목을 끌고 있다. 최근 허흥식 교수
는 이 분야에서 괄목할 만한 연구성과를 내고 있다. 그리고 일본에서도
'지공화상을 통한 인도 불교의 전파'라는 교류사의 각도에서 연구가 진
행되고 있다.[33] 지공에 관한 1차적인 사료는 다음의 것들이 있다.[34]

---

33) 李能和, 「胡僧指空」, 『朝鮮佛敎通史』上, 寶蓮閣, p. 352.

金炳佑, 「胡僧指空硏究」, 『東國史學』18, 동국대 사학회, 1984.

朴虎男, 「檜巖寺和尙 懶翁의 無生法 考察」, 『畿田文化硏究』16, 인천교육대학,
1987.

許興植, 「指空의 思想形成과 現存著述」, 『東方學誌』61, 연세대 국학연구원, 1989.

______, 「指空碑文의 綜合的 檢討」, 『鄕土文化』5, 1990.

______, 「指空의 佛敎思想과 麗末鮮初의 現實性」, 李佑成敎授停年退任記念論叢
『民族史의 展開와 그 文化』上, 여강출판사, 1990.

______, 「指空의 原碑文과 碑陰記」, 李箕永博士古稀記念論叢 『佛敎와 歷史』, 한
국불교연구원, 1991.

______, 「指空의 遊歷과 定着」, 『伽山學報』창간호, 가산불교문화연구원, 1991.

小玉大圓, 「印度僧指空の生涯とその事蹟(序說)」, 『印度佛敎傳播史の硏究』, 龍谷
大, 1994.

82

『指空和尙禪要錄』

『文殊師利菩薩最上乘無生戒經』

『無生戒牒』

「檜巖寺薄陁尊者指空浮屠銘」

「懶翁和尙行狀」


　　그외 멀리 일본에서까지 관심을 끌어서『大正藏』에는「指空浮屠銘幷序」,「檜巖寺重創記」,「西天提納薄陀尊者浮圖銘幷序」가 들어 있는『梵僧指空禪師傳考』가 실려 있다.[35] 指空(1300?~1363)은 14세기 전반에 元에 들어왔으며, 충숙왕 13년(1326)에 고려를 방문하였는데, 특히 고려 불교계에 크나큰 족적을 남긴 인물로 알려져 있다. 고려보다 중국에서 체재한 기간이 훨씬 길고 임종을 맞이한 곳도 중국이었으나 활동이 상세하며 유물과 유적이 남아 있고, 그의 영향을 크게 받은 곳은 오히려 불과 수년밖에 머물지 않은 고려였다. 더구나 혜근은 지공의 법을 이어왔다. 혜근은 귀국 후 지공의 '三山兩水之記'에 따라 회암사 중창을 추진하였고, 지공의 입적 후 그의 부도를 안치하는 등 추모사업을 벌여 실질적인 계승자임을 유감없이 드러내었다. 그런 만큼 혜근의 선사상을 이해하기 위해서는 지공의 선사상이 반드시 검토되어야 할 것이다.
　　지공의 선사상은 無生戒와 無心禪, 그리고 般若思想으로 정리할 수 있으며, 이를 계·정·혜의 三學觀으로 표현할 수 있다.[36] 지공은 당시

---

　　中島志郎,「胡僧指空의 硏究」, 동국대 석사학위논문, 1985.

34)『指空和尙禪要錄』의 내용은 ① 佛祖傳心西天宗派旨要序, ② 佛祖傳心西天宗派旨要, ③ 提納薄陁尊者指空禪師 頓入無生大解脫法門指要序, ④ 頌禪棒, ⑤ 直指, ⑥ 指空禪師頓入無生大解脫法門直指로 대별, 정리할 수 있다; 許興植,『高麗로 옮긴 印度의 등불』, 일조각, 1997.

35)『遊方記抄(梵僧指空禪師傳考)』,『大正藏』卷 51, p. 982.

36) 許興植,「指空의 無生戒牒과 無生戒經」,『書誌學報』4, 韓國書誌學會, 1991.

선가에 풍미하던 임제종을 대표하는 간화선과는 다른 무심선을 내세웠
고,『화엄신론』이나『능엄경』이 유행하던 당시에『반야경』과『원각경』
을 중시하였다. 이것은 초기의 선종으로의 복귀를 지향하는 것으로 보
여진다.

또한 지공의 사상을 종합한 저술인『指空和尙禪要錄』(이하『禪要錄』)
의「佛祖傳心西天宗派旨要」는 그의 사상적 계승을 달마와 비견하는 '流
派開宗'을 선언하고, 선종의 다른 갈래를 제시하고 있다는 점에서 중요
하다.『禪要錄』에는 지공의 사상이나 저술의 총괄적인 서설이 될 수 있
는 압축된 표현이 잘 나타나 있는데, 이는 선사상뿐 아니라 계·정·혜
를 포괄하고 있다.

지공은 실천으로서 戒律을, 이론으로서 敎學, 그리고 선을 고루 갖춘
고승으로서 그의 저술도 3가지로 구분할 수 있다. 그의 사상을 계·정
·혜로 나타내면, 의천이나 지눌이 계를 생략한 정·혜를 내세워 二元
的으로 인성을 파악한 것과는 달리 三元的인 구조를 제시한 점이 그 특
징이다. 이것은 달마 이후 선종이 오가칠종으로 나누어지기 전의 것으
로 볼 수 있다. 중국에서 선종이 크게 발달하자 계율은 청규로 대체되
어 禪戒一如 사상으로 변화하였으며, 교학에 있어서는 선·교일치로 발
전하였던 점에서 볼 때 이 점은 뚜렷하다.

지공은 인도에서 律賢에게 반야의 實相을 배웠으나 깨달음을 얻지
못하고 普明에게서 화두를 받고 참선하여 깨달음을 얻었다 한다.[37] 이
것은 반야의 眞空思想을 교학을 통해 배웠으나, 결국 그 해답은 선을
통하여 얻었음을 의미한다. 혜근의「讚指空」에서도 이러한 내용을 보이
고 있다.[38] 경한의『辛卯年上指空和尙頌』은 지공선의 반야공관, 무심,

---

37) 李穡 撰,「西天提納薄陁尊者浮屠銘」,『朝鮮金石總覽』下, p. 1284. '送那蘭陁寺講師
　　賢所剃染五戒 學大般若若有得問 諸佛衆生虛空三境界 師云 非有非無是眞若 可往
　　南印度楞伽國吉祥山普明所研窮奧旨 時年十九奮發獨行禮吾師于頂音庵 師云 從中
　　竺抵 此步可數否 吾不能答 退坐石洞六閱月吾乃悟'

돈오사상적 성격을 잘 말해 주고 있다.[39] 지공 스스로도 『禪要錄』의 「直指」에서 무엇을 '宗'으로 삼느냐는 질문에 '眞空無相'을 종으로 한다고 밝히고 있다.

지공의 선사상을 가리켜 반야진공에 입각한 '無心禪'이라고 표현한다. 그렇다면 '무심선'은 어떤 것인가. 무심선은 지공 특유의 것인가. 과거에는 이러한 문제의 언급 없이 지공의 선사상을 다룸으로써 마치 '무심선'이 지공 특유의 선사상인 것처럼 여겨질 소지가 많았다. 결론부터 말한다면 지공의 무심선은 중국의 토양에서 자란 무심사상과는 다르다고 할 수 있다.

'無心'의 연원을 찾아보면 인도적 불교에서는 無心定·無相定·無心知 등의 용어를 쓰고 있으며, 小乘禪에서는 四禪·四無色定은 有心定이고 無相 및 滅盡定은 무심정이라고 한다. 그런데 중국 선종에서 나타난 무심사상은 인도적 선사상이 아니라 순수한 중국 풍토적인 것으로 특히 漢末 이래 三玄學과 老莊의 허무·무위사상이 반야의 공사상과 습합되어 이루어졌다.

'空'을 중심으로 학풍이 본격화한 것은 鳩摩羅什(343~413)이 關中에 들어와 『金剛般若經』·『百法論』·『大智度論』·『中論』의 4권을 역출한 뒤이다. 이후 그의 문하에서 삼론·사론의 연구가 본격화되었는데 그 대표적 인물은 僧肇(384~414), 道生(?~434), 道融, 僧叡이다. 그러한 현학과 격의의 풍토가 선적 실천을 재촉하여 그 사상의 구현체로서 寶誌와 傅翕의 般若禪이 출현한 것이다. 따라서 무심사상이 선적 실천에 응용된 것은 誌公과 傅大士에 이르러서이며 그것과 함께 중국적 조사선은 이 양 대사를 시조로 추정하게 되었다.[40]

---

38) 「讚指空」, 『韓佛全』 6-745. '摩竭陀中看般若 忽然三處頓忘形 當時若負衝天志 何必 南天見普明 咦 大元默坐無人識 罵動皇天振地聲'

39) 『白雲和尙語錄』, 『韓佛全』 6-659. '任運寂知 元自無心 更無對治 忘緣之力 頓悟頓 修 行解相應 透頂透底 超今邁古'

특히 철저한 반야주의의 선사상을 주장한 牛頭禪[41] 계통의 무심선은 마조계의 洪州宗과 조사선의 발전에 지대한 영향을 미쳤다. 돈황 출토의 백미라는『絶觀論』·『無心論』에서 우두선의 관계를 살필 수 있다.[42]『절관론』에 나타난 중심사상은 '무심'이다.

『경덕전등록』의「우두심록」에는 絶觀忘守라 하는 절관이 있는데 이는 무심을 핵심으로 한 것으로,[43] 그 요지는 '무심 즉 天眞이며 천진이 곧 大道'라고 하고 있다.『절관론』에서 天眞卽大道, 法界性自然, 道體無爲, 法本無明의 천진·자연·무위·무명 등의 노장적 용어를 쓴 것도 반야·삼론학계에서 현학을 겸습하여 오던 풍습에서 유래한 것으로 본래 달마계의 사상이나 용어는 아니다.

전문 18절의 단편인『무심론』에서는 "만약 무심을 깨달으면 곧 眞心이다. 무심의 修心은 일체 모든 일에 무심을 覺了하면 곧 이것이 수행이다. 그리고 모든 반야 중에 무심반야가 最上乘이다"라고 하고 있다. 즉 절관이나 무심사상은 인도적 사상이 중국에 들어와서 노장의 허무·무위사

---

40) 誌公은「大乘讚」14科頌 同理事不二頌 및 善惡不二頌에서, '無爲大道自然 不用將心割道'이라 하였다. 이 '無爲大道自然'이 바로 무심사상의 원천이다. 즉, 無爲大道自然 一煩惱本空이어서 끊을 것이 없고 그대로 무위자연에 임하면 그만이라는 사상이 곧 中國禪史上 무심사상의 발상이다.

41) 牛頭法融(594~657)은 당시 三論宗匠에게 空의 묘리를 습득하고 또 空林에 凝想 안목하여 공리에 투철하고 선지에도 사무쳤다. 저서『心銘』이 絶觀忘守·無心·無物·無佛을 主旨로 하듯이 絶觀論, 無心論도 그러하다(『續高僧傳』,『弘贊法華傳』).

42)『絶觀論』은 鈴木大拙,『小室逸書』(1935년, 安宅佛教文庫)에 소개한 것이 최초이다. 久野·鈴木 양씨는 절관론과 무심론이 꼭 같은 구상이며 동시대의 작이라고 하였다. 久野芳隆,「流動性に富む唐代の禪宗書籍 —— 敦煌出土における南禪北宗代表的作品」,『宗教研究』新第14卷 第1號, 1937. 1;「牛頭法融に及ぶ三論宗の影響 —— 敦煌出土本を中心として」,『佛教研究』3卷 6號, 佛教研究會, 1930; 鈴木大拙,「敦煌出土本 —— 達摩和尙絶觀論」,『佛教研究』第1號, 佛教研究會, 1937.

43)『大正藏』卷 51, p. 457 中~下.

상과 반야·공사상과 혼화하여 된 것이라 할 수 있다.

宗密은 『禪源諸詮集都序』에서 우두종을 '泯絶無寄宗'이라 하였고, 보조도 우두종을 지적하여, "모든 법이 꿈과 같음이라. 본래 일이 없음이요 마음과 경계가 본적함이라. 이제 비로소 공함이 아니어늘 …… 이미 본래무사의 일이 없음을 요달함이라. 진리가 마땅히 몸을 잃고 정을 잊음이요 정을 잊으면 괴로운 인을 끊어서 바야흐로 일체 고액을 건넘이라"[44]라고 하였다. 또한 裴休의 『선원집도서』에는 '牛頭 無有一法'이라 하였다. 이것을 종합하여 보면 우두종은 '絶觀忘守一切不憶 無心忘情'을 그 취지로 하고 있다는 것을 알 수 있다. 그러므로 『절관론』·『무심론』 내지 四行論長卷子의 무심사상은 다 우두의 종지이고 인도적 달마계의 사상이라고 생각할 수 없는 것이다. 즉, 우두법융의 사상은 三論·반야의 공의 이치(空理)를 주된 취지로 하고 지공·부대사의 선풍을 전승한 것이다. 돈황본의 『證心論』 역시 무심사상을 보이고 있는데 이것은 우두계 이외의 천태계의 무심합도론으로서 모든 선가의 무심사상의 선구라고 볼 수 있다.[45]

이후 黃檗斷際(?~856)는 『傳心法要』에서 다시 무심의 가치를 선양하였다. 후대인 圓悟克勤이 말하고 있는 것도, 無心卽佛·無心是道의 사상과 한 계통이다. 그러므로 『宛陵錄』에서는 '무심즉시불 무심시도'를 주창하였다. 이러한 무심즉시불·무심시도의 사상은 혜능하에 남악회양―마조도일―백장회해―황벽희운의 사자상승으로서 계승되었다. 조계혜능은 이를 '無念爲宗'이라고 하였는데 그 뒤로 '무심'이라는 말을

---

44) 『法集別行錄節要幷入私記』, 『普照全書』, p. 106~107, 보조사상연구원, 1989. '諸法如夢 本來無事 心境本寂 非今始空 …… 旣達本來無事 理宜喪己忘情 情忘則絶苦因 方度一切苦厄'

45) '身依四大 四大無我 念念無心 心我兩如 當歸實相 知心空寂 卽入空寂法門 知心無繫 卽入解脫法門 知心無想 卽入無想法門 …… 常念無念 是道心 …… 若悟此法 是名得道 發菩提心者 勸修空 無想道 是名修道'

쓰게 된 것이다.

따라서 중국 선종에서 無心合道 사상의 분포를 점검해 보면 이 사상
은 실로 남·북종, 오가칠종과 천태에 공통된 것으로서 어느 일파의 독
특한 것이 아님을 알 수 있다. 백장의 문하 大珠慧海(?~831)도 그의 저
서『頓悟入道要門論』에서 '무념으로 으뜸을 삼고, 망념이 일어나지 않
음을 참뜻으로 삼으며 청정을 본체로 삼고 지혜로써 활용을 삼는다'라
고 말하고 있다.

이 선풍은 매우 큰 힘을 가지고 남방 일대를 풍미하여 왔으며 그것이
달마계에 파급되어 조계의 무념위종,『證道歌』의 絶學無爲閑道人과 淨
衆無相의 三句法門이 되었고 남양혜충과 황벽희운의 '無心卽佛, 司空本
淨 無心是道', 洞山 및 永明延壽 또한 천태선에서도 영향을 받아『증심
론』의 無心卽道心이 되었던 것이다. '무심선'은 이렇듯 일찍부터 발달해
온 것으로 선종 오가칠종, 천태 등에 공통된 것이다. 곧 무심사상의 성
격과 그 역사성을 살펴볼 때, 중국 선종의 조사선에 끼친 영향을 간과
할 수 없다. 무심사상은 이렇듯 중국 조사선의 주류가 되었고 공안선으
로 변형되었으며, 또 간화선으로 환화되었다.

고려의 경우, 지눌은 '宗門에는 무슨 법으로써 망심을 다스리는가'라
는 질문에 '無心法으로써 망심을 다스린다'고 하고 있어 무심사상을 받
아들이고 있음을 볼 수 있다. 지눌은 무심사상을 다 진술할 수 없다고
하면서, 이 무심합도의 구체적인 방법으로서는『眞心直說』에서 제4 '眞
心息妄門'을 열어 무심법으로 식망의 요체를 담았다.[46]

또한 無心息妄의 구체적인 방법으로, 覺察·休歇·泯心存境·泯境存
心·泯心泯境·存境存心·內外全體·內外全用·卽體卽用·透出體用의
10종 방편을 제시한 것은 무심에 대한 그의 특수한 발명으로, 그중 '휴헐'

---

46)『普照全書』, 보조사상연구원, 1989, p. 55. '但心中無物 名曰無心 如言空瓶 瓶中無
物 名曰空瓶 非瓶體無 …… 於無事心 自然虛而靈 寂而妙 是此心旨也 據此則 以無
妄心 非無眞心妙用也 從來諸師 說做無心工夫 類各不同 今總大義 略明十種'

88

의 법문이 가장 긴요하다고 하였다.[47)]

지눌 이외에도 혜근과 경한은 指空禪賢 및 石屋淸珙으로부터 '無心無念'이라는 무심선과 임제종의 근본종지를 얻고 있다. 그렇다면 지공의 무심선은 구체적으로 어떠한 내용을 담고 있는가. 먼저 지공의 무심사상은 달마선류의 무심사상으로 중국에서의 무심선과는 다르다고 하겠다. 즉 지공은 『선요록』 삼학관에서 行·住·坐·臥로 定을 구하는 것을 비판하여 선정의 원리를 다음과 같이 제시하고 있다.

> '정'이란 즉하지도 않고 여의지도 아니하며 닦을 것도 증득할 것도 없으며 …… 또한 俗塵을 떠나지도 않고, 삼법(교·행·증)도 아니고, 삼제(과거·미래·현재)에 머물지도 않는다. …… 마음에는 깨달음도 없고 일념도 생각하지 않는다. 정념으로 구할 수 있는 것도 난심을 가지고 앉아 있는 것으로도 구할 수 없다. 그 가운데 자기를 방하하는 것, 그것이 선정이다.[48)]

여기에서는 일체의 대립을 초월하려는 지공사상의 특징이 잘 표현되어 있다. 이것은 그의 반야사상과도 관계가 깊은 것으로 일체 대립과 분별을 뛰어넘어 무념·무심에 합도하여 一心의 경지에 도달하는 것을 말한다. 무심선이라 하면 바로 이러한 경지에 도달하는 방법으로서의 무심을 가리킨다. 간화·공안선이 어떤 문제를 제시하여 그 문제에 대한 해답, 곧 그 의지를 파악하므로 心法을 체득시키려는 방법인 데 비하여 無心合道는 무심 그대로 도체의 현현이기 때문에 다시 어떠한 화

---

47) 李鍾益, 『高麗普照國師の硏究』, 동국대 박사학위논문, 1974; 『普照國師の思想とその宗風』, 동국대 출판부, 1972. 6. 이종익은 보조사상의 체계를 분석하는 과정에서 定慧雙修門(性寂等持門)·圓頓信解門·看話徑截門과 함께 無心合道門·念佛三昧門을 들고 있다.

48) 「直指」, 『禪要錄』(1326年 序, 1474年 復刊). '定是不卽不離 無修無證 …… 不避塵又不三法 不住三際 無心可證 一念不思 不可以静念而求 不可以亂心而坐 於中放下 此卽禪定'

두가 필요치 않은 것이다.

지공이 깨달음의 방법으로 내세운 般若空觀, 頓悟頓修, 無心思想은 서로 밀접한 관계를 갖는다. 존재의 참모습은 깨달음의 세계에서만 把持될 수 있다. 그리고 그 깨달음이란 인식이 아니라 인식이 하나도 남아 있지 않은 마음이다. 즉 무심의 마음이다. 言語道斷 心行處滅의 돈오의 경지에서 나타난 참모습이다. 분별이 아닌 무분별의 마음, 무심의 반야진공에서 나타나는 것이다.

지공의 무심선은 중국의 토양에서 자라난 무심사상과는 달리 그 이전의 般若眞空에 입각한 순수한 모습을 취한다는 것이 그 특징이라 할 수 있다. 그러나 그 토양이 달라서 꽃의 크기와 모양이 다르지만 결국 그 꽃의 근원은 같은 것처럼 지공의 무심선과 중국의 무심선은 비록 그 토양의 다름으로 인하여 그 전개양상은 달랐지만 이 둘에서 합일점을 찾을 수 있다. 즉 혜근과 경한은 지공과 석옥으로부터 '무심무념'의 근본종지를 얻고 있는데,[49] 이것은 인도계 무심선과 중국 조사선계 무심선이 이들을 통해 조우하게 된 것이라 할 수 있다.

지공은 무심선·돈오돈수·반야공관으로 서천의 선을 유감없이 발휘하였는데, 경한이 남긴 「指空眞讚」 1, 「指空眞讚」 2[50]는 지공 선사상의 특징을 파악하는 데 도움이 된다. 근본적인 처지에 입각하여 바라본다면 일체는 공일 뿐 생사가 따로 없고 본체와 중생의 차별도 없는 것이다. 하물며 서로 선풍을 다투는 따위가 발붙일 곳이 없다. 깨달은 경지에서 말한다면 전할 법도 법을 얻는다는 것도 있을 수 없는 까닭이다. 그러나 주는 것도 얻는 것도 없는 일, 그것이 바로 법을 주고받는 일이

---

49) 『白雲和尙語錄』, 『韓佛全』 6-657 下. '至正甲午六月初四日 禪人法眼自江南湖州霞霧山天湖庵石屋和尙辭世陪來 十四日 師於海州安國寺設齋小說 辭世頌曰'

50) 「己酉正月日寓孤山庵指空眞讚頌」 頌二, 『白雲和尙語錄』 下, 『韓佛全』 6-661 上. '來也來從何所 去也去至何所 本無有一衆生何處五葉花生 …… 莫爲無傳無得 天是親傳親得 己酉火前春月 孤山老衲話月'

니 다른 지식 같은 것과는 달라서 궁극의 진리란 이심전심할 수밖에 없음을 지공은 경한의 말을 빌려 말하고 있다.

이러한 사상적 전통은 혜근에게서도 그대로 나타난다. 무심선의 계통이 중국 조사선계이냐, 지공 계통이냐는 것은 크게 문제 될 것이 없다. 그 풍토의 차이는 있으나 그 기반은 반야진공에 있고 그 사상의 내용은 결국 상통하기 때문이다. 혜근은 어록에서 학인을 제접할 때 頓悟無心할 것을 거듭 주장하고 있을 뿐 아니라 지공의 반야진공의 무심선을 적극 권장하고 있다. 이는 혜근과 그의 제자들에 의해 무심선이 계승되었음을 뜻한다. 그리고 이러한 지공의 무심선 사상은 나옹혜근·백운경한에서 그대로 꽃피웠다고 할 수 있다.

혜근은 지공의 선풍에 대해서 「入寂之辰」에 '항상 천검을 설한다'고 하여 그의 선을 칼에 비유하고 있는데, 이는 그가 반야진공의 무심선에 입각하여 항상 死句가 아닌 活句를 구사하고 있다는 것을 드러낸 것이다. 다음 대목은 이러한 그의 활달한 선풍에 대해 잘 드러나 있다.

천검을 모두 들고 항상 활용하니, 황왕이 꾸짖어 종을 만들었다. 평생의 기운은 동로를 누르더니, 오늘에는 등한히 한 기틀을 바꾸었다. 바꾼 그 한 기틀은 어디 있는가.[51]

서천의 108대 지공 대화상은 삼천의 위의를 돌아보지 않았는데 팔만의 미세한 행이 무슨 힘이 있겠는가. 몸에는 언제나 渾金을 입고 입으로는 불조를 몹시 꾸짖었소. 평생에 그 기운은 사방을 눌렀고 鶻鳥는 부리를 꽂기 어려웠소.[52]

---

51) 「入寂之辰」三首, 『韓佛全』 6-717. '千劍全提常活用 皇王罵動作奴之 平生氣壓東方老 今日等閑轉一機 轉一機何處在'

52) 「入塔」, 『韓佛全』 6-727. '西天一百八代祖指空大和尙 三千威儀不顧 八萬細行那權 身上常窄渾金 口裏痛罵佛祖 平生氣壓諸方 鶻鳥難能揷觜'

이렇듯 활달하고 어디에도 매이지 않는 지공의 선사상은 그대로 혜근에게 큰 영향을 주고 있으니 자초가 혜근의 掛眞佛事를 광명사에서 베풀었을 때, 혜근이 지공의 영향을 크게 받고 있음을 표현하고 있는 데서도 잘 나타나고 있다.[53] 그의 가송 가운데 「幻庵傳寫五位註頌來看因以題前」·「昆禪者傳寫五位註頌因以題前」·「題利嚴尊者塔」은 조동선과의 관계를 드러내고 있는데,[54] 조동종이 사상적으로 무심사상과 밀접한 관계를 갖고 있는 것을 고려해 볼 때 혜근과 그의 제자들이 무심선을 계승하고 있음을 알 수 있다.


## 2. 혜근의 무심선 전개

중국에 있어서 지공의 선사상은 그렇게 큰 영향을 끼친 것 같지는 않다. 지공이 계율관계로 배척받은 기록을 보이고 있고, 그를 추종한 것은 원에 체류하는 고려인이었다. 한반도에서 각 선가의 가풍이 수용될 수 있었던 것은 그 뿌리가 조계혜능에 있었기 때문인 것처럼 지공의 무심선도 그 토양이 다른 달마 이전 순수 인도의 사상이라 하더라도 그 근본은 반야진공에 있는 것이다.

『指空和尙禪要錄』을 통하여 볼 때, 지공의 선사상은 종래 고려 사회에 널리 수용된 혜능 이후의 五家禪風에 관한 것은 거의 찾아볼 수 없고 그 이전의 순수성을 띠고 있다. 지공은 선을 계·정·혜의 삼학 수행으로 생각하였으며 공을 중심사상으로 하는 반야사상을 중시하였다. 즉 지공 사상의 핵심은 반야사상에 입각한 眞空 無相이라 할 수 있으며,[55] 그의 선사상은 반야공관·돈오무심선으로 특징지을 수 있다.

---

53) 「檜巖寺妙嚴尊者塔碑」, 『朝鮮金石總覽』 下, p. 1292.

54) 『懶翁和尙語錄』, 『韓佛全』 6-745 上·中. 이 장 주 11), 12), 13) 참조.

55) 「直旨」, 『指空和尙禪要錄』. '問曰 以何爲宗 師云 以眞空無相爲宗'

이러한 지공선이 혜근에게는 어떻게 나타나고 있는 것일까. 일찍이 지공은 고려에 다녀간 적이 있고, 혜근은 널리 배우고 요익중생하려는 뜻에서 원에 건너가 지공을 만났던 것이다. 혜근은 지공의 법을 잇고 그 사실을 지정 15년 10월 광제선사 개당법회 때에 대외에 널리 천명하고 있다. 또한 나옹의 행장에는 지공과 혜근의 선기의 계합을 잘 보이고 있다.

> 지공이 "분명하다 법왕이여, 홀로 높아 이 나라를 복되게 한다. 하늘에는 해가 있고 해 밑에는 조사가 있다. 대소를 불문하니 지혜가 있는 사람은 다 말해 보라" 하니, 혜근이 대중에게 나아가 …… "분명하다는 것은 도대체 어느 곳의 일이거니와 홀로 높아 나라를 복되게 한다는 것은 바로 빈 소리이다. 하늘의 해와 땅의 조사를 모두 다 쳐부수어, 그 경지에 이르면 그것은 무엇인가." 지공은 옷자락을 들어 보이면서 말하였다. "안팎이 다 붉다." 혜근은 삼배 하고 물러갔다.[56]

위의 글은 혜근과 지공의 관계가 서로 사무치는 것을 그대로 보여준다. 혜근의 지공에 대한 존경은 귀국 후에도 여전하였다. 지공의 생일을 맞이해 진영 앞에서 헌향하며 게송을 지어 바쳤으며, 또 청평사에서 지공의 사세장을 받고는 그해 겨울 결제 법어에 향을 꽂으며 '이 향은 서천의 108대 조사 지공에게 올려 법유로 키워준 은혜를 갚고자 한다'며 간절한 마음을 토로하였다. 그 뒤에도 해마다 지공이 입적한 날에는 분향하며 글을 올렸다. 또한 지공을 찬탄하는 시를 지었으며, 지공을 찾아본 뒤로 자신은 '종지를 잃은 애꾸눈'이 되었다고 겸손해하였다.[57]

---

56) 『懶翁和尙語錄』, 『韓佛全』 6-704 中. '庚寅正月初一日 空披皇后所賜紅衣裳 於方丈內集衆云 明然法王 巍福國 …… 師出衆云 明然猶是那邊事 巍福國是虛聖 …… 空提起衣角云 內外都弘 師禮而退'

57) 「自讚時題」, 『懶翁和尙歌頌』, 『韓佛全』 6-746. '參見指空 喪亡自宗 咄這瞎漢 反入羅籠'

어록에도 지공에 관한 부분이 자주 눈에 띈다. 「上堂法語」, 「指空和尙誕生之晨」, 「入寂之辰」 4수, 「指空和尙起骨」, 「入塔」 등과 가송인 「讚指空」이 그것이다. 이것은 평산의 경우와 비교하여 볼 때 단연 앞서는 것으로 혜근과 지공의 깊은 師資관계를 잘 나타내 보이는 것이라 할 수 있다.

지공 선사상은 반야진공사상에 있으며, 혜근 역시 그의 어록과 가송 곳곳에 반야진공의 무심선 사상을 보이고 있다. 칠언절구 8수 연작시로 되어 있는 「山居」는 모두 眞如의 경지에서 탈속한 아취를 보이고 있는데, 그 근본사상은 반야진공의 무심선임을 알 수 있다.

> 내게는 진공의 일없는 선정이 있어
> 바위틈에서 돌에 기대어 잠만 자노라.
>
> 시름없이 걸어나가 시냇가에 다다르면
> 차갑게 흐르는 물 반야를 연설하네.
>
> 만나는 물건마다 반연마다 眞體를 나타내니
> 空劫의 생기기 전 일은 무엇 하러 말하랴.[58]

또한 「枯髏歌」, 「修禪者求偈」, 「諸禪者求頌」에서도 이와 같은 것을 엿볼 수 있다.

> 권하노니 그대는 빨리 머리를 돌려
> 진공을 굳게 밟고 바른 길로 돌아가라.
> 劫石도 그저 손가락 튀길 사이에 지나가는데
> 법의 없음이여.
> 부처가 없음이여.

---

58) 「山居」, 『懶翁和尙歌頌』, 『韓佛全』 6-731 中～下. '我有眞空無事禪 巖間倚石打閑眠 …… 坐臥經行得自閑 磵水冷冷談般若 …… 遇物遇緣眞體現 何論空劫未生前'

마음이 없음이여.
물질도 없음이여.
이 경지에 이르러 분명한 이것은 무엇인가.
추울 때는 불을 향해 나무조각 태우네.[59]

몸과 마음이 본래 공한 것임을 분명히 알면
어디서나 가풍을 펼치기 무엇이 방해되리.
비록 모든 사물에 분명히 나타났으나
다시 그 온 곳을 찾으면 또 자취가 없네.[60]

모든 인연 다 놓아버리고 마음이 철저히 空이 되면
문득 철저하게 그 공력을 볼 것이다.
산처럼 굳건히 뜻을 세워 끊임없이 공부하라.
대도가 자연히 열릴 것이다.
위음 밖에 목숨걸고 몸을 뒤쳐 구르면
삼라만상이 한바탕 웃음이라.[61]

　　혜근은 반야진공의 도는 모든 공부의 근본이 되는 것으로 파악하고
있으며, 이 도(무심선)에 이르면 祖師關門도 참선에의 뜻도 더욱 굳건해
져 마침내 깨달음에 이르게 됨을 말하고 있다.
　　「百衲歌」에서 '원래 배운 것은 빈궁뿐이라'고 한 것에 대하여 大源庵
法藏은 다음과 같이 足을 붙여 혜근의 반야진공사상을 해설하고 있다.

　　원래 다만 빈궁을 배울 뿐이라.

---

59) 「枯髏歌」, 『懶翁和尙歌頌』, 『韓佛全』 6-731. '勸君早早今廻首 蹋着眞空正路歸 ……
　　劫石徒爲彈指過 也無法也無佛 也無心兮也無物 到此酌然似什麼 寒時向火燒柮榾'
60) 「脩禪者求偈」, 『懶翁和尙歌頌』, 『韓佛全』 6-739 上. '了得身心本自空 何妨隨處展
　　家風 雖然物物明明現 更覓來由又沒蹤'
61) 「諸禪者求頌」, 『懶翁和尙歌頌』, 『韓佛全』 6-740 上. '放下諸緣心便空 掀飜徹底見
　　其功 立志如山逼挲來 從玆大道自然開 翻身一擲威音外 萬像森羅一笑廻'

> 도를 배우려면 모름지기 공을 배워야 하네.
> 진공을 배워 얻으면 그것이 참 도학이네.
> 당당히 배운 후에는 공이면서 공이 아니었네.[62]

이를 살펴보면 지공의 무심선 사상이 혜근에게 있어 그대로 꽃피웠다고 할 수 있다. 한편, 지공의 선풍에 대해서 '항상 천검을 설한다'고 하여 그의 선을 칼에 비유하고 있음을 볼 수 있는데, 이는 그가 항상 사구가 아닌 활구를 구사하고 있다는 것을 드러낸다.

그의 이러한 활달한 선풍에 대하여서 혜근은 입탑시 스승의 영골을 받들고 "삼천의 위의를 돌아보지 않았는데 팔만의 미세한 행이 무슨 힘이 있겠는가. 몸에는 언제나 혼금을 입고 입으로는 불조를 몹시 꾸짖었으며, 평생에 그 기운은 사방을 눌렀고 골안은 부리를 꽂기 어렵다"고 평하고 있다.[63] 그리고 이러한 지공의 사상을 그 자신이 그대로 전개하고 하고 있다. 「指空和尙誕生之晨」에,

> 얼굴을 마주 대고 친히 뵈오니
> 험준한 그 기봉에 모골이 차다.
> 여러분, 서천의 면목을 알려거든
> 한 조각 향 연기의 이는 곳 보라.
>
> 서천의 면목과 동토의 면목이 같은가 다른가
> 비록 흑백과 동서가 다르다 하나
> 콧구멍의 당당함은 매한가지니라.[64]

---

62) 法藏 足, 「懶翁尊者 三種歌」, 「百衲歌」, 『韓佛全』 6-754 中. '元來只是學貧窮 學道須須學卽空 學得眞空眞道學 堂堂學後空不空'

63) 이 장 주 51) 참조; 「入塔」, 『韓佛全』 6-727.

64) 「指空和尙誕生之晨」, 『韓佛全』 6-716 下. '驀面相逢親見徹 機鋒峻骨毛寒 諸人欲識西天面 一片香烟起處看嶮 …… 西天面目 與東土面目 是同是別 雖然黑白東西異 鼻孔堂堂却一般'

96

라 하여 혜근 자신은 지공과 동등한 입장에서 禪機를 펼쳐 보이고 있음을 말하고 있다. 혜근은 「입적지신」에서 "천검을 모두 들고 언제나 활용하니, 皇王이 그를 꾸짖어 종을 만든다. 평생의 기운은 東老를 누르더니, 오늘에는 등한히 한 기틀을 바꾸었다. 바꾼 그 한 기틀은 어디 있는가"[65]라고 표현하고 있는데 혜근 역시 이러한 살활활발한 기틀을 활용하였다. 즉 「神光寺入院」 법어에서,

> 주장자를 들고는 "이것은 부처를 죽이고 조사를 죽이는 날카로운 칼이다. 대중은 이 칼 밑에서 몸을 뒤칠 수 있는가. 이리 나와도 좋소 ……" 하고 주장자를 내리치고는 "우리 집에 嫡子를 제외한 이외에 누가 있어 이 속을 향해 가겠는가" 하고 호통을 한 번 한 뒤에 곧 자리에서 내려왔다.[66]

라 하고 있다. 하루는 지공이 '선은 당 안에도 없고 법은 당 밖에도 없는 것, 庭前栢子樹의 화두를 사람마다 좋다 하나 청량대 위는 청량대의 해이고 동자가 세는 모래는 동자만이 안다'라고 굳이 간화에 매일 것이 있겠냐고 질문하니, 혜근은 '곳곳이 선불장이며, 정전백수가 다시 분명하고 또한 오늘은 초사월 오일'이라고 대답하였다. 이는 양변의 경계에 떨어지지 않음과 더불어 오늘이라는 현실은 현실임을 말하며, 무한한 시간과 공간을 초월하는 不二法門의 실천을 말하고 있다. 이렇듯 혜근은 곳곳에서 지공의 반야진공에 입각한 무심선 사상을 펼치고 있을 뿐아니라 한 걸음 더 나아가 이를 확대하여 깨달음에 나아가는 방법을 제시하고 있다.

---

65) 『韓佛全』 6-716~7, 「入寂之辰」 三首. 이 장 주 51) 참조.
66) 「神光寺入院」, 『韓佛全』 6-712 中.

# Ⅲ. 臨濟禪의 영향

## 1. 임제선의 특색

나옹혜근은 원에 들어가 임제종의 평산처림에게 법을 전해 받았다. 태고보우, 무학자초, 백운경한, 축원지천 등 여말 고승들은 한결같이 임제종의 선사상에 전법하고 있다. 물론 당시 중국에서는 임제선이 그 대개를 이루고 있기도 했지만, 임제선이 분명히 당시의 불교계를 변혁시킬 만한 매력적인 사상이었기 때문이 아닐까 한다.

임제선의 주된 사상체계는 인간 누구에게나 현현하고 있는 '無位眞人'을 인지하고 집착과 탐착을 끊고, 모든 것에 대해 구함이 없이 일체의 모든 분별 경계를 단절함으로써 진정한 견해를 가진 '平常無事人'이 되어 '隨處作主 立處皆眞'하는 활발한 삶을 살라고 하는 것이 근간을 이룬다. 무위진인·평상무사인은 '眞如佛性'이나 마조의 '平常心是道'의 사상과 그 맥을 같이하는 것으로 임제의 대표적 表語라 할 수 있다.

다시 말하면 계위나 권위 등 기성의 어떤 것에도 의지하지 않는 무위진인·평상무사인은 임제 선사상이 추구하는 이상적 인간이요, 궁극적 인간상이며, 어디에도 얽매이거나 구함이 없는 大自由人인 것이다. 임제의 관심은 오직 역사적 현실 가운데 살아 있는 전체적인 인간이었다. 이것은 불타의 혁신적 사상과 일치한다. 불타의 가르침은 비인간적인 형식에 떨어진 바라문의 종교를 혁신한 것으로 인간 본래의 자유를 지키고 그것을 확대한 실천의 도였다.[67]

그런데 진정한 견해를 갖는 것은 悟道 후에야 비로소 가능하다고 할 수 있다. 따라서 진정한 견해를 소유했다는 것은 이미 깨달음을 얻었다는 것이다. 그러한 깨달음의 소유자는 그대로 平常無事한 活祖의 삶을 살게 되는 것이다.

임제는 진정한 견해를 갖기 위해서 명안의 선지식을 찾고, 人惑을 제거할 것을 말하고 있다. 인혹을 제거한다는 것은 곧 기존의 관점, 즉 선인들이 규정해 놓은 진리관이나 수행관 등을 올바른 것으로 인식하고 그것을 따르려는 것에서 벗어남을 말한다. 이러한 것들은 세상에서 널리 받아들여지고 하나의 제도적·개념적·현상적 틀 속에서 규정되어 있기에 활발발한 삶의 태도를 가질 수가 없다.

임제는 이러한 인혹으로부터 벗어나는 방법으로서 逢著便殺을 역설하고 있다. 봉저편살, 즉 만나는 것마다 곧 죽인다, 닥치는 대로 없애버려야 한다는 것이다.[68] 이는 임제선의 특징을 그대로 나타내는 것으로 이른바 '殺佛殺祖'로 널리 회자되고 있다. 또한 대기대용으로 행해졌다는 임제의 선풍이 가장 극명하게 표출되는 부분이기도 하다.

임제의 주장에는 당시 수행승들이 求佛이나 경전의 탐구 등 기성의 수행방식과 진리관 등에 치우쳐 있기 때문에 이를 비판하고 경계하는 경책의 내용이 담겨 있다. 이와 같은 봉저편살을 하여 얻을 수 있는 평상무사의 삶, 즉 평상무사인인 活祖의 삶이란 구체적으로 어떤 것인가. 임제는 이것을 평상시의 마음가짐을 가지고, 그대로 낱낱의 현전의 마음에 입각하여 무사하게 사는 것이라고 말한다. 즉 이상적인 삶의 형태가 평상무사인인 활조의 삶이다.

---

67) 無位眞人이란 본원의 경지인 본래면목을 일컫는 것이요, 平常無事人은 그 본원경에서 나투는 임제의 이상적 인간상이다. 이것은 그의 종교적 기준이자 행동철학의 모태이며, 또한 그가 표출하고자 했던 근원적이고 총체적인 인간관의 상징적 용어이기도 하다. 宗浩, 「臨濟의 思想」, 『臨濟禪 研究』, 경서원, 1996, p. 285.

68) 『臨濟錄』, 『大正藏』 47, p. 500 中.

이러한 활조의 삶을 가장 극명하게 표현하고 있는 곳이 '隨處作主·立處皆眞'의 구절이다.[69] 이 구절은 임제의 사상을 가장 함축적으로 표현하고 있으며, 현실적인 활조의 경지를 능률적으로 표현하는 말이자 그의 사상성에 입각한 삶의 방향을 단적으로 가리키는 말이다.

특히 임제의 근본사상인 '무위진인'의 경우, 일반적으로 국왕이나 관료 및 신자들의 초청으로 행해지는 上堂에서 전해지고 있는 것으로 보아, 위계나 가문을 매우 중시하던 당시 사회로 보아서는 전통적 중국 사회를 깨뜨리고 새로운 길로 나아갈 수 있는 혁신적 사상과 혁명적인 발언으로 인식되었을 것이다. 이것은 임제의 교화행이 통치자들을 의식한다거나 그들을 중심으로 전개되고 있는 것이 아니라, 당시의 사회를 인식하고 그 사회에서 살아가는 사람들의 고뇌와 아픔을 치유하려는 목적을 가지고 있음을 알 수 있다.

또한 이것은 '人의 사상', '人本主義의 사상'을 대변하는 것으로 달마의 '凡聖同一眞性'이나 道信의 '守一不移', 弘忍의 '守本眞心', 혜능의 '見本性不亂爲禪·人皆有佛性' 등과 마찬가지로 본성을 사상의 요체로 삼고 있다. 本源淸淨心이나 卽心卽佛, 平常心是道, 心地法 등은 신회에 이은 마조나 백장·황벽 등의 사상적 중심 요체였다. 또 마조 등에서부터 심지법의 顯現地가 일상생활 자체라는 현실 중시적 경향을 보이고 있으며, 이것이 위앙이나 임제에 이르러서는 본체나 현상 모두를 현실의 살아 있는 인간을 중심으로 파악하고 이해하려는 인간 중심의 사상, 즉 '인의 사상'으로 더욱 구체화되어 나타나고 있는 것이다.

여말 고승들의 입원은 이러한 임제선의 정신에 직접 접촉하기 위한 것이었다. 그리고 혜근의 어록과 가송 곳곳에서 이러한 임제선의 활용을 발견할 수 있다. 이에 대해서는 뒤에 다시 언급하기로 한다.

중국 불교는 전래 이후 번성해 온 교학불교가 초당 무렵까지 여러 교

---

69) 앞의 책, p. 498 上.

파를 탄생시키고 크게 흥성하였지만 안록산의 난 이후에는 교종의 분파 난립적 모습과는 달리 선과 정토를 중심으로 발전하였다. 선은 번쇄한 이론적 논의를 거부하고 불성의 체득을 강력히 주장하며, 인간 존재의 심층을 파고들어가 인간에 대한 절대적 긍정을 불러일으키는 실천 생활불교적 측면이 강하기 때문이었다.

중국에서의 선은 구조적인 면에서 볼 때, 최초의 본체에 대한 직관주의에서 관념에서 경험으로 흐르는 인식론적 경험주의로, 그리고 마침내는 인간의 실존적·실천적 자각을 중시하는 현실적 인본주의에 이르는 역사적 변천과 특징을 보여주고 있다.

선종은 성립 초기에는 불성이나 자성, 진여, 여래장, 심성, 진성 등 문제를 중심으로 하였고 이후에는 본원청정심이나 즉심시불, 심지법 등 마음의 문제와 그 인식을 핵심으로 하였으며, 마지막으로는 인간의 일들을 사상의 근본으로 삼는 인간의 종교, 인간 중심의 사상으로 전개되어 왔다. 임제의 사상은 이전의 설들과는 달리 그 내용이 한층 구체화되고 심화되어 중국 선사상의 究竟을 이루고 있다.

임제의 선기는 한마디로 '大機大用 脫羅籠 出窠臼'라는 말로 표현할 수 있다.[70] 이는 곧 기성의 권위와 전통을 부정하고 어떤 형식에도 의지하지 않았던 임제의 활발발하고 통쾌무비한 성격을 대변한다. 서산휴정도 『禪家龜鑑』에서 오가의 가풍을 논하면서 임제의 선기에 대해서 그 살활자재함을 논하고 있다.[71]

이와 같이 임제의 선기는 파격적이면서도 호랑이나 용이 날뛰고 광

---

70) 「圓悟五家宗要」에서는 임제의 선기에 대해서, '全機大用 棒喝交馳 劍刀上求人 電光中垂手'라고 말하고 있다. 晦巖智昭 編, 『人天眼目』卷 第6, 『大正藏』卷 48, p. 331 上.

71) 『禪家龜鑑』, 『韓佛全』 7-644. '赤手單刀 殺佛殺祖 辨古今於玄要 驗龍蛇於主賓 操金剛劍 掃除竹木 奮獅子全胃 震裂狐狸心膽 要識臨濟宗麼 靑天轟霹靂 平地起波濤'

분하듯 격렬하고, 또한 번갯불처럼 신속하면서도 칼날처럼 예리한 선풍을 보이고 있다.[72] 물론 대기대용은 마조·황벽의 간명직절한 선풍으로부터 유래하지만 백장회해와 황벽희운 등을 거쳐 임제에 이르러서는 應機接化法의 특색이 뚜렷해지며 격외선지를 드러내는 가장 적절한 방법으로 사용되고 있다. '臨濟 喝, 德山 棒'이라는 말도 여기서 생겨난 것이다. 이러한 행법은 진리를 꿰뚫은 눈 밝은 조사가 아니면 볼 수 없는 것으로, 선가교육의 직접적이며 가장 훌륭한 방법으로 평가되기도 하는데 대용의 할 아래 성숙된 학인은 즉석에서 본래면목을 깨닫게 되는 것이다.

중국 선종의 수행방식이 마조와 백장을 중심으로 크게 변하고 있다는 것은 잘 알려진 사실이다. 즉 마조 이전은 이론의 탐구를 중심으로 한 수행형태가 일반적이고 주로 이론으로써 학인을 제접하였던 데 비해 마조나 백장 이후는 이치보다는 機關에 의존한 접인이 많았다.

기관은 格外로서 체험적 오도를 이끌어내기 위해 시설하는 비논리적 접인방법이다. 짧은 일문일답의 형식과 법당의 시설 및 상당제도의 정착에 따른 다양한 설법형태, 즉 언어문자에 의한 것만이 아니라 良口나 할, 또는 불자나 주장자 등과 같은 것을 사용하는 기용이 설법의 주된 수단이 되고 이러한 기관은 송초에 들어 완전히 정립된다.

할이나 방을 포함하여 임제가 제자들을 접인하면서 사용했던 기관들은 다양하다. 三句·三玄·三要와 四料簡, 四賓主, 四種無相境, 四照用, 四喝 등이 그것이며 이런 것들은 그의 기풍을 나타내는 두드러진 특징이 되고 있다. 삼구설 등은 모든 사람의 본원인 무위진인을 깨우쳐 평상무사인으로 활조의 삶을 살아가도록 하기 위한 방편교설이다.[73]

이상과 같이 임제의 시설기관들 모두는 제자를 접인하기 위하여 세운 선교방편의 교설들로 후학을 투철하게 바른 길로 이끌기 위한 것들

---

72) 晦巖智昭 編, 「臨濟門庭」, 『人天眼目』卷 第 2, 『大正藏』卷 48, p. 311 中.

73) 柳田聖山, 『臨濟錄』, 『佛典講座』30, 大藏出版, 1977, p. 301.

이다. 오직 살아 있는 인간을 중심으로, 그리고 인간의 주체적 삶을 역설하고 있는 임제의 사상은 바로 이러한 여러 교화법에서 더욱 찬란하게 빛을 발할 수 있었다. 이러한 특징을 가지고 있는 임제선의 직접적인 전승은 국가 및 불교 사상계를 쇄신하려는 여말 고승들의 새로운 관심을 불러일으키기에 족했다.


## 2. 혜근의 임제선의 전개

조선시대에 와서 임제선이 조선의 법통을 확인하는 기준이 되었듯이 우리나라 불교사 및 선종사에서 임제선이 차지하는 의의는 매우 크다. 그러나 한국 임제선은 임제종의 초조 臨濟義玄으로부터 직접 전승한 사상이 아니고 그의 문하로부터 받은 것으로서, 우선 실천적인 면에서부터 임제를 사승하지 않았다고 할 만큼 현격한 차이를 보이고 있다. 수행방법에서도 화두의 참구를 기본으로 하는 간화선을 중심으로 하고 있어 임제의 근본사상과 달랐다.

간화선은 송대 임제 문하들에서 만들어지고 흥성했던 사상으로 엄격한 의미에서 임제의 가르침은 아니다. 고려에서는 지눌이『대혜어록』을 통해 큰 깨달음을 얻고 이로써 '看話徑節門'을 열어 크게 유행하게 되었다. 간화선풍이 크게 유행하고 있었다 하더라도 그 역시 임제선의 방법을 아주 벗어난 것은 결코 아니었다.

고려에서는 혜소가 淨因에게 수학하여 그 정수를 받음으로써 중국 임제종과 처음으로 접촉하였다. 그리고 간화선적인 경향이 농후한 이자현 등의 거사불교는 고려중기 선을 진작하는 데 중요한 역할을 하였다. 그러나 혜소―탄연―이자현으로 이어지는 맥은 임제선의 계승이라는 측면에서 주목받기는 하였으나 실제로 큰 영향을 준 것은 아니었다.[74]

---

74) 金相永,「高麗 睿宗代 禪宗의 復興과 佛敎界의 變化」,『淸溪史學』5, 한국정신문

임제선의 사상은 11세기 후반에 시작하여 14세기에 들어와서는 원과 고려 사이에 많은 교류가 직간접으로 이루어지고 있다. 즉 여·원 관계가 정착됨에 따라 충렬왕 30년(1304) 임제종의 법손인 鐵山紹瓊을 모시고 귀국한 수선사 天英의 제자 圓鑑冲鑑(1274~1338)의 경우가 그 예이다. 「高麗國大藏經移安記」에 의하면 철산은 강화 보문사에서 3本의 대장경을 보고, 1306년 그 가운데 許評 부부가 봉안한 1본을 얻어 강서 宜春縣의 大仰山으로 옮겼다고 한다.[75] 이로 보아 14세기 초 중국 임제종 승려들과 교류가 잦았다는 것을 알 수 있다.[76]

그러나 고려에 전래한 임제선은 중국에서의 임제종과 같이 하나의 종파로 성장한 것이 아니고 단지 사상으로서였다. 그리고 임제선이 한국에서 깊이 뿌리를 내리고 한국 선법의 주류를 이루게 된 것은 여말에 이르러서이다.

여말 대내외적으로 어려운 현실에 직면한 보우, 혜근, 백운, 자초 등은 이러한 현실을 타개하고자 입원할 뜻을 세우게 된다. 설산천희의 미봉시울로부터의 전법 및 태고보우의 석옥청공으로부터의 전법, 나옹혜근의 평산처림으로부터의 전법, 그리고 무학자초, 축원정지, 백운경한의 임제선법으로부터의 전승이 바로 그것이다.

이렇듯 여말에 이르면 종파를 초월하여 모두 임제선법을 접하기 위해 입원하고 각각 그 법을 전승해 오는 특이한 현상을 볼 수 있다. 이는 물론 당시 임제종이 원에서 가장 융성한 탓도 있지만 일정한 시기에 이

---

화연구원 청계사학회, 1988; 「高麗中期 禪僧 慧照國師와 修禪社」, 李箕永博士古稀記念論叢, 『佛教와 歷史』, 한국불교연구원, 1991.

75) 「高麗國大藏移安記」(日本 靜嘉堂文集 所藏); 許興植, 「1306年 高麗國大藏移安記」, 『高麗佛教史研究』, 일조각, pp. 706~17.

76) 『高麗史』 卷 32, 忠烈王 30年 7月 己卯條; 「普光寺重創記」, 『韓國金石全文』, p. 1190. '拂衣遊諸廳 宿留吳楚 聞鐵山瓊禪師道行甚高 迎之東還 師執侍三載 瓊公甚期待之 及瓊公辭'

러한 사례가 집중적으로 보이는 것은 고려 불교의 쇄신을 위해 그만큼 임제선에 거는 기대가 컸음을 의미한다. 더불어 그 당시 국제정세와 성리학에 대한 대응도 함께 모색되었을 것으로 추측된다.

임제선이 활조의 삶으로 내세우는 '수처작주 입처개진'의 정신이 당말오대의 혼란 속에서 전통사회를 깨뜨리고 새로운 길로 나갈 수 있는 혁신적 사상으로 인식될 수 있었듯이, 여말 고승들의 입원과 임제선법 전승은 시대인식과 그에 바탕을 둔 실천에 대한 모색으로 볼 수 있다.

이러한 사실은 혜근의 어록에서 임제선의 활용을 보면 더욱 확실하다. 즉 임제선의 활달함과 개혁사상, 주체사상 등 임제선의 특징은 중국에서와 마찬가지로 고려에서도 시대를 이끌어나가는 주체사상과 시대정신의 제시 등 역할을 다할 수 있을 것이라고 판단하였던 것이다. 임제와 혜근의 직접적인 접화는 불가능한 일이었다고 하나, 혜근은 임제의 사상을 직접 체험하기 위하여 입원하였다. 그리고 귀국 후 공민왕 19년 9월에 열린 공부선에서 '臨濟三句・三關'의 문답을 제시하였다. 여기서 임제선은 납자 접화방법의 엄연한 기준이 되고 있다.

'임제삼구'로 불리는 유명한 공안은 후래의 선학자들이 제각기 독자적인 해석을 낳을 만큼 매우 난해한 구절이다. 이들 각각은 다른 내용을 가지고 있으며, 매우 상징적이다. 임제 스스로 "금일 산승의 견처는 조사・부처와 더불어 다르지 않다. 만약 제일구에 얻는다면 조사・부처와 더불어 스승이 될 것이요, 제이구에서 얻는다면 人天과 더불어 스승이 될 것이며, 제삼구에서 얻는다면 스스로도 구하지 못한다"고 밝히고 있어 여기에는 단계적인 차등이 있으며, 그것은 상・중・하의 세 근기로 나누어 설명되고 있음을 알 수 있다.

구체적으로 내용을 살펴보면 제일구는 최상의 상근기 수행자들을 대상으로 하며, 삼구가 모두 독립적이지만 2구・3구와 상관된 것으로서의 일구가 아니라 독립된 일구이다. 이러한 임제의 접화법을 혜근도 익히 알고 있었으며 이를 충분히 공부선에 응용하고 있다. 공부선에서 혜근과 혼수가 문답한 入門의 三句·三關을 살펴보면 다음과 같다.

삼구

문 : 어떠한 것이 문을 마주한 한마디인가?
답 : 좌우에 치우치지 않고 중앙 한복판에 서는 것입니다.
문 : 문에 들어서는 한마디가 어떠한가?
답 : 이미 들어왔어도 들어서기 전과 같습니다.
문 : 문안의 한마디는 무엇인가?
답 : 안팎이 본래 공한데 가운데가 어찌 있겠습니까.

삼관

문 : 산은 어찌 묏부리에 그치는가?
답 : 높은 곳에 이르면 낮아지고 낮아지면 그칩니다.
문 : 물은 어찌하여 개울을 이루는가?
답 : 큰 바다가 몰래 흘러들어 이르는 곳에 개울을 이룹니다.
문 : 밥은 어찌하여 흰쌀로 짓는가?
답 : 모래로 찐다면 어찌 좋은 밥이 되겠습니까.[77]

이로써 혜근의 기관 활용을 통한 임제선 활용의 예를 살펴보았다. 혜근은 어록에서 임제종의 법손임을 명확히 밝히고 있으며,[78] 중국 강남 지방 고담선사에게 보낸 게송에서도 임제종의 부흥을 함께 기뻐하는 모습을 보이고 있다.[79] 또한 임제종의 선풍을 고려로 가져와 부흥시키

---

77) 權近, 「靑龍寺普覺國師定慧圓融塔碑」, 『朝鮮金石總覽』 下 721; 『陽村集』 卷 37; 『白雲和尙語錄』, 『韓佛全』 6-655. '翁問如何是當三句 師卽上階?曰不落左右中中而立 問入門句師入門 曰入已還同時 問門內句 曰內外本空中云何位 翁又以三關問曰 山何嶽邊止 曰逢高卽下遇下卽止 問水何到成渠 曰大海潛流到處成渠 問飯何白米做 曰如蒸沙石豈成嘉餐'
78) 「普說」, 『韓佛全』 6-715 中. '我臨濟正宗 有甚交涉 有甚扶起 諸人切莫退屈'

려고 애쓴 흔적이 곳곳에서 발견된다.[80]

　조사선과 임제선의 특징인, 일상생활 속에서 불교의 참된 모습을 찾는 '평상심시도'의 사상과 일상성의 강조는 혜근에게서는 「翫珠歌」·「山居」·「結制上堂」·「臘月八日晚參」에서 그대로 계승되고 있음을 볼 수 있다.

　　아침에는 죽 먹고 齋할 때는 밥먹으며 피곤하면 잠자기에 어긋남이 없네.[81]

　　석자 쯤의 사립문을 반쯤 밀어두고
　　피곤하면 자고 배고프면 밥먹으며 시름없이 지내노라.[82]

　　어떤 것이 학인의 본분입니까? '옷입고 밥먹는 것이니라.'[83]

　　집안의 이 물건은 위로 보아도 머리도 없고 아래로 보아도 꼬리도 없되, 해같이 밝고 옻같이 검다.[84]

　이러한 평상심이 도라는, 일상성의 강조는 중국 철학 내지는 중국 불교의 오래 된 전통인데, 마조도일(709~788)에 의해 한층 부각된 것이다. 남악회양과 마조도일 사이에 오고 간 대화에서 일상성을 강조하는 가풍을 볼 수 있다. 이러한 전통은 황벽희운을 거쳐 임제에 이르러 더욱

---

79) 覺宏 錄, 「懶翁行狀」, 『韓佛全』 6-706 上. '臨濟一宗當落地 空中突出古潭翁 把將三尺吹毛劍 斬盡精靈永沒蹤'

80) 「普說」, 『韓佛全』 6-715. '滅却正法眼藏 扶起臨濟正宗 且臨濟正宗 作麼生扶起.'

81) 「翫珠歌」, 『韓佛全』 6-730 上. '晨朝喫粥齋時飯 困則打眠也不差'

82) 「山居」, 『韓佛全』 6-731 下. '三尺柴扉推半掩 困眠飢食任逍遙'

83) 「結制上堂」, 『韓佛全』 6-713 中. '如何是學人本分事 師云 着衣喫飯'

83) 「臘月八日晚參」, 『韓佛全』 6-721 下. '家中一箇物 上見無頭 下看無尾 明如日黑似漆'

뚜렷해졌으며 훗날 임제종의 표본이 되었다. 이러한 일상성의 강조는 혜근에서도 충실히 나타나고 있다.

평상심시도와 더불어 조사선을 대변하는 것이 '卽心是佛' 사상이다. 평상심은 인간이 본래 구족하고 있는 자성청정심을 가리키는 것으로 근본적인 인간의 마음을 뜻하며 자성청정심이 곧 부처라는 것이다.

이러한 자성청정심을 임제는 '無位眞人'으로 표현하였다. 이러한 자성청정심은 본래 자기의 모습을 이야기하는 것으로 禪家에서는 '本來面目' '眞面目' '本地風光' '父母未生前' 등으로 표현하고 있다. 혜근은 이것을 '신령한 구슬' '威音王以前' '空劫以前' '眞如自性'으로 표현하고 있다. 그리고 이것을 참구하는 것이 곧 자신의 마음을 찾는 것이라 하였다. 그 자신의 근본적인 마음이 곧 부처라는 조사선, 임제선의 즉심시불 사상을 그대로 계승하고 있다. 그러한 진여자성을 「완주가」에서는 다음과 같이 말하고 있다.

> 신령한 이 구슬이여. 너무도 영롱하여
> 본체는 항하사 세계 감싸고도 안팎이 비었네.
> 사람마다 육신 속에 당당히 있어
> 오고 가며 장난해도 다함이 없네.[85]
>
> 헤아릴 수 없어라. 견고한 그 본체여
> 석가모니는 그것을 마음 왕이라고 불렀네.
> 그 작용이 무궁무궁한데도
> 세상 사람들이 망상으로 本性을 잊는구나.[86]

「완주가」에서는 靈珠라는 시어를 내세워 진여자성을 상징하고 있다.

---

85) 『韓佛全』 6-730. '這靈珠極玲瓏  體徧何沙內外空  人人岱裏堂堂有  弄去弄來弄莫窮.'
86) 『韓佛全』, 6-730. '不思議  體堅剛  牟尼換作自心王  運用無窮又無盡  是人妄作本自心'.

신령한 구슬로 표현한 그것은 누구에게나 있으며 온 우주를 감싸고도 안팎으로 통했다고 하면서, 그 본체가 금강과 같이 견고하여 파괴되지 않는 것이 불가사의하다고 표현하고 있다. 혜근은 망상을 벗고 그러한 진여본성을 되찾으라고 말한다.

위에서 살펴본 바와 같이 간화선 역시 혜근에게 그대로 수용되어 전개되고 있다. 예컨대 혜근은 「入寂之辰」에서 대중에게 이렇게 훈시하였다.

> 모름지기 대장부의 마음을 내고 결정한 뜻을 세워 평생에 깨치거나 알려고 한 일체의 불법과 四六文章과 語言三昧를 싹 쓸어 큰 바닷속에 보내고 다시는 집착하지 마시오. 그리하여 8만 4천의 미세한 생각을 붙잡아서는 한번 앉으면 앉은 자리에서 끊고, 본래 참구하던 화두를 한번 들면 늘 들되 '모든 법이 하나로 돌아가는데 그 하나는 어디로 돌아가는가'라든가 '어떤 것이 본래면목인가' 혹은, '왜 개에게는 불성이 없다 하는가' 같은 화두를 드십시오. …… 온몸을 하나의 의심 덩어리로 만들어, 의심하고 또 의심하면 부닥치고 또 부닥쳐 몸과 마음을 한 덩어리로 만들어 그것을 분명히 참구하시오. 그리하여 공안 위에서 그것을 헤아리거나 어록이나 경전에서 그것을 찾으려 말고, 모름지기 단박에 탁 터뜨려야 비로소 집에 이를 것이오.[87]

간화선은 보조지눌에 의하여 수용된 이래 진각혜심을 거쳐 절정에 이른 후 고려의 고승들은 간화의 방법으로 깨치는 등, 선수행의 실천방법으로 참구되어 왔다. 그러므로 단정지을 수는 없으나 혜근도 입원 이전 간화선에 의해 깨침을 얻었을 것으로 보인다. 이외에도 혜근이 간화선을 수용하고 이를 선양한 기록은 여러 곳에서 눈에 띈다.

고려후기에는 선승이라면 누구나 간화·공안선에 의해 수행하고 제자를 접하였다. 혜근도 여기서 예외는 아니라고 할 수 있으며, 혜근의

---

87) 「入寂之辰」 四首, 『韓佛全』 6-717 上～中.

경우 간화·공안선과 더불어 임제선도 널리 활용되었다 하겠다.

임제사상의 특징은 철저한 현실관과 그에 바탕을 둔 시대정신의 제시이다. 이는 현실을 살아가는 인간 삶의 여러 현상을 냉철히 파악하고, 시대의 제반 상황을 직관하여 그 현실을 헤쳐나갈 수 있는 실천이념을 제시하고 선도해 나가는 선구자적 삶을 이야기한다.

당말, 河北은 전란에 의한 말기적 현상이 두드러지게 나타나고 있었다. 특히 하북은 당조 멸망의 가까운 원인이 된 안록산과 사사명의 난과 황소의 난이 일어나 혼란이 가장 극심한 곳이었다. 임제는 바로 그런 곳에서 생애를 보냈다. 그의 생애와 사상에는 험난했던 당시의 시대상황이 그대로 반영되어 있으며, 그의 현실관은 이런 난세를 헤쳐나가는 시대정신을 바탕으로 하고 있다.

혜근과 보우에게서도 원의 혼란기를 경험하면서 철저한 현실인식과 그에 바탕을 둔 시대정신을 볼 수 있다. 보우의 경우 구산통합과 한양 천도가 그 대표적인 것이라 할 수 있으며, 혜근의 경우 공부선의 실시, 회암사 중창과 철저한 대중구제 의식 등을 들 수 있다.

# Ⅳ. 懶翁禪의 확립

나옹혜근의 선풍은 선 자체에만 얽매이는 것이 아니라 대기대용의 활발성을 보이고 있다. 그리하여 교뿐만이 아니라 밀교·계율·정토까지도 그의 사상에 그대로 녹아들어 실천적 측면에서 널리 활용되고 있다. 이 문제에 대해서는 뒤에서 다시 언급하기로 하고 여기서는 좀더 범위를 좁혀 혜근의 선풍의 실제가 어떠하였는지를 살펴보기로 한다.

① 먼저 나옹선의 특징의 하나로 '자기 확신'을 들 수 있다. 일찍이 임제의현은 자기 자신을 떠나서 획득해야 할 대상으로서 부처가 실재한다는 입장을 인정하지 않았다. 임제는 자기가 바로 부처라는 확신을 갖지 못하고 밖으로만 향하는 수행자를 짐을 싣고 얼음판을 가는 당나귀에 비유하고 '그대들이 부처를 알고자 하는가? 바로 그대, 내 앞에서 설법을 듣고 있는 그대이다. 학인들이 이 사실을 믿지 못하고 다른 데서 구하려 하는구나'라고 말했다. 우리는 같은 맥을 혜근의 「警世外覓者」 2수에서 찾아볼 수 있다.

집안의 여의의 보배를 믿을지니
세세생생에 그 작용 무궁하도다.
비록 모든 물건 분명히 나타나나
찾아보면 원래 그 자취 없다.

누구에게나 이 큰 신령한 구슬이 있어
서거나 앉거나 분명히 스스로 따르네.

> 믿지 않는 사람은 부디 자세히 보라.
> 지금 그렇게 말하는 그것은 무엇인가.[88]

이는 부디 다른 곳에서 찾지 말고 제 집안의 보배를 믿으라는 것이니 '남의 쌀 한 톨을 탐내려다 나의 반년 양식을 잃어버렸다'[89]는 말도 이를 경책하는 말이다. 즉 자기 확신을 가지고 스스로 체험할 것을 강조하고 있다.

여기서의 믿음이란 자신은 부처와 다름이 없다는 자기 확신 내지는 깨치고야 말겠다는 확고한 신념이다. 자신과 부처가 결코 둘이 아니니 다만 자신이 믿지 못하고 밖에서 찾는 것에 장애가 있는 것이다. 자신 안에 부처가, 자신이 부처라는 결정적 신심만이 진정한 깨달음을 가져다 줄 것이다. 이러한 자기 확신에 대해 혜근은 여러 곳에서 강조하고 있다.

> 이 큰일을 기필코 해결하려거든 반드시 이것을 알아야 합니다. 큰 신심을 내고 견고한 뜻을 세워, 지금까지 배워서 안 불법에 대한 견해를 싹 쓸어 큰 바닷속에 버리고 다시는 꺼내지 말아야 합니다.[90] 이 일은 재가, 출가에도 관계없고 노소에도 관계없으며, 초참·후학에도 관계없고, 다생의 熏煉에도 관계없고, 오직 당사자의 일념 진실하고 결정적인 신심에 달려 있을 뿐입니다.[91] 진정 이 큰일을 참구하려면 승속과 남녀를 묻지 말고 상중하의 근기도 묻지 말며 또 초참·후학을 묻지 마십시오. 그것은 오직 당사자가 결정적인 믿음을 세우고 견고한 뜻을 내는 데 있는 것입니다. 부처님 말씀에, '믿음은 지혜의 공덕을 자라게 하고, 믿음은 반드시 여래의 자리에 이르게 한다'고 하셨습니다.[92]

---


88) 『韓佛全』 6-744 下. '信得家中如意寶 生生世世用無窮 雖然物物明明現 覓卽元來卽
    沒蹤 人人有个大神珠 起坐分明常自隨 不信之人須着眼 如今言語是爲誰'
89) 「結制上堂」, 『韓佛全』 6-713 下. '貪他一粒米 失却半年糧'
90) 「示一珠首座」, 『韓佛全』 6-724 上.
91) 「示睦相國」, 『韓佛全』 6-725 上.

이외에도 淑寧옹주 妙善에게 드리는 글에서도, 이 한 가지 큰일을 성취하는 것은 오직 당사자의 마지막 진실한 생각에 달려 있을 뿐임을 강조하고 있다. 여기서 말하는 큰 신심, 결정적 신심, 분명한 믿음, 마지막 진실한 생각 등의 표현은 곧 자신이 부처라고 하는 자기 확신의 믿음으로서, 이 믿음이 반드시 깨달음을 가져다 준다고 거듭 강조한다.

혜근은 자기 확신, '믿음' 아래서 공안에 대한 의심을 일으켜 깨달음을 얻게 하고자 하였으며 자기를 버려두고 밖에서 부처를 찾으려는 것을 경책하였다. '위로는 우러러야 할 부처도 없고, 아래로는 구제해야 할 중생도 없다'고 한 말도 이런 혜근의 선풍을 잘 보여준다. 여기서 말하는 '믿음'이란 자신의 불성이 부처와 다름이 없다는 것을 확신하고 반드시 깨칠 수 있다는 자기 확신이다. 혜근은 간화로 참선하는 것을 주장하였다. 그러나 그에 앞서 무엇보다도 '의지'와 '믿음'을 가질 것을 강조하고 있다.

② 나옹의 선에서는 '주체적인 표현'을 강조하고 있다. 사실상 깨달음을 언어로 표현하기는 쉽지 않다. 自內證의 체험을 유한한 언어로 상대에게 전한다는 것은 쉬운 일이 아닐 것이다. 그러나 제대로 된 선사들은 자기의 깨달음을 언어로 표현하려고 한다. 그리하여 자신의 언어와 깨달음 그 자체에 간격이 있는가를 검토한다. 자기의 깨달음의 세계는 자기만의 언어로 표출되어야 하는 것이다. 선사들은 언어를 초월한 깨달음을 조금도 상하지 않고 언어로 표현하려고 끊임없이 노력했다.

저 유명한 龐居士는 종종 선사들에게 '그대의 깨달음을 그대 자신의 말로 표현해 보라'고 다그쳤다. 또 '不立文字라는 담 뒤로 숨기만 하는데, 격조 높은 수행자는 언어를 버릴 수 없다'[93]고 말한다. 이는 비록 선가에서 불립문자를 표방하지만 깨달음의 경지를 언어로 표현하지 않을

---

92) 「示知申事廉興邦」, 『韓佛全』 6-726, 上~下. 이와 같은 내용의 글은 「示上座叅禪方便」, 「示得通居士」 등 다수 있다.

93) 『祖堂集』 12卷 禾山條, 『高麗大藏經』 卷 45, p. 308.

수 없다는 것이다. 그리하여 그러한 자내증의 경지를 詩語로 풀어내 보이기도 하는 것이다.

이런 선사들은 남을 흉내내는 것을 용납하지 않는다. 심지어 부처나 조사의 말까지도 말이다. 혜근이 임제의 三玄·三要·四賓主 등을 모두 죽 먹은 기운으로 한 것이라고 몰아세우는 것도 이런 맥락에서 이해해야 할 것이다. 아무리 임제선을 흠숭하더라도 자기의 생생한 체험을 조금도 손상하지 않고 드러내려는 노력이 없다면, 임제선사의 말도 끝내는 선방에서 하루 한끼 죽 먹는 기운으로 지껄이는 소리에 불과하지 결코 깨달음에서 나오는 '참뜻'이 아니라는 것이다. 그리하여 혜근은 남의 말이나 되씹는 그런 선사들은 그냥 두지 않는다.

> "무엇이 스님의 본분사입니까?"
> 혜근은 불자를 세우셨다. 그 스님이 또 물었다.
> "오랑캐 난리 30년에도 소금과 간장이 모자랐던 적이 없습니다."
> "쓸데없는 소리 마라."[94]

위에서 제자가 말한 부분은 심부름 간 승려를 통해 남악이 제자 마조에게 전한 말이다. 혜근은 자기의 체험이나 자기의 언어를 버려두고 남이 한 말이나 되씹는 것을 용납하지 않는다. 그런 수행자들에게 혜근은 한가한 소리는 집어치우라고 호령한다. 철저하게 자기의 체험과 그 표현에 충실할 것을 강조하고 있다. 그리하여 혜근은 공부선의 승과에서 「工夫十節目」을 제시, 자기의 체험과 깨달음을 철저한 자신의 언어로 표현할 것을 요구하였다.

---

94) 「結制上堂」, 『韓佛全』 6-713 上. '進云如何是和尙本分之事 師竪起拂子 進云 胡亂
　　十年 不曾少鹽藏 師云 莫說門言語'

공부십절목

1. 세상사람들은 모양을 보면 그 모양에서 벗어나지 못하고, 소리를 들으면 그 소리에서 벗어나지 못한다. 어떻게 하면 모양과 소리에서 벗어날 수 있을까.
2. 이미 소리와 모양에서 벗어났으면 반드시 공부를 시작해야 한다. 어떻게 그 바른 공부를 시작할 것인가.
3. 이미 공부를 시작했으면 그 공부를 익혀야 하는데 공부가 익은 때는 어떤가.
4. 공부가 익었으면 나아가 鼻孔(자취를 말함)을 없애야 한다. 비공을 없앤 때는 어떤가.
5. 비공이 없어지면 담담하고 냉랭하여 아무 맛도 없고 기력도 전혀 없다. 의식이 닿지 않고 마음이 활동하지 않으며 또 그때에는 허깨비 몸이 인간세상에 있는 줄 모른다. 이곳에 이르면 그것은 어떤 경계인가.
6. 공부가 지극해지면 동정에 틈이 없고 자고 깸이 한결같아서, 부딪혀도 흩어지지 않고 움직여도 잃지 않는다. 마치 개가 기름이 끓는 솥을 보고 핥으려 해도 핥을 수 없고 포기하려 해도 포기할 수 없는 것과 같나니, 그때에는 어떻게 버려야 하는가.
7. 갑자기 120근 되는 짐을 내려놓은 것 같아서 단박 꺾이고 단박 끊긴다. 그때는 어떤 것이 그대의 자성인가.
8. 이미 자성을 깨쳤으면 자성의 본래작용은 인연을 따라 맞게 쓰인다는 것을 알아야 한다. 무엇이 본래의 작용이 맞게 쓰이는 것인가.
9. 이미 자성의 작용을 알았으면 생사를 벗어나야 하는데, 안광이 땅에 떨어질 때 어떻게 벗어날 것인가.
10. 이미 생사를 벗어났으면 가는 곳을 알아야 한다. 4대는 각각 흩어

져 어느 곳으로 가는가.[95]

「공부십절목」은 공부가 익어가는 과정을 십단계로 나누어서 설명하고 있다. 첫번째 단계에서 진리를 자각하고 점차 힘을 기울여 그 공부를 익혀가다가 일곱 번째 단계에서 자성을 깨닫고 열 번째 단계에서 공부가 완성된다. 「공부십절목」은 간화선을 근거로 해서 제시한 것으로 그의 간화선은 승속과 남녀를 구분하지 않고 누구나 공부할 수 있는 길을 제시하고 있다.

즉 「공부십절목」의 내용은 모양(色)과 소리(聲) 등 6가지 경계를 초월하는 것을 선 수행의 처음으로 보고 있으며 나아가 일체의 현상계로부터 벗어나는 것이 출가의 본뜻이며 선 수행의 시작이라고 보고 있다. 그리고 화두를 들고 끊임없이 참구하여 動靜―如·寤寐―如의 경지를 거쳐 자성을 깨닫고 더 나아가 자성의 본래작용을 깨달아 생사를 해탈해야 하며 四大가 흩어지는 곳을 알아야 비로소 공부를 마치는 것이라고 한다.

불교의 근본목적이 생사의 윤회로부터 벗어나 해탈하는 데 있으므로 선 수행 역시 사대가 흩어지는 곳을 알기 위한 것이다. 「공부십절목」에 나타난 뜻은 화두를 들고 참선을 행하면 단박에 자성을 깨닫게 되며 자성을 깨달은 후에는 점차로 수행정진하여 결국은 생사를 해탈하게 된다는 것이다. 그리고 그 깨달음을 자신의 언어로 표현할 것을 말하고 있다.

③ 나옹은 남의 손을 타지 않은 '자기의 本來性'을 높게 평가한다. 이러한 입장은 지공화상의 유골을 入塔하며 읊은 게송에서 잘 나타난다. 혜근은 지공에 대하여 "삼천의 위의를 돌아보지 않았는데 팔만의 미세한 행에 무슨 신경을 썼겠는가. 몸에는 언제나 혼금을 입고, 입으로는

---

95) 『懶翁和尙語錄』, 『韓佛全』 6-722, 中～下.

불조를 몹시 꾸짖었으며, 평생에 그 기운은 사방을 눌렀고 골안은 부리를 꽂기 어려웠다"[96]고 말하고 있다.

이는 그대로 누구에게도 손타지 않은 자기 본래성을 강조한 말이다. '혼금'은 원래 '渾金璞玉'에서 나온 말이다. 혼금은 '제련하지 않은 금속'을 말한다. 그리고 이 말의 뜻은 '어느 누구의 손도 타지 않은 것'으로, 그것은 '現成公案'의 '현성'(원래 그대로)과 그 맥을 같이한다.[97]

혜근은 지공화상을 기존의 위의나 규율에 속박되지 않고 철저하게 자기의 체험에 충실한 수행자라고 평한다. 제련되기 이전의 생철이었다는 것이다. 남의 손을 타지 않은 천연의 자기 본분을 자기 방식대로 드러낸 분이라는 것이다. 남의 말이나 따라하고 부처나 조사들이 남긴 언어로 자기의 체험을 규정짓는 일은 하지 않았다는 것이다. 바로 이 점을 제자 혜근이 칭송하는 것이고, 원까지 멀다 않고 찾아가 지공을 참례한 이유이다. 이 칭송에서 '혼금박옥'한 저마다의 본래성을 강조하는 혜근의 선풍을 엿볼 수 있다. 이러한 선풍은 왕사로 책봉되는 날, 신해년(1371) 8월 26일, 설법한 글에서 더욱 분명해진다.

> 만일 쇠로 된 사람이라면 무심코 몸을 날려 허공을 스쳐 바로 남산의 자라코 독사를 만나고, 동해의 잉어와 陝府의 무쇠소를 삼킬 것이며, 가주의 큰 코끼리를 넘어뜨릴 것이니, 三界도 그를 얽맬 수 없고 천 명의 성인도 그를 가둘 수 없다.[98]

'生鐵'이란 '혼금'과 동의어로 제련되기 이전의 본래성을 드러내는 표현이다. 가공 절차를 거치기 이전 본래의 상태를 나타내는 말이다. 이

---

96) 이 장 주 52) 참조.

97) 辛奎卓, 「懶翁和尙의 禪思想」, 『三大和尙硏究』, 삼대화상 추모다례제 및 학술발표회, 회암사, 1996년 5월.

98) 「王師封崇日普說」, 『韓佛全』 723 上. '若是生鐵鑄就底漢 等閑一擲 抹過大虛 直得南山鼈鼻 吞却東海鯉魚 陝府鐵牛 撞倒嘉州大像 三界拘繫不得 千聖羅籠不住'

렇게 어떤 후천적인 가공도 받지 않은 본래성을 드러내는 **本分衲子**라야 철저한 자유를 누릴 수 있는 것이다. 모든 중생이 색계, 욕계, 무색계 속에서 제한을 받고 살지만 '생철 같은 수행자'에게는 삼계도 그를 구속하지 못하는 것이다.

혜근의 선풍은 바로 여기에서 분명하게 드러난다. 철저한 자기 확신, 당사자의 직접적인 체험, 자기 본래면목의 강조는 혜근선의 또 하나의 본령이라 할 수 있다. 바로 이런 점에서 임제선풍과도 비견된다 하겠다. 이러한 본래성의 강조는 예부터 眞如緣起說에 입각한 佛性思想과도 밀접한 관계를 갖는다.

④ 나옹은 '空寂靈知의 自性', '眞如本性'에 부합하려는 노력을 강조하여 남다른 점을 보인다. 그의 선관은 철두철미한 자력분지의 看話機用의 돈오선에 두고 있으면서도, 때로 화두에 매달리기보다는 '是甚麼'로 통하는 惺惺心을 주장했던 점이 바로 그러하다. 그는 心卽佛의 입장에서 참선의 형식적인 면보다 廻光返照의 자아확인의 심적 직관을 더 높이 평가하였다. 즉 선을 넘어선 본지에의 계합이 더욱 중요하며, 자기를 돌아보고 반성하여 바로 심성을 조견하는 것이 첩경이라고 본다. 진여자성의 강조도 같은 맥락에서 볼 수 있다.

선사들의 어록을 살펴보면 불성의 상주불멸에 대한 주장이 자주 등장한다. 돈황본 『六祖壇經』에서도 도처에 '진여본성'을 돈오할 것을 강조하고 있다. 이 '진여본성' 또는 '진여자성'이라고 불리는 것은 범부와 성인 내지는 유·무식에 관계없이 동일하다. 미혹에 싸였다고 해서 이 '진여본성'이 사라진 것이 아니고, 깨쳤다고 하여 생기는 것이 아니다. 이 '진여본성'은 상주불변한다. 다만 무명에 가리워 나타나지 못할 뿐이다. 상주불멸하는 '진여본성'에 客塵煩惱가 반연이 되어 염습한 결과 갖가지 고통에 얽매이게 되는 것이다.

혜근은 '진여본성', '진여자성'을 여러 곳에서 언급하고 있는데, 그 대표적인 것이 영주에 비유하여 나타내고 있는 '歌三首' 중 「완주가」이다.

신령한 이 구슬 지극히 영롱하여
그 자체는 항하사 세계를 둘러싸 안팎이 비었는데
사람마다 푸대 속에 당당히 들어 있어서
언제나 가지고 놀아도 끝이 없구나.

마니 구슬이라고도 하고 신령한 구슬이라고도 하니
이름과 모양은 많으나 본체는 다르지 않네.
세계마다 티끌마다 분명하여
밝은 달이 가을 강에 가득한 듯하여라.

그 작용은 끝이 없고 또 다함이 없으매
세상 사람들이 망녕되이 스스로 잊고 있네.
正令의 行이여, 누가 그 앞에 서랴.
부처도 악마도 모조리 베어 조금도 안 남기네.

마음대로 작용하여 골격이 밝네.
머리도 없고 꼬리도 없으면서
서거나 앉거나 분명하여 언제나 떠나지 않네.
힘을 다해 그를 좇으나 떠나지도 않고
있는 곳을 찾아보아도 알 수 없도다.[99]

위와 같이 혜근은 '진여본성'을 구슬에 비유하여 노래하고 있다. 普濟
尊者 혜근의 '三歌'는 李穡이 이색적으로 평을 붙여 칭송하고 있다.[100]

---

99) 『韓佛全』 6-730 上~中. '這靈珠極玲瓏 體徧河沙內外空 人人袋裏堂堂有 弄去弄來
莫窮 或摩尼或靈珠 名相雖多體不殊 刹刹塵塵明了了 還如朗月滿江秋 …… 運用無
窮又無盡 時人妄作本自忘 正令行㪍當頭 斬盡佛魔不小留 …… 倒用橫拈骨格淸 也
無頭也無尾 起坐明明常不離 盡力趕他他不去 要尋知處不能知'

100) 李穡, 「三歌後序」. '三歌 首尾相應 脈絡相通 所以示後人也 深且切矣 懶翁文字信
手 未嘗立草 吐出實理 粲然寫出 韻語琅然 於世俗文字不甚解 亦可見焉 至於三歌
如出二人之手 必其硏精覃思而作者也 不然何以傚永 嘉句法哉 異日流轉西域 當
有賞音者矣'

여기서 혜근은 우리 모두가 본래부터 갖고 있는 진여본성을 깨우치기를 간곡히 말하고 있다.

⑤ 나옹의 선사상은 '돈오사상'의 전통에 서 있음이 그의 어록에서 증명된다. 그는 「普說」에서,

> 여러분은 알아야 한다. 자기에게 있다고 하는 그 一着子는 하늘에 두루하고 땅에 가득하지만, 3세의 모든 부처도 역대의 조사도 천하의 선지식들도 감히 바른 눈으로 보지 못하니 중요한 것은 그 당사자가 그 자리에 당장 깨닫는 길뿐이다. 그러므로 선배스님들은 그대들이 당장 깨달으려 하지 않기 때문에 부득이 방편을 드리워 그대들에게 아무 의미도 없는 그 화두를 참구하게 한 것이다.[101]

라고 하면서 당사자에게 스스로 단박에 깨칠 것을 강조하고 있다. 화두를 참구하게 하는 것도 결국은 스스로 당장에 깨치게 하기 위함이라는 것이다. 이런 면에서 혜근은 선종의 핵심사상인 돈오사상을 잘 이어받고 있다. 그리고 이러한 돈오사상의 이면에는 불성 상주불멸의 사상이 전제되어 있다. 혜근은 承懿公主에게 다음과 같이 말하였다.

> 여기서 당장 빛을 돌이켜 한번 보면 지옥·아귀·축생·아수라·인간·천상을 막론하고 본지풍광을 밟을 수 있다 …… 4대가 생길 때에도 밝고 신령한 이 한 점은 그것을 따라 생기지 않았고, 4대가 무너질 때에도 밝고 신령한 이 한 점은 그것을 따라 무너지지 않소.[102]

---

101) 「普說」, 『韓佛全』 6-715; 「禪林古鏡叢書」, 『懶翁集』, p. 81. '諸人當知自己分上一着子 煩天共地 三世諸佛 歷代祖師 天下善知識 不敢正眼覰着 只貴當人 直下承當 便了 前輩尊宿 爲称不肯直下承當 不得已而曲垂方便 教称衆个無意味話'

102) 「國行水陸齋起始六道普說」, 『懶翁和尙語錄』, 『韓佛全』 6-718. '於斯驀得廻光一鑒 不問地獄餓鬼畜生修羅人道天道 便能踏着本地風光 …… 四大成時 這一點靈明不隨成 四大壞時 這一點靈明不隨壞'

120

위의 글에서 '밝고 신령한 이 한 점'은 불성을 가리킨다. 이것은 다른 말로 '본지풍광'이라고도 하는데, 이 불생불멸하는 본지풍광을 단박에 깨치라는 것이 선종의 실천론이다. 이러한 돈오사상은 그의 어록과 가송에서 철저하고도 강력하게 나타난다.

그러면 어떻게 하면 불성을 단박에 깨칠 수 있을까? 이 문제에 대한 선종의 기본입장은 우선 思量分別을 거부하는 것이다. 이러한 전통은 혜근에서도 나타난다. 비록 형체가 없는 마음이라도 그것에 움직임이 있으면 그에 따르는 업이 생기고, 그 업은 다시 과보로 이어진다. 업과 행은 시간적으로 선과 후의 관계에 있다. 이것은 불교의 기본인 惑→業→苦의 순환이다. 그러므로 업을 없애는 것만이 고에서 벗어나는 길이다. 소참시에 혜근은,

> 한 걸음 나아가면 천지가 가라앉고, 한 걸음 물러서면 허공이 무너지며, 나아가지도 물러서지도 않으면 숨은 붙어 있으나 죽은 사람이 될 것이다. 어떻게도 할 수 없으며 결국 어찌해야 하는가. 말할 사람이 있는가. 있거든 나와보라 …… 어름어름하는 사이에 10만 8천 리가 될 것이다.[103]

라 하며 사량분별을 엄히 금하였다. 뿐만 아니라 아무 생각도 없는 無記에 빠지는 것도 경계하고 있다. 즉 「示覺悟禪師」에서는,

> 화두가 순일하면 일고 멸함이 곧 없어지고, 일고 멸함이 없어진 곳을 신령하다 합니다. 신령한 가운데 화두가 없으면 그것을 무기라 하고 신령 가운데 화두에 어둡지 않으면 그것을 영이라 합니다. 이 공적한 신령한 지혜는 무너지지도 않고 난잡한 것도 아니니, 이렇게 하면 멀지 않아 성공할 것이오.[104]

---

103) 「小參」, 『韓佛全』 6-714 上~中. '進一步則地平沈 退一步則虛空撲落 不進不退有
　　氣死 …… 良久云 擬議之間十萬八千'
104) 『韓佛全』 6-727. '話頭純一則起滅則盡 起滅盡處謂之靈 靈中無話頭則謂之無記 靈

라고 한다. 그리하여 혜근은 화두를 참구하여 무기에 빠지지 말고 '無心', '不昧'하라고 강조한다. 그래야만 돈오할 수 있다는 것이다.

⑥ 나옹은 지공·임제선에서의 탈격한 자기만의 선의 세계를 구축하고 있는데 「閑中有懷」, 「無學」, 「送珠侍者」 등을 통해서 이를 알 수 있다.

> 사십 년 전에 두루 돌아다니면서
> 천태·남악에 자취를 남겼거니
> 지금에 차갑게 앉아 생각해 보면
> 천하의 총림이 두 눈에 텅 비었네.[105]
>
> 언제나 분명하여 허공 같은데
> 무엇 하러 만리에 밝은 스승 찾는가.
> 제 집의 보물도 찾기 어려운데
> 참뜻을 알아 가사를 전하는 것
> 가지 위의 가지이다.[106]
>
> 만리를 참방하는 그 뜻이 끝없거니
> 부디 바다 밖에서 다른 종을 찾지 말라.
> 주장자를 잡기 전의 종지를 드날리면
> 그곳도 허공이요 여기도 허공이리.[107]

혜근은 자신이 임제종의 법손임을 어록의 「보설」에서도 명확히 밝히

---

中不昧話頭則謂之靈 卽此空寂靈知 無壞無雜 如是用功 不日成功'

105) 「閑中有懷」, 『韓佛全』 7-322. '四十年前遊歷遍 天台南嶽各留蹤 如今冷坐思量看 四海叢林兩眼空'

106) 「無學」, 『韓佛全』 6-737 中. '歷劫分明若大虛 何勞萬里問明師 自家財寶猶難覓 得隨轉衣枝上枝'

107) 「送珠侍者」, 『韓佛全』 6-738 上. '萬里參方意莫窮 切忌海外覓他宗 烏藤未握前提起 彼處虛空此虛空'

122

고 있으며, 또한 중국 강남지방 고담선사에게 보낸 게송에서도 임제종의 부흥을 함께 기뻐하는 모습을 보이고 있다.[108] 그러나 혜근은 한 걸음 더 나아가 임제선에조차 매몰되지 말고 자기의 본래면목을 깨칠 것을 당부하고 있다. 즉 「보설」에서,

> 여러분은 부디 비굴하지 마시오. 임제도 눈은 가로 찢어지고 코는 우뚝하였으며, 여러분도 눈은 가로 찢어지고 코는 우뚝하여 털끝만큼도 다른 모양을 찾을 수 없고, 또 털끝만큼도 같은 모양을 찾을 수 없소…… 正法眼藏을 없애버리고 臨濟正宗을 붙들어 일으키시오. 그러면 어떻게 붙들어 일으키겠는가? 삼현·삼요를 붙들어 일으키겠는가? 四料簡·四賓主·四喝을 일으키겠는가? 그 할은 죽 먹은 기운인데 누가 불러보지도 않고 임제정종이라고 하는가? 비록 '한 번의 할에 빈주를 나누고 照用을 한꺼번에 행한다. 그 속의 뜻을 알면 한낮에도 三更을 치리라'하고 말했으나 그 말은 다만 여러분을 속일 수 있을 뿐 이 산승은 속이지 못하오…… 그것은 결정코 조용이나 사료간·사빈주·사할·삼현·삼요에 있는 것이 아니오. 이미 아무 데도 없다면 필경 어디에 있는가? 다만 여러분의 분상에 있는 것이오. 여러분은 마땅히 알아야 하오. 자기 분상의 그 '하나'는 하늘에 두루하고 땅에 가득하지만, 삼세의 모든 부처님도, 역대의 조사도, 천하의 선지식들도 감히 바른 눈으로 보지 못하는 것이니 오직 그 자신이 그대로 당장 깨달아야 하는 것이오.[109]

라 하고 있다. 즉 위에서 보았듯이 임제의 선풍을 존중하면서도 거기에 매몰되지 말고 자기의 본래면목을 돈오하라는 것이다. 그렇게 해야만 임제종지를 제대로 선양하는 것이라고 그는 생각했다. 과연 임제의 후손답게 혜근은 철저하게 자기의 깨달음을 귀하게 여기는 것이다. 임제의 체험으로도 자기의 깨침을 얽어매려 하지 않는다. 여기서 우리는 혜

---

108) 覺宏 錄, 앞의 글, 앞의 책, 6-706 上. '臨濟一宗當落地 空中突出古潭翁 把將三尺 吹毛劍 斬盡精靈永沒蹤'
109) 「普說」, 『懶翁和尙語錄』, 『韓佛全』 6-715 上~中, 716 上.

근선의 자주성의 극치를 볼 수 있다.

⑦ 혜근 선사상의 또 다른 특징은 세상을 일깨우려는 '警世意識'에 있다. 즉 모든 중생은 불성을 가진 존재로 이것을 속히 자각하고 성불할 것을 말하고 있다. 그가 지공선과 임제선, 간화선, 염불수행 등을 받아들인 것도 그의 경세의식에서 비롯되는 것이다. 「警世」 5수를 통해서 살펴보면, 이와 같은 사실을 알 수 있다.

> 백년도 잠깐 동안인데
> 세월을 소홀히 보내지 말라.
> 노력하고 수행하면 부처 되기 쉽지만
> 금생을 잘못 보내면 벗어나기 어려워라. (1수)
>
> 죽음이 홀연히 오면 누가 대신하리요
> 빚이 있으면 원래 쓴 사람이 갚아야 한다.
> 염라대왕의 책상을 지나지 않으려면
> 곧장 조사의 관문을 뚫어야 한다. (2수)
>
> 하루종일 수고로이 속세를 달리다가
> 머리가 희어지니 어찌 이 몸 늙은 줄 알랴.
> 명리와 번성한 가문이 뜨거운 불길이 되니
> 고금에 몇천 인을 불태웠을까.[110] (5수)

이 시는 혜근이 세상의 어리석음을 경계하고자 하는 의도로 쓴 것이다. 중생들에 대한 신뢰와 애민의 마음에서 출발한 경세의식은 바로 대중교화의 행동으로 이어지고 있다. 이러한 점으로 미루어볼 때 혜근이

---

110) 『韓佛全』 6-744 上~745 上. 1수: '百年只是暫時間 莫把光陰當等閑 努力修行成佛易 今生差過出頭難' 2수: '無常忽到敎誰替 有債元來用自還 若要不經閻老案 須經參透祖師關' 5수: '終朝役役走紅塵 頭白焉知老此身 名利稠門爲猛火 古今燒殺其千人'

그 당시 모든 백성에게 존경받는 인물이 되었음은 당연한 것이라 생각
된다.

# 제4장 懶翁 禪思想의 特性

# Ⅰ. 여러 禪宗 家風의 수용

나옹혜근이 원에 들어가 서천의 지공화상과 임제종의 평산처림화상에게 법을 직접 받은 것은 앞서 언급한 바와 같다. 그러나 입원하기 전그는 국내에서 여러 선종의 가풍을 충분히 접하고 있었다. 한반도에서의 선의 가풍은 중국과는 달리 여러 종파의 선사상을 넓게 수용하고 있는 것이 특징이다.

따라서 임제종, 법안종, 위앙종 등의 가풍이 들어왔으나 따로 국내에종파를 세운 적은 없었다. 이러한 가풍 역시 혜근에게도 동일하게 드러나고 있다. 그의 어록과 가송을 검토해 보면 조동종을 비롯하여 법안종, 위앙종 등의 선풍을 받아들이고 있을 뿐 아니라 정토신앙, 문수신앙, 관음신앙에 대해서도 그 수용의 폭을 넓히고 있는 것을 볼 수 있다. 조동종 가풍 수용의 예를 들어보면,

조동의 종풍은 어떤 것인가.
곤륜산과 백로주가 둘이 함께 겹쳤네.
군신과 偏正이 서로 섞여 작용하나
어느 쪽에도 앉지 않는 이것이 바로 作家이니라.[1]

가풍이 세밀한데 누가 능히 알 것인가.
편과 정은 원래 그 자체가 각각 다르다.

---

1) 「幻庵傳寫五位註頌來看因以題前」, 『韓佛全』 6-745 中. ‘曹洞宗風事若何 崑崙白鷺兩交加 君臣偏正能廻互 不坐那邊是作家’

128

<blockquote>
어느 곳이 참된 곳인가를 알고 싶은가.<br>
흑백이 분명하게 나누어지기 이전이네.[2]
</blockquote>

라고 하고 있으며 동산의 제자인 雲居道膺에게 조동선을 전수하여 海州에 須彌山門을 연 利嚴존자의 탑을 찾아가 그를 추모하는 시를 짓기도 하였다.

<blockquote>
여러 곳을 두루 돌아다니며 의심을 풀었나니<br>
지금까지 당·한에 남은 자취 있네.<br>
내가 와서 탑에 예배함은 다른 뜻이 아니라<br>
다만 삼한에 조풍을 떨치기 위해서이네.[3]
</blockquote>

이렇듯 조동선의 선사인 이엄의 탑에 예함은 혜근이 조동선을 배척하지 않고 그 사상을 잘 이해하고 있으며 자신의 선풍 속에 잘 섭수하고 있다는 것을 알 수 있게 한다. 이와 같은 것은 나말여초 조동선의 유입 이래 그 수용이 폭 넓게 이루어져 왔음을 보이는 것이다.[4] 그외에도 법안종, 위앙종의 가풍도 섭수하고 있음은 앞에서 본 바와 같다. 위앙의 근엄함, 임제의 통쾌함, 운문의 고고함, 법안의 간명함을 말하지만, 5가는 사람에 따라 가풍이 달라진 것이지 도가 다른 것은 아닌 까닭이다.

혜근은 대혜에 의해 확립된 간화선 수행체계 또한 그대로 수용하여 전개시키고 있다. 혜근의 화두 참구에 관한 견해는 「入寂之辰」에 잘 드러나고 있다. 요약하여 보면,

---


2) 「昆禪者傳寫五位註頌因以題前」, 『韓佛全』 6-745. '家風細密孰能知 偏正從來體自難 欲識那邊眞的處 堂堂黑白未分時'
3) 「題利嚴尊者塔」, 『韓佛全』 6-745. '遍歷諸方咨決了 只今唐漢有遺蹤 我來禮塔非他意 只爲三韓振祖風'
4) 金永斗, 「羅末麗初의 曹洞禪」, 『韓國佛敎學』 16, 한국불교학회, 1991.

　　다만 末後의 一句를 온 힘을 다해 본래 각자가 참구하던 화두를 계속
들다 보면, 공안이 눈앞에 나타나 들려고 하지 않아도 저절로 들린다 ……
이 경지에 이르거든 모든 것을 하나의 의심 덩어리로 만들어 그것을 캐
들어가야 한다. 공안을 놓거나 그것을 헤아리거나 어록이나 경전에서 찾
으려 하지 말고 단박에 터뜨려야 비로소 제 집에 이르게 된다 …… 이런
경지가 되면 백천 가지 일을 다 알게 된다. 이때부터는 다른 수행자를 만
나 점검을 받아야 한다. 그리고는 20년이고 30년이고 부처의 씨앗을 기르
다 보면 …… 한 생각 사이에 시방세계를 삼키고 삼세의 부처를 토해 낸다.
이 경지에 이르면 盧舍那佛의 갓을 머리에 쓸 수 있고, 報身佛 化身佛의
머리 위에 앉을 수 있을 것이다.[5]

　라 하고 있다. 이밖에도 혜근은 쉬임없이 화두 참구를 강조하고 昏沈,
無記, 完空에 빠지지 않기 위해서는 화두를 들 것 등등을 강조했다. 이
렇게 공안을 참구할 것을 강조하면서, 그 점검의 방법을 구체적으로 제
시했다. 그것이 「공부십절목」[6]이다.

　혜근은 그 사상적 맥락에 있어서 지눌 이래의 고려 조계선풍을 잇고
있었다. 그리고 선의 참구는 사실상 화두를 참구하는 것이라고 생각한
당시의 선풍에 따라 참선을 간화선의 입장에서 파악하고 있었다. 그중
에서도 趙州의 '無'자 화두를 강조하였다. 물론 '萬法歸一', '父母未生前'
등의 화두를 제시하기도 하였지만 제자들을 일깨우는 데 주로 강조한
것은 조주의 '무'자 화두였다. 이것은 송대 대혜 이후, 그리고 보조지눌,
진각혜심, 태고보우의 간화선이 '무'자 화두를 강조한 전통을 그대로 잇
는 것이다. 그 한 예를 「示得通居士」에서 보면 다음과 같다.

---

5) 「入寂之辰」 4首, 『韓佛全』 6-717 中~下. '只將末後一句 着力提起 提來提去 公案現
　　前 不提自提 …… 於一切處 通身幷作一箇團 疑來疑去 拶來拶去 凝定身心 討箇分
　　曉 不可向公案上卜度 語錄經書上尋覓 直須崒地斷爆地絶 方始到家 …… 忽然踢着
　　磕着 千了百當 到這裏 正好見人 不問二十年三十年 水邊林下 長養聖胎 …… 於一
　　念中 吞却十方世界 吐出三世諸佛 若到這裏 方許你頂盧舍那佛冠 坐報化佛頭'
6) 「工夫十節目」, 앞의 책, 6-722 中~下.

만일 그대가 이 일을 참구하려 한다면, 그것은 승속에도 있지 않고 남녀
에도 관계없으며 초참·후학에도 관계없고 또 여러 생의 舊習에도 있지
않은 것이요, 오직 당자의 한 생각의 진실한 결정적인 믿음에 있는 것이
오. 그대가 이미 그렇거든 二六時와 四威儀 안에서 언제나 화두를 드시오
…… 어떤 중이 조주스님에게 '개에게도 불성이 있습니까' 하고 물었을 때,
조주가 '무'라 하였다는, 이 최후의 한 구절을 힘을 다해 들되, 언제나 끊
이지 않고 들어 …… 의심 덩어리가 의심하지 않아도 저절로 의심되면 …
… 진실로 그런 경지에 이르면 해와 달을 기다리지 않고 갑자기 한 번은
온몸에 땀이 흐르게 되면, 잠자코 스스로 머리를 끄덕일 것이오. 간절히
부탁하고 부탁하오.[7]

혜근은 대중에게 훈시하기를, 모름지기 대장부의 마음을 내고 결정
한 뜻을 세워 평생에 깨치거나 알려고 한 일체의 불법과 사륙문장과 어
언삼매를 싹 쓸어 큰 바닷속에 보내고 다시는 집착하지 말며, 늘 '萬法
歸一 一歸何處' '如何是本來面目' '狗子無佛性' 등의 화두를 들어 온몸을
하나의 의심 덩이로 만들어, 의심하고 또 의심하며 부닥치고 부닥쳐 몸
과 마음을 한 덩어리로 만들어 그것을 분명히 참구하라고 하였다.

나아가 그는 간화의 방법을 자상하게 일러주기까지 한다. 즉 만일 화
두가 들어도 들리지 않아 전혀 재미가 없거든, 낮은 소리로 연거푸 세
번 외우면 문득 화두에 힘이 생기는 것을 깨달을 것이라 하였다. 그런
경우에 이르거든 더욱 힘을 내어 놓치지 않도록 할 것과, 20년이고 30
년이고 保任하며 聖胎를 기르고 혹 그렇지 못할 경우는 '이 무엇인가'의
도리를 꾸준히 참구하도록 권유하고 있다.[8]

그리고 이러한 화두를 참구함에 있어 혜근은 역대 선사들과 마찬가
지로 大信心을 강조하고 있고 이와 같은 내용은 혜근의 어록 곳곳에서

---

7) 「示得通居士」, 『韓佛全』 6-725 中.
8) 「入寂之辰」 4首, 앞의 책. '不問二十年三十年 水邊林下 長養聖胎 …… 急着眼睛看他
    是 箇甚麼道理便下座'

볼 수 있다. 즉 「示一珠首座」·「示覺成禪和」·「示志得侍者」 등에서 대
혜의 간화선을 그대로 수용하고 있을 뿐만 아니라 신심을 강조하고 있
는데 그것은 무엇보다도 신심이 깨달음에 들어가는 첫걸음이기 때문이
다.

이와 같이 간화선은 보조지눌에 의해서 처음 받아들여져 '看話徑截
門'으로 정립되어 실천수행된 이래 선의 중요한 방법으로서 혜근에까지
일관되게 수용 실천되어 왔다.

# Ⅱ. 禪·敎·戒·密의 융섭

## 1. 선·교일치의 사상

敎는 마음을 언어와 문자로 밝힌 것이며 禪은 언어와 문자를 뛰어넘어 그 자체에 오묘하게 계합하는 것이다. 언어와 문자 밖에 다른 뜻이 있다면 경전에서 모든 법이 고요히 멸한 모습을 말로는 도저히 설명할 수 없다고 말하지도 않았을 것이며, 또 이 법은 사량분별로써는 알 수 없다고 말하지도 않았을 것이다. 이렇듯 교와 선은 불가분의 관계에 있다.

혜근의 경우 그가 경전을 열람하였다든가 교를 연구하였다는 기록은 뚜렷이 나타나지 않는다. 그러나 그의 어록을 검토해 보면 그가 근본적으로 교를 십분 활용하여 선에 훌륭히 접목시키고 있음을 볼 수 있다. 그렇다면 교학 중에서는 어떤 것을, 또 어떠한 방법으로 활용하였는가? 우선 혜근 역시 교학 가운데 역대 선승들이 그러하듯이 화엄교학에 그 바탕을 두고 있다. 그리고 그것이 詩語의 형태로 표출되고 있다.

원래 불교의 교학사상은 그 어느 것이든지 大禪定을 모태로 하여 성립되었고 또한 많은 비판을 거치면서 형성되어 왔다. 이러한 전통으로 선과 화엄의 관계는 선사들 간에 일찍부터 깊이 연구되어 왔다. 『화엄경』의 사상이 온전히 선에 영향을 끼치고 있는 것은 그것이 선을 풍부하게 하는 이론적 토대가 되기 때문이었다. 선과 화엄은 동전의 양면, 자석의 N극과 S극과도 같다 할 수 있을 정도이다.

선에서 화엄사상이 적극 수용되어 나타나는 것은 송대의 사상적·문화적 전환기에서의 대응과 관계가 있으며, 화엄교학과 선사상의 會通性에서 그 원인을 찾을 수 있다. 송대의 선승들은 화엄교학에서 선의 이론을 풍부하게 하는 근저를 찾았으며 그것을 훌륭하게 응용하였다.[9]

신라하대 선승들은 대부분 화엄에서 출발하였는데 이러한 현상은 당시의 불교가 화엄 중심에서 선종 중심으로 이행되는 모습을 나타내는 것이다. 당시 선의 사상적 특성으로 가장 두드러진 것은 교와 선을 융합하려는 경향이었다.[10] 국내 선종계에서 화엄사상을 선으로 회통하여 화엄의 교학을 선사상에 접목한 것은 보조지눌이었다. 지눌은 경전을 인혹의 대상이라 하여 강력하게 부정했던 이전의 많은 선사들과는 달리 경론이나 조사어록의 가치를 인정하고 있다. 이러한 지눌의 사상은 선·교를 절충한 惺寂等持門, 圓頓信解門, 看話徑截門의 3종문으로 표현되고 있다.

그는 李通玄(625∼730)의 『華嚴新論』을 근거로 '원돈신해문'을 세워 화엄사상을 즉신성불의 선문으로 회통하였다.[11] 지눌은 선에서 출발하여 義湘의 화엄을 이해하였으며 이통현의 실천적인 화엄교학을 적극적으로 수용하여 선·교를 일치시키는 데 성공하였다. 지눌은 신라 화엄의 전통을 信受하면서 신라 화엄에서 미흡하였던 선과의 합일점을 이통현의 실천화엄에서 구하였다. 지눌이 선과 교의 합일점을 찾기 위하여 고뇌하고 그 해답을 이통현의 『화엄신론』을 통하여 얻은 사실은 다음에

---

9) 常盤大定,「宋代に於ける華嚴隆盛の緣由」,『支那佛敎學の硏究』, 名著出版所, 1979; 伊藤隆壽,「宋代の華嚴學と肇論」,『印度學佛敎學』 33卷 1號, 日本印度學佛敎學會, 1984; 渴次了榮,「禪宗より見たる華嚴經」, 龍谷大學敎 編,『華嚴大系』 第3編 第8章, 昭和 2年; 高峰了州,『華嚴と禪の通路』, 南都佛敎硏究會, 1956.

10) 崔柄憲,「新羅下代 禪宗九山派의 成立」,『韓國史硏究』 7, 한국사연구회, 1972, p. 86.

11) 李鍾益,「普照禪과 華嚴」,『韓國華嚴思想硏究』, 동국대 불교문화연구소, 1986.

134

서 잘 알 수 있다.

> 心宗에 계합하는 부처의 말씀을 구하여 3년 동안 대장경을 열람하다가
> 화엄경 出現品에서 '한 티끌이 대천세계를 머금었다'는 경책의 비유와, 그
> 뒤에 통틀어서 말한 '여래의 지혜도 그와 같아서 중생들 마음에 갖추어져
> 있지만 어리석은 범부들은 그런 줄을 깨닫지 못한다'는 구절을 열람하게
> 되었다. 그리하여 나는 그 경책을 머리에 이고 모르는 결에 눈물을 떨어뜨
> 렸다.[12]

또한 지눌은 『화엄신론』의 十地 중 初地를 읽다가 크게 깨친 바가 있
어 책을 놓고 탄식하면서, "부처가 입으로 말씀한 것이 교요, 조사의 마
음에 전한 것은 선이다. 부처와 조사의 마음과 입은 필경 어긋나지 않
는 것인데, 어찌 망령되이 논쟁함으로써 헛되이 세월을 보내겠는가"[13]
라 하고 있다. 그리하여 지눌은 「圓頓成佛論」을 짓고, 원돈신해문을 세
워 제자들을 교화하였으며 선과 화엄교학을 회통시켰던 것이다.

이러한 그의 선·교일치의 사상은 이후 큰 영향을 끼쳐 하나의 지침
서 역할을 하게 되었으니, 이것이 하나의 전통이 되어 이후 한국 선종
을 특징짓게 된 것이라 하겠다.

太古普愚(1301~1382) 역시 선·교일치를 주장하였는데, 그의 행장을
살펴보면 그는 참선하는 가운데에도 『화엄경』·『원각경』·『반야경』을
두루 섭렵하면서 看經도 게을리하지 않았다 한다. 이러한 경향은 '不立
文字 敎外別傳 直指人心 見性成佛'을 주장하는 선종임에도 불구하고 많
은 전적을 의거하고 있는 사실과 무관하지 않음을 나타낸다. 선종이 비
록 불립문자를 표방하나 그 사상적 배경은 바로 경전에 있는 것이다.

보우는 전통적인 선의 방법을 취하여 수행하였으나 경전을 통한 수
행도 함께 행하여 갔으니 佛脚寺에서 『원각경』을 읽다가 일체 知解가

---

12) 知訥, 「華嚴論節要序」, 『韓佛全』 4-767 下.
13) 知訥, 앞의 글, 앞의 책, 4-768 上.

없어짐을 경험하였으며,[14] 26세에는 교종선인 華嚴選에 들었고, 歌吟銘 「雜華三昧歌」를 지었다. 그런가 하면 입원시 태자의 생신을 만난 자리에서 『반야경』을 설한 사실 등으로 미루어 그가 비록 선승에서 출발하였으나 교도 버리지 않고 융섭하고 있음을 알 수 있다.

보우가 용문산 上院庵에서 十二大願을 걸고 용맹정진한 일, 일대사를 위해 성서 감로사에서 결사 7일 苦行行願을 행한 일, 관음신앙 등을 보이는 것 등도 그가 불교 일반을 두루 섭렵하였다는 것을 보여준다. 그러므로 그는 후일 법어에서 '어느 곳에 치우치지 않는 것이 上上의 宗乘'이라고 말하기도 하였던 것이다.

보우는 선·교의 관계를 일직선상에 놓고 있다. 心一法 외에는 언어나 문자를 주장하면 그것은 魔說이지 佛語가 아니라 하니 '일심'의 입장에서 교와 선을 모두 수용하고 있는 것이다.[15] 이것은 '禪是佛心 敎是佛語'의 전통과 일맥상통한 것으로 선·교일치의 전형이 되어온 이론이다. 「잡화삼매가」에서는,

> 넓고 깊고 또 씩씩하며
> 자유로운 원음은 천둥 같은데
> 보리도량에서 설법하던 날
> 海印定 가운데서 말없이 말씀하셨네.[16]

라고 하여, 교와 선의 불가분의 관계를 노래하고 있으며, 공민왕이 治國의 도를 묻는 자리에서도 다음과 같이 교의 弘通을 권하고 있다.

---

14) 維昌 撰, 「太古和尙行狀」, 『韓佛全』 6-696.

15) 「玄陵淸心要」, 『太古和尙語錄』, 『韓佛全』 6-677 中. '佛佛祖祖 不立文字 不立語言 但以心傳心 更無別法 若此心外 別有一法 便是魔說 元非佛語'

16) 『韓佛全』 6-683 中~下. '汪洋乎沖融乎雄雄乎 落落圓音如雷霆 菩提場中開演日 海印定中無說說' 『雜華經』은 『화엄경』의 다른 이름이다.

오교도 각기 그 법을 선양하게 하면 국가 만세에 복이 되어 국왕의 성조가 늘어나고 부처의 해가 밝아지리니 이 어찌 쾌창한 일이 아니겠습니까.[17]

혜근의 경우, 어록 편찬자의 고의적인 누락인지 확인할 수 없으나 지눌·보우와는 달리 간경의 흔적은 찾아볼 수 없다. 그러나 그는 가송 등의 시어를 통해 간화선의 경직성을 극복하고 좀더 자연에 가까운 모습을 보여줌으로써 華嚴法界의 아름다움을 성취하고 있다. 이러한 시어의 표현은 진각혜심 이래, 태고보우·백운경한 등에서도 공통적으로 나타나는 것이다. 보우의 예를 들면 「山中自樂歌」·「白雲庵歌」·「雲山吟」 등은 자연과 한마음이 되어 있는 선적인 묘오의 경지를 잘 보여주고 있다.

혜근에게 있어서 눈앞에 펼쳐진 자연은 그대로 진여의 모습이며 모든 것이 본연 그대로의 질서 속에 眞空妙有 一如의 경지로 나타나 있는 것이다. 그에게 있어 자연은 『화엄경』에서 말하는 '事事無碍'의 경지로 투시된 자연으로, 자연 그대로의 자연이 아니라 선적 직관으로 관조된 자연이다. 그리하여 단순한 정서나 분별이 개입될 여지가 없는, 인간과 자연이 상대적 분별을 초월한 경지에서의 자연인 것이다. 그의 가송 밑바탕에는 화엄의 理事無碍, 事事無碍, 眞俗不二의 화엄의 경지가 깔려 있다. 즉 「季秋偶作」·「旱雨」 두 편의 시와 「順菴」을 살펴보면 선·교가 그대로 한 덩어리가 되어 시어로써 표출되고 있음을 알 수 있다.

가을 바람 한번 불어 뜰을 쓸더니
만리에 구름 없는 푸르른 하늘
상쾌한 기운 무르녹아 마음 시원하고
맑아지는 눈빛에 기러기 날아간다.

---

17) 維昌 撰, 앞의 글, 앞의 책, 6-699 上. '而五敎 各以其法弘之 以奉福萬歲 聖祚延而佛 豈佛暢哉'

밝고 밝은 저 달은 나누기 어렵고
또렷또렷 산봉우리 수없이 많다.
세상 만물 제자리에 놓여 있거니
추녀 가득 가을빛은 푸르고 붉다.[18]

가뭄에 오는 단비 누가 기쁘지 않으리.
세상의 온갖 만물 먼지 때를 씻누나.
온갖 풀은 눈을 열어 빗방울과 춤추고
온갖 꽃은 입을 벌려 새 구슬 맞이하네.
삿갓 쓴 농부들 손을 바삐 움직이고
아낙네들 도롱이 입고 몸이 매우 급하다.
항상 있는 이런 일들 가만히 보노라면
일마다 물건마다 모두 천진이네.[19]

만상이 모두 하나로 돌아가 일념이 다하매
육창 밝은 달이 고요하고 고요하여
티끌티끌이 그것은 남의 집 물건이 아니니
조그만 암자에 온 법계가 다 들었네.[20]


그 밖에도 원에서 지공을 만나 문답할 때에, "산하대지는 눈앞의 꽃
이요, 삼라만상 또한 그렇도다. 자성이 본래 청정한 줄 알면, 티끌마다
세계마다 다 법왕의 몸 드러내리"[21]라 하고 있으며, 어록과 가송에서

---

18) 「季秋偶作」, 『韓佛全』 6-732 上. '金風一陣掃庭中 萬里無雲露碧空 爽氣微濃人自快
　　晬光漸淡雁連通 明明寶月分離盡 歷歷珍山數莫窮 法法本來安本位 滿軒秋色半青
　　紅'
19) 「旱雨」, 『韓佛全』 6-732 中. '旱逢甘雨孰無欣 天下蒼生洗垢塵 百草開眉和滴舞 千
　　花仰口共珠新 農夫戴笠忙忙手 菜女披蓑急急身 見此萬般常式事 頭頭物物盡爲眞'
20) 「順菴」, 『韓佛全』 6-733 中~下. '萬像都歸一一念消 六窓明月靜寥寥 塵塵不是他家
　　物 法界含容小屋頭'
21) 覺宏 錄, 「懶翁行狀」, 『韓佛全』 6-703. '山河大地眼前花 萬像三羅亦復然 自性方知
　　元清淨 塵塵刹刹法王身'

"부처의 참 법신은 마치 허공과 같아 물건에 따라 형상을 나타내는 것이 물속의 달과 같다"[22] "온갖 사물이 완전히 법왕의 몸 드러내리"[23]라 하여 화엄의 세계를 유감없이 드러내고 있다.

이렇듯 시어를 통해 나타난 혜근의 事事無碍法界의 無盡緣起法과 性起論의 화엄사상은 지눌 이후 선교회통의 사상을 그대로 이어받아 계승하고 있다. 또한 화엄대선인 寂庵景元은 일찍이 혜근을 스승으로 모셨으니, 이러한 것들은 혜근이 선·교를 두루 포용하고 있고, 그의 시어 속에 화엄의 사상이 그대로 잘 녹아 발현되고 있음을 나타낸다.

이러한 전통은 조선대에까지 그대로 이어지고 있으니, 雪岑 金時習의 『蓮經別讚』·『華嚴經釋題』·『大華嚴一乘法界圖註』·『玄談要解』 등이 바로 그것이다. 이것은 선가에서의 화엄관을 정면에서 드러낸 것이라는 점에서 더할 나위 없이 중요한 자료이다.[24]


## 2. 선·밀, 선·계의 융섭

앞에서 혜근이 선·교일치를 훌륭히 융섭시키고 있음을 살펴보았다. 뿐만 아니라 혜근은 계·밀을 적극 수용하고 있음을 알 수 있다. 혜근의 선·밀, 선·계의 융섭과 관련하여, 그가 회암사 중창 낙성식에서 문수회를 열고 있음을 주목해야 한다.

나옹이 양주 회암사에서 문수회를 차렸는데 경향간의 남녀들이 귀인 천

---


22) 「入內普說」, 『懶翁和尙語錄』, 『韓佛全』 6-714 上. '佛眞法身 猶若虛空 應物現形 如水中月'

23) 「向禪者求頌」, 『懶翁和尙歌頌』, 『韓佛全』 6-739 上. '靈光獨耀脫根塵 坐臥經行現妙眞 驀得竿頭加一步 頭頭全露法王身'

24) 金知見, 「雪岑의 華嚴과 禪의 世界」, 柳承國博士華甲紀念論文集 『東方思想論攷』, 종로서적, 1983, p. 420.

민 할 것 없이 모두 포백과 과일 등을 가지고 와서 앞을 다투어가면서 바쳤으므로 절 문이 메어질 지경이었다. 사헌부에서 관리를 보내어 부녀자들을 금지하여 물리치고 都堂이 또한 관문을 닫아도 오히려 능히 이를 금지하지 못하였다.[25]

그렇다면 문수회는 어떠한 성격의 법회인가. 문수회는 지혜의 상징인 문수보살을 신앙의 대상으로 하는 법회이다. 문수보살은 보현보살과 더불어 석가의 左右補處로 이 보살의 명호를 들으면 四重罪[26]가 없어진다고 한다. 중국에서는 산서성 五臺山이 문수보살의 본처지로, 일만의 보살과 함께 상주하고 있다고 한다. 우리나라에서도 문수신앙은 자장에 의해 신라 때부터 성행하여 오대산을 문수보살주처로 삼았고, 그후 보타도(보질)태자에 의해 화엄만다라적 도량으로 전개되었다.『삼국유사』에 나오는 문수보살과 관련된 많은 기록은 한국에서의 문수신앙의 예를 잘 반영하고 있다.[27]

고려시대에 와서는 문수신앙에 관한 기록이 보이고 있지 않으나 여말 공민왕 14년(1365) 7월에 왕이 문수회를 신설한 뒤에는 매년 궁중에서 문수회를 베풀고, 동왕 16년부터 20년까지는 매년 3월 또는 4월 延福寺에서 베푸는 것을 항례로 하고 있다. 또 공민왕 14년 5월 화엄종의 승 遍照(辛旽을 가리킴)를 왕사로 삼은 뒤인 7월에는 태자의 생산(뒤에 禑王)과 관련해 문수회를 베푼 예도 보인다.[28]

문수회와 화엄신앙의 관계를 살펴보자. 화엄신앙은 고려전기보다 후기에 와서 밀교적인 성격이 더욱 강화되어 華嚴神衆道場이 크게 성행

---

25) 『高麗史』 133, 列傳 卷 46, 辛禑 一. '懶翁設文殊會于楊州檜巖寺 中外士女無貴賤 賣布帛果餌施與 恐不及寺門嗔咽 憲部遣使 禁斥婦女都堂又令閉關 尙不能禁'

26) 四禁戒라고도 하며 살생죄 · 투도죄 · 사음죄 · 망어죄를 말한다.

27) 「臺山五萬眞身」 · 「溟州五臺山寶陀徒太子傳記」, 『三國遺事』 塔像, 『韓佛全』 6-334~336.

28) 『高麗史』 世家 卷 41, 恭愍王 7月 辛巳條.

하였다. 화엄사상의 우주관에 의한 사고양상이 현실적·사회적 문제와 결부되어 의미를 갖게 되면서, 재래의 모든 신들은 화엄신중으로 불렸는데, 이들에 의한 신앙체계를 華嚴密敎라고 한다.[29]

화엄신중신앙은 밀교신앙 측면에서 비교하여 볼 때, 다른 밀교의례는 화엄신중신앙에서 분화된 형태를 지니고, 화엄신중신앙은 또 분화된 여러 신앙의 형태를 다시 통합하는 성격을 갖는다. 고려후기 베풀어진 화엄신중도량은 불국토 옹호의 기능을 가지는 것으로 몽고의 침입을 받은 江華도읍기에 크게 성행하여 고려 때 행해진 39회의 신중도량 가운데 35회가 이 시기에 시설되었다.[30] 즉 이 시기 화엄신중신앙은 개인적 고뇌보다는 국가·사회적 문제에 대응한 신앙형태로 기능하였다고 해석할 수 있다.[31]

이후 고려는 중국 대륙의 정치적 변동과 함께 몽고와의 관계에서 새로운 국면을 맞이하게 되었다. 공민왕은 재위 14년경에 이르러서는 신돈에게 유례없이 막강한 직책을 제수하고 제2차 개혁을 시도하는데,[32] 이 시기와 맞물려 문수회가 다시 시설되고 있음을 볼 수 있다. 이것은 과거 화엄종 승려였던 신돈이 막강한 권력을 쥐고 공민왕을 대신하여 개혁정치를 추진하는 과정에서 교·밀의 융합과 사회통합의 목적으로 시설된 것이라 하겠다. 과거 화엄법회가 어려운 시기에 밀교의례의 힘을 빌려 사회통합의 역할을 담당하였듯이 문수회 역시 밀교의례의 형식을 빌린 것이라 생각된다.

---

29) 洪潤植, 『佛敎와 民俗』, 동국대 동국역경원, 1981, p. 31.

30) 金炯佑, 『高麗時代 國家的 佛敎行事에 대한 硏究』, 동국대 박사학위논문, 1992, p. 62.

31) 洪潤植, 「高麗史 世家篇 佛敎記事의 歷史的 意味」, 『韓國史硏究』60, 한국사연구회, 1988, p. 31.

32) 『高麗史』世家 卷41, 恭愍王 14年 12月條; 姜裕文, 「辛旽考」, 『佛敎(新)』13~14집, 京城: 佛敎社, 1938年 6·7月; 閔賢九, 「辛旽의 執權과 性格(下)」, 『歷史學報』 제40집, 역사학회, 1968, p. 63.

고려 전시기를 통틀어 문수회는 공민왕 이후 본격적으로 나타날 뿐 그 이전에 실시했다는 기록은 찾아볼 수 없으며 원대 대표적 청규서인 『勅修百丈淸規』에서도 근거를 찾을 수 없다. 더욱이 공민왕 재위(1351~1374) 중 8회, 우왕 재위(1374~1388) 중 3회 등 10여 차례에 걸쳐 집중적으로 나타나고 있는 것이 특징이다. 그리고 앞서는 화엄종의 신돈에 의해 시설되고, 뒤에는 선승인 혜근에 의해 다시 시설되고 있는 차이를 보이고 있다.

그렇다면 이러한 문수회 시설과 변화는 무엇을 의미하는 것일까. 주로 화엄종 승려였던 신돈에 의해 베풀어졌던 문수회가 조계종의 선승인 혜근에 의해서 다시 시설되고 있는 것은 불교교단의 세력이 화엄종, 즉 교종에서 선종으로 이행되어 가는 과정으로서 선의 입장에서 교와 밀이 문수신앙, 문수의례를 통해 다시 융합되는 것이라 판단된다.

여기서 말하는 선·교의 융합이라는 것은 무슨 뜻일까. 八正道의 순차는 마지막 禪定을 위한 시설이니 지혜는 선정에 의해서 나오는 것이다. 지혜를 상징하는 문수가 숭앙되는 것은 다 까닭이 있으니, 지혜는 모든 부처를 이루어내는 근원이 되기 때문이다. 따라서 문수는 禪門과도 깊은 관계를 가진다. 일찍이 백장회해(720~814)는 문수를 과거 7불의 조사로, 또는 사바세계 第一主首菩薩로 칭하고 있다.[33] 뿐만 아니라 文殊三處過夏·文殊入門 世尊陞座·文殊前三後三 등 문수와 관련된 공안 상량도 많이 보이고, 조동종의 사원에서는 僧堂 또는 식당 중앙에 聖僧으로서 문수를 모시고 있다.

물론 혜근이 베푼 문수회는 회암사 낙성불사 때 국가를 일으키고 불교계를 쇄신할 목적으로 시설되었지만, 과거의 문수회가 신돈에 의해 베풀어졌고 더구나 그 문수회 비용이 과다함을 지적하고 있는 만큼[34]

---

33) 『禪苑淸規』, 『古尊宿語錄』 二, 百丈懷海章.
34) 『高麗史』 列傳 卷45, 叛逆 辛旽傳.

142

당시 유자들에게는 일반적으로 같은 것으로 비치지 않았을까 생각된다. 문수회의 성격에 대해서는 문수회가 정확히 어떠한 사상적 배경을 가지고 있는가를 아는 것이 우선이겠으나 지금으로서는 밀교적 성격을 띠었다는 것만을 말할 수 있을 뿐, 정확하게 규정하기는 어렵다.[35] 선종은 원대에 와서 특히 밀교의 수용이 두드러졌는데『칙수백장청규』에서 楞嚴會 등의 시설은 이를 잘 반영하고 있다.[36]

혜근이 그의 法師인 지공의 저술과 소의경전[37] 등에서 영향을 받았을 것은 틀림없으며, 또 息庵[38]이 신인종에 출가했으나 혜근을 좇은 사실 등으로 미루어 혜근 역시 밀교를 수용했으리라는 것은 넉넉히 짐작할 수 있다.

혜근의 계율사상을 살펴볼 수 있는 자료 역시 그렇게 많지 않다. 우선 혜근의 계율사상에 영향을 끼쳤으리라고 생각할 수 있는 것은 지공이다. 지공은 고려에 다녀갔을 때 無生戒를 베풀었으며, 이때 혜근은 7세의 어린 나이에 수계를 받은 인연이 있다. 따라서 지공의 계율사상은 고려말기 큰 영향을 끼쳤을 것은 충분히 짐작할 수 있다. 지공의 계율사상을 보여주는 자료[39] 가운데 혜근이 지공으로부터 받은『無生戒牒』[40]

---

35) 金昌淑,「懶翁의 敎・戒・密 融攝考」,『東國歷史敎育』 제6집, 동국역사교육회, 1998.

36) ______,「禪苑淸規와 勅修百丈淸規의 亡僧條에 관한 考察」,『韓國佛敎學』 21, 한국불교학회, 1996.

37) 지공의 저술과 소의경전으로는『指空和尙禪要錄』,『大莊嚴功德寶王經』,『文殊舍利無生戒經』 2권,『圓覺經』 手書,『梵字般若經』,『三山兩水之記』,『西竺貝葉經』,『于瑟抳沙毘左野陀羅尼』 등이 있다.

38) 李崇仁,「送息庵遊方序」,『陶隱集』 卷 4;「息庵」,『韓佛全』 6-735. '萬緣埽盡不留蹤 一室寥寥絶異同 從此塵塵消散去 六窓明月與春風'

39) ①『文殊師利菩薩最上乘無生戒經』 3卷 ②『無生戒牒(菩薩戒牒)』(斷片) ③『禪要錄』'戒'에 관한 부문 ④ 危素,「文殊師利菩薩無生經序」 ⑤ 李穡 跋,「文殊師利菩薩無生戒經」. 이철교,「指空禪師의 無生戒牒」,『大衆佛敎』 173호, 大圓會, 1997. 4,

과 『文殊師利菩薩最上乘無生戒經』(이하 『無生戒經』)은 지공의 계사상을 잘 나타내주고 있다. 혜근은 지공에게 받은 『무생계첩』과 正女方丈 전법도와 발원문과 친필로 쓴 초서범자를 평생 몸에 지녔으며, 원에 갔을 때에도 이 계첩을 가지고 갔다고 한다. 이로 보아 혜근이 평상시 이 계첩의 계율사상에 따라 삶을 꾸려가려고 노력하였으며 이것이 그의 계율사상을 형성하는 데 큰 역할을 하였을 것이라 생각된다. 『무생계첩』은 『무생계경』의 중요한 부분을 발췌해서 옮긴 것인데, 지공은 『무생계경』을 통해 다음과 같이 그의 계율사상을 피력하였다.

> 무릇 무생계는 모든 성인이 태어나는 땅이요, 온갖 선이 생겨나는 터이다. 터전을 닦지 않으면 성과 선이 어찌 설 수 있으랴. 이는 마치 모래를 쪄서 밥을 지으려는 것과 같으니 어찌 이룰 수 있으리요. …… 그러므로 일체 중생이 이 계법을 받지 않고서 불도를 이루고자 하는 것은 옳지 않다. 이 계법은 온갖 형상이 있는 존재이거나 형상 없는 존재이거나를 막론하고 모두 받아 지녀야 한다.[41]

지공의 특징은 임제종의 간화선과 다른 '無心禪'을 내세우고 계율을 중시하여 무생계를 강조한 데 있다. 지공은 주로 원의 지배층이 신봉하던 라마교에 대해서도 동감하지 않았고, 진언을 배격하면서 『楞伽經』과 『원각경』은 중요시하였으나 『楞嚴經』이나 『금강경』은 언급하지 않음으로써 초기 선종에서 중요시한 경전으로 돌아가는 복고적인 경향을 나

---

p. 451.

40) 功德山人, 「懶翁王師의 菩薩戒牒을 보고」, 『佛教』 제5호, 佛教社, 1924. 11. 『보살계첩』은 앞부분이 결락되어 있고 뒷부분은 受淨信四歸依, 懺罪諸三業罪, 發弘誓六大願, 最上乘無生戒로 구성되어 있다.

41) 『文殊舍利最上乘無生戒經』(1353년 初刊, 1386년 李穡 跋). '夫無生戒 建千聖之地 生萬善之基 基地不營聖善 何立 如蒸沙之作飯 豈有成時 …… 所以一切衆生 不受此戒法者 欲成佛道 無有是處 此戒法中 一切有形無形 皆應受持'(이 부분은 나옹의 『보살계첩』의 탈락 부분이기도 하다.)

144

타냈다. 또한 『반야경』을 중시한 그의 교학사상은 당시로서는 퍽 이채
를 띠었다.

뿐만 아니라 지공은 『文殊師利最上乘無生戒經』3권을 원에 직접 가
져와 번역하였으며, 고려에서는 이를 암송하여 역출해 냈고, 무생계법
을 널리 설하여 승속을 널리 제도하였다.[42] 지공이 충숙왕 13년(1326) 3
월 금강산 法起道場에 참례하고자 고려에 들어와 3년간 머물 때, 신선
한 선사상과 독특한 계율관으로 대중을 교화하므로 석존이 다시 출현
하였다 하여 문전성시를 이루면서 그에 대한 예우가 극진하였다. 또한
釋瑚가 기록한 「西天指空和尙爲舍利袈裟戒壇法會記」 가운데 '하루는
선을 설하고 하루는 계를 설하였다'라는 글이 보이고 있어 지공의 선·
계일치의 실상을 전하고 있다.[43]

이러한 것을 볼 때 지공의 영향을 크게 받고 있는 혜근의 경우에는 선
·계일여를 받아들이고 있었을 것이라 생각된다. 사실 계·정·혜 삼학은
각각 별개의 것이 아니라 하나로 귀일되어 서로 불가분의 관계를 맺고 있
으므로 위앙종에서는 이것을 '○'(圓相)으로 표시하고 있는 것이다.

혜근이 임제선을 수용한 사실로 볼 때 임제종의 계법도 익히 알았다
고 보아야 한다. 임제종 보살계 수계의 방법은 ① 演唱, ② 問遮, ③ 受者
의 發願心, ④ 懺悔, ⑤ 諸聖의 拜請, ⑥ 三歸依戒, ⑦ 三聚淨戒, ⑧ 十重禁
戒, ⑨ 四十八輕戒, ⑩ 廻向 등 10문으로 나누고 있다. 고려시대에는 이
미 신라 이래의 小乘戒와 『梵網經』 등의 大乘戒도 널리 수용되었고 이
에 대한 연구도 폭 넓게 이루어지고 있었으며 임제종 보살계의 내용 역
시 이 범주를 크게 벗어나고 있는 것은 아니었다. 혜근은 이러한 소·
대승계를 충분히 알고 있었을 것이며 禪戒 역시 알고 있었을 것이다.

---

42) 『文殊師利最上乘無生戒經』에는 危素의 序(至正 13, 1353)와 李穡의 跋(洪武 19,
　　1386)이 있다.

43) '泰定丙寅春始到京城 時人謂之達摩來也 …… 師陞座一日說禪一日說戒 撫鎭邦伯送
　　行香火用祝'

그러나 더 이상의 자료가 없으므로 혜근의 계사상에 대해서 더 자세히는 알 수 없고, 다만 평산의 칭송을 통해 그의 계법을 추측할 수 있다. 귀국 후 일으킨 회암사 중창의 낙성식에서 어떤 형식으로든 보살계가 베풀어졌을 것이라고 생각해 볼 수 있는데, 여기서 지공의 『무생계경』에 의한 보살계도 함께 베풀어졌으리라고 유추할 수 있다. 평산은 일찍이 혜근을 칭찬하여,

　　돌 속에서 꺼낸 옥이니 계법이 청정하여 보리(깨달음)를 얻었고 선정과 혜광이 다 구족하였다.[44]

고 하였으며, 혜근의 그릇(法器)됨과 장래를 예견하여 "회암의 판수가 雲門을 꾸짖고 백만의 人天을 한 입에 삼켰네. 다시 밝은 스승을 찾아 참구한 뒤에 집에 돌아가 하는 설법은 성낸 우레가 달리리"라 하였다. 즉 혜근을 선·교·계를 모두 갖춘 인물로 칭송하고 있으며, 이러한 바탕에서 선기를 자유자재로 활용할 것이라고 예견하였던 것이다.

　앞서 살펴보았듯이 문수회의 시설은 교와 선, 밀에 있어서 그 융섭사상을 같이하는 것으로 불교계의 사상적 통합을 위한 측면이 강하다. 불법이 흥하리라는 지공의 '三山兩水之記'에 의해 이룩된 회암사의 낙성은 왕을 비롯하여 많은 사녀들의 관심을 모았다. 혜근은 철저한 선 수행과 교·밀·계를 널리 융섭하여 대중의 흠모를 받는 인물이었으므로 자연 성리학으로 무장한 臺諫들에게는 큰 위협이 되지 않을 수 없었다.

　혜근은 결국 불교 비판세력에 의해 밀양으로 추방되고 죽음을 맞이하게 되었지만, 우리는 여기서 여말 선승으로서 선·교뿐만이 아니라 계·밀까지 회통, 무애자재하게 활용한 그의 선사상의 절정을 볼 수 있다. 또한 혜근이 남긴 나한, 오대산신앙, 관음신앙 등에 관한 기록을 통하여 '佛事門中에는 하나도 버릴 것이 없다'는 말을 다시 확인할 수 있

---

44) 제2장 주 12) 참조.

다. 이러한 혜근의 사상은 후일 적지 않게 영향을 끼쳐 조선대에 와서
는 태조 2년에 무학자초에 의해서 문수회와 능엄회가 다시 시설되었는
데, 이처럼 불교는 교·선·밀·계의 회통과 사회통합으로써 새 왕조의
개창에 이바지하였다.

# Ⅲ. 淨土思想의 수용

## 1. 선·정 겸수의 전통

麗末三師의 한 사람인 혜근은 선사임에도 불구하고 정토사상을 적극 수용하고 있다. 이것은 물론 여말의 선·교일치·선·정일치의 분위기와 관계가 깊은데, 이러한 선종 내 정토 또는 염불 수용의 특징을 보통 '念佛禪'이라 부른다. 지눌에서 시작된 고려 선승의 정토수용은 보우에 이르러 念佛公案禪으로 발전하였다.

그런데 혜근의 정토수용 내지 정토사상의 활용은 다른 선사들과는 다른 독특한 점이 있다. 혜근은 唯心淨土·自性彌陀를 설하고 있을 뿐 아니라 근기에 따라 稱名·觀相念佛을 권하고 있다. 뿐만 아니라 상당 법어를 행하는 자리에 靈駕儀禮를 활달히 전개하고 있는데, 이는 혜근에게서만 볼 수 있는 적극적인 정토수용의 단면이라 할 수 있다. 이것은 여말에 성리학과 그 의례가 점차 사회적 영향력을 증대시켜 가고 있었던 상황과 대비해 볼 때, 적극적인 대사회적 활동이라고 볼 수 있는 것으로서 시사하는 바가 크다 하겠다.

선과 정토는 불교 실천 수행의 양대 맥을 이루어왔다. 그런데 선은 자심을 깨달아 견성성불을 이루려는 자력적 수행임에 비해 정토는 아미타불의 본원력에 의해 정토에 왕생하려는 타력적 수행이다. 이 둘은 각기 상이한 사상체계와 실천방법을 가지고 불교 내에서 공존해 왔다. 따라서 둘 사이에는 부정과 대립, 융섭과 공존의 관계가 불가피하였고,

148

일찍부터 선과 정토 간의 교섭이 진행되어 왔다.

이러한 선·정토 교섭의 역사와 전통을 살펴보면, 중국에서 염불과 선을 함께 닦은 禪淨兼修의 효시는 東晉의 축승현으로, 그는 주로 觀相念佛을 닦았다고 여겨진다. 廬山慧遠(334~416)이 이끈 白蓮結社의 염불도『般舟三昧經』에 근거한 관상염불이었다. 또한 천태 초조 智顗(538~597)와 2조 南岳慧思(515~577)는 法華三昧·方等三昧·常坐三昧와 함께 念佛三昧를 행하였다.[45]

이러한 禪淨相關의 풍조는 唐代에 새로운 교단을 형성한 선종에서도 나타나고 있다. 즉 道信(580~651)은 天台止觀의 영향을 받았을 뿐만 아니라『觀無量壽經』(일명『觀經』)의 ‘是心是佛’설을 인용, 그 불심의 실천적 체득의 수단으로서『文殊般若經』에 의한 一行三昧 —— 念佛卽佛心을 주장했는데 이 염불은 念心으로서 선적 염불이었다.[46] 5조 弘忍(602~675)은「最上乘論」에서『관무량수경』에 의한 관상(觀法 —— 日想觀)을 초심자에게 권하고 있다.『관경』에 의한 관법이 초심자를 위한 좌선법으로서 설해지고 있는 것은 羅什·達摩多羅 이후 傳譯된 禪經典에 五種觀心 가운데 염불선이 특별히 중요한 관법으로 취해졌으므로 그 관법이 根機怯弱한 자의 入禪의 수단으로 이용되고 있는 것이다.

도신으로부터 분파한 牛頭禪의 초조 法融과 동문인 善伏(?~660)은 도신에게서 선법을 배우고 혜초(544~622)에게서는 정토관을 배우고 있다. 또한 晚唐의 사천성 成都 일대에서는 5조 홍인 하에서 분출한 智詵계의 處寂, 淨衆無相(680~756)에 의한 高聲念佛·引聲念佛이 크게 유행하였으니 이것은 염불에 의하여 무념삼매를 증득하고자 함이었다.

慈愍三藏 慧目(680~748)도 선을 주로 하고 제행을 병수하여 그 공덕으로써 往生淨土에 회향할 것을 주장하였다. 飛錫은「念佛三昧寶王論」

---

45)『摩訶止觀』의 四種三昧(常坐三昧, 常行三昧, 半行半坐三昧, 非行非坐三昧) 중 半行半坐三昧에 선정쌍수의 실제가 보인다.

46) 淨覺,『楞伽師資記』道信章.

에서 염불삼매를 써서 無上의 禪門으로 하여, 禪淨一致的인 왕생의 염불을 설하고 있어 주의를 끈다. 또한 法照(740~805)가 표명한 염불사상에는 五會念佛이 있는데 이는 구칭과 관상의 방법을 함께 쓰고 있음에 다름아니다. 이렇듯 선과 정토는 끊임없이 교섭되고 그 실천방법에 상호 영향을 주었다.[47] 荷澤 하 5세 圭峯宗密(780~841)도 「禪源諸詮集都序略」에서 선 수행과 구칭 염불삼매도 아울러 설하고 있다.

천태 四明知禮(960~1028)는 지의의 「觀經疏」의 관경법에 의해 「妙宗鈔」에 약심관법을 보이고 있으며, 지례에서부터 4대인 원변도침이 '己心彌陀・唯心淨土'를 표명하고 있다.[48] 慈雲遵式(964~1032)도 空・假・中 三諦觀에 세웠던 관법의 관상염불을 말하고 있다.

운문종계의 天依義懷(990~1061)는 「勸修淨土說」로서 선정일치의 사상을 보여주고 있는데, 비단 의회뿐만 아니라 의회 계통에 선정상관의 사상가와 실천자는 일일이 들 수 없을 만큼 많았다. 慧林宗本(1020~1099)은 義寂에 의해 계오하여 평생을 선과 정토를 닦았고 그의 문하의 法雲善本・고소수눌・수일법진 등도 정토를 겸수하였다.

의회의 문하인 應夫에게서 참선하고 법을 받은 慈覺宗頤(생몰연도 미상)은 결사염불의 蓮華勝會를 열었는데 여기에서는 관상・칭명염불을 병용하고 있다. 그리고 『淨土簡要錄』 등에 의하면 선정쌍수를 제시하고 있다는 것을 부인할 수 없다. 또한 선종의 대표적인 청규서로 꼽히는 『선원청규』의 '亡僧前十念의 規定' 등은 선종의 염불수용을 잘 보여주

---

47) 정토교의 사상과 신앙에 대한 비판이 없었던 것은 아니다. 즉 大通神秀(?~706)는 『觀心論』에서 이른바 善導류의 念聲是一 혹은 廢觀立稱의 설을 논박하고 있다. 신수는 『관심론』에서 정념에 머물지 않는 한갓 口稱念佛을 배격하고 있으나, '正念念佛'이라면 왕생이 가능하다고 하고 있어 선정간의 이해를 알 수 있게 한다. 6조 惠能(638~712)은 『金剛般若經義解』 및 『六祖壇經』에서 西方願生, 禪淨雙修 및 염불을 배격하고 있다.

48) 「淨土賢聖錄」 4, 『佛祖統紀』 16.

150

는 예이다.[49] 이렇듯 후일 선종 청규서의 잇단 간행과 정토수용의 실상에서 그 파급효과의 지대함은 재삼 거론할 나위가 없을 것이다.

『淨土宗要』에 의하면 조동종의 眞歇淸耀(1091~1153)의 정토관은 지방입상의 신토가 아닌 시공상의 一多相卽觀이었다. 이른바 화엄사상에 의한 원융무애의 위에서부터 본 미타사상이다. 임제종 황룡파의 死心悟身(1044~1115) 역시 선지를 了達하는 한편 염불을 지향하였다.

이러한 선과 정토의 관계를 선정쌍수의 관계로 묶은 대표적인 이는 송대 법안종의 永明延壽(904~975)라고 일컬어진다. 白蓮社 7조로서 송대 정토교의 원조로 추앙받는 연수는 『萬善同歸集』 3권, 『念佛四料揀』 등을 지어 선과 염불의 겸수를 권장하였다. 학계의 일반적인 의견은 연수로부터 선정쌍수의 이론적 근거가 마련되어 선종 내에서 염불겸수가 더욱 활발히 전개되었다고 보고, 연수를 선정겸수의 으뜸으로 간주한다.

원대에 들어와서 황실은 라마교를 신봉하는 한편 불교를 보호하고 절을 지어 여러 가지 불사를 일으켰다. 선과 정토는 예전이나 마찬가지로 주로 남방의 江浙지방에서 번창했다. 泰定황제는 致和 원년(1328) 궁궐에서 무량수불계를 받았고,[50] 『釋鑑稽古略續集』 1에는 지정 13년(1353) 순종이 스스로 궁루를 짓고 궤상에 서방삼성전을 설치한 사실을 기록하고 있다. 이것으로 보아 서장에서 전래한 정토신앙이 원대 황실에도 있었다고 하겠다.

남방에서도 송대의 사조를 받아 정토의 수행을 겸한 사람이 적지 않다. 그중에서 특히 中峰明本・天如惟則・礎石梵琦 등이 저명하다.

명본은 高峰原妙에게 사사하였고, 『天目中峰和尙廣錄』 30권(至正 원년, 1335년 刊)과 『天目中峰和尙雜錄』 3권을 남겼다. 항상 '선은 정토의 선이며, 정은 선의 정토'임을 주장하였으며, 「懷淨土詩」 108수와 「勸念

---

49) 이 장 주 36) 참조.

50) 『元史』 第30.

阿彌陀佛」, 「懷淨土」 10수를 지었는데 모두 잡록에 실려 있다.

중봉명본의 제자 천여유칙은 그 스승을 의지하여 선지를 깨닫고, 지정 원년에 『楞嚴經圓通疏』를 찬술하였다. 그는 『淨土或門』 1권에서 선가의 폐단을 지적하며 선정합행을 주장하였다.

초석범기는 『西齋淨土詩』 3권을 찬술하였으며 지정 19년(1359) 영조사로 물러나 은둔하면서 西齋를 짓고 오로지 정토업만을 수행하였다.

王龍舒居士 역시 간략하나마 선정쌍수를 주장하고 있어 주목된다. 이것은 그의 신분이 거사임에 비추어볼 때 선정겸수의 인식이 충분히 저변화되었음을 엿볼 수 있게 한다. 이렇듯 선정쌍수에 대한 이론적·실천적 모색은 원대에 이르러까지 꾸준히 이어졌다.

한국 선종에서의 정토 수용도 단시간에 이루어진 것은 아니었다. 『삼국유사』는 일찍부터 정토 수용의 사실을 보여주고 있다.[51] 미타정토사상이 신라인 모두에게 파급될 수 있었던 것은 미타신앙의 결사적 성격과 원효·의상 등의 대중적 포교가 지대한 역할을 한 것으로 지적되고 있다.[52] 즉 정토 염불수행은 삼국시대 이래로 서민대중의 폭 넓은 호응을 얻어 확산되어 갔던 것이다.

한국에서 정토교는 종파를 이루지는 않았지만, 그 사상과 신행의 속성상 강한 침투력을 가지고 여러 불교 종파의 사상과 수행에 매우 커다란 영향을 주었다. 중국의 오가칠종으로 분파한 선종이 각기 정토를 수용한 사실이 잘 보여주듯이, 한반도에서도 선의 전래와 함께 선정겸수

---

51) 『三國遺事』 정토관계 기록: 「廣德莊嚴西往」, 「仁容寺彌陀道場」, 「白月山彌陀現身成佛」, 「甘山寺彌陀像」, 「布川山五比丘西往」, 「郁面婢念佛西昇」, 「鍪藏寺彌陀像」, 「念佛師」.

52) 신라 31대 신문왕의 태자 宝川의 제의로 강원도 오대산에 설치한 五臺社 중 水精社가 그 처음이라 하나 실다운 염불결사가 이루어진 것은 경덕왕 17년(758) 棟梁發徵(八珍)和尙이 금강산 원각사(지금의 乾鳳寺)에서 개설한 것으로 보는 것이 옳다.(乾鳳寺及本末寺誌)

152

의 사상이 자연스럽게 보급되었으리라 생각된다.

즉 고려조 광종 10년(959) 智宗이 왕명을 받아 동료 36인과 함께 중국에 가서 영명연수에게 심인을 얻고, 동왕 21년 귀국하여 홍법하였으므로 선정겸수의 사상은 고려초에 이미 그 뿌리를 내렸다 하겠다. 그후 고려중기 지눌에 의해 새롭게 발전한 선은 정토를 의식하기 시작하였으며, 선사들도 저서에 정토교를 언급하기에 이르렀다. 그러나 선이 근본적으로 '卽心是佛'을 주장하며 자력수행을 주장하고 있는 만큼 실재론적이며 타방정토적인 정토사상을 그대로 받아들일 수는 없는 것이다.[53]

보조지눌은 「勸修定慧結社文」에서 "여러 경과 조사의 말씀을 인용하여 염불해서 왕생하기를 구하지 않더라도 다만 마음에 정토가 있음을 분명히 알고 관찰하면 저 정토에 나기는 결정적이어서 의심할 것이 없다"는 唯心淨土觀을 말하고 있는 것이다.[54] 지눌은 결사문에서 여러 가지로 자문자답하면서 밖에서 정토를 찾는 정토사가들의 정토관을 비판하고 있다.[55]

그는 『如來不思議經』을 인용하여 "비록 염불을 하여 왕생을 구하지 않더라도 다만 오직 마음인 것을 알고 그대로 관찰하면 자연히 저 정토에 태어날 것은 반드시 정해져 있으니 의심할 것이 없다"고 하였다. 그러나 지눌은 상대의 근기에 따라, 또는 萬行의 하나로서 다음과 같은

---


53) 金浩星, 「普照의 淨土受容에 關한 再考察」, 『普照思想』 제3집, 보조사상연구원, 1990.

54) 지눌은 혜능의 頓悟思想, 華嚴思想 및 看話禪을 정리하여 국내에 정착시켰다. 그가 남긴 10여 종의 저술 가운데 정토에 관한 것은 따로 보이지 않으나 「勸定慧結社文」에 정토에 관한 견해를 보이고 있다. 「念佛要門」에 관해서는 아직도 보조의 설이냐, 아니냐의 두 가지 설이 있으나 보조가탁으로 보는 것이 옳을 것이다. 高翊晋, 「普照禪脈의 淨土思想受容」, 『佛教學報』 제23집, 동국대 불교문화연구소, 1986.

55) 「勸定慧結社文」, 『普照全書』, 보조사상연구원, 1989.

허락을 보이고 있다.

시대는 변천하나 심성은 불변하는 것이다. 법의 흥쇠를 보려 하는 자는
삼승권학의 견해를 보라. 지혜 있는 사람이 어찌 이와 같이 하리요 ……
그러나 염불하고 경을 독송하는 것이 만행의 일이니 사문 住持의 평상법
이니 어찌 방해되리요 …… 세간의 사무에 갖가지로 얽매이거나 병고로 괴
로워하거나 악마나 귀신으로부터 공포를 느끼는 등 이러한 일로 마음이
불안하면 시방의 부처님 전에 지극한 마음으로 참회하여 무거운 장애를
없애고 예불과 염불 등을 행하라.[56]

이로써 지눌은 唯心淨土觀과 함께 칭명·관상정토의 길도 함께 터놓
고 있음을 알 수 있다.

圓妙了世(1163~1245)가 주도한 천태종의 백련결사에서도 정토가 일찍
부터 수용, 전개되고 있었다. 요세는 천태지관(법화삼매), 정토구생, 천태
삼매참의를 내세워 천태(법화)에 정토신앙을 융섭하여 백련결사의 신앙
체계를 세웠다. 그는 사명지례의 『觀無量壽經妙宗鈔』에서 선과 정토의
통로를 얻었다.[57] 당초 천태종의 법화결사였던 백련사의 서민불교적 전
통을 되살리려던 無寄(충숙왕대)는 당시를 말법시대로 규정, 말법시대
구제의 이념을 정토신앙에서 찾고 있다. 이렇듯 서민이 쉽게 할 수 있
는 정토의 실천행을 제시한 것은 요세의 전통을 그대로 이은 것이었다.
후일 보조지눌의 설을 가탁한(?) 『念佛因由經』(혹은 『念佛要門』)도 당시의
이러한 흐름을 받아들이지 않을 수 없었던 사정을 그대로 반영한 것이
아닐까 한다.

---

56) 앞의 책, pp. 8~10, '時雖遷變 心性不移 見法道之興衰者 是乃三乘勸學之見 有智
之人 不應如是 …… 念佛轉經 萬行施爲 是沙門住持常法 豈有妨碍 …… 如或世間
事務 種種牽纏 或病苦所惱 或邪魔惡鬼所能恐怖 如是等 身心不安 則於十方佛前
至心洗懺 以除重障 禮念等行'

57) 제1장 주 3) 참조; 高翊晋, 「圓妙國師 了世의 白蓮結社」, 『韓國天台思想研究』, 동
국대 불교문화연구소, 1983, p. 207~17.

그러나 고려 선문에서 정토 수용에 대한 직접적인 글이 보이는 것은 아무래도 태고보우부터라고 해야 할 것이다. 보우의 정토관을 알 수 있는 자료로는 『太古和尙語錄』에 보이는 「示樂庵居士念佛略要」, 「示白忠居士」라는 법어 두 편과 「樂庵」이라는 가송 한 편이 전부이다. 「시낙암거사염불약요」에 따르면, 아미타불의 개념을 선적인 측면에서 정의하고 나서, '마음이 깨끗하면 佛土가 깨끗하고 本性이 나타나면 佛身이 나타난다'고 하여 '唯心淨土 · 自性彌陀'의 정토관을 말하고 있다.[58] 이러한 정토수행관은 철저히 유심적 입장에서 心卽是佛의 수행을 강조하며 한국 불교의 정통 사상체계인 '부처와 나'를 하나로 하는 화엄사상, '佛及衆生 是三無差別'의 不二思想체계에 입각해 있다. 그리하여 아미타불을 염하더라도 사후의 극락왕생을 희구하는 것이 아니라 자성에서 미타를 찾는 수행을 하라고 권하고 있는 것이다.

보우의 이러한 염불수행방법은 당시 중국에서 유행하던 염불공안선, 즉 '염불선'으로서 선정쌍수의 한 형태임을 알 수 있다. 「시백충거사」와 「낙암」 역시 염불공안선을 참구하도록 적극 권하고 있다. 보우의 유심정토관은 지눌과 그 맥을 같이하지만 좀더 적극적으로 낙암거사와 백충거사에게 염불공안선을 권하고 있는 것은 중국에서 머물다 돌아온 그였기에 당시 그곳에서 유행하던 염불공안선을 제시한 것으로 보인다.

이러한 유심정토 자성미타의 彼岸의식은 그의 「參禪銘」에도 잘 나타나 있다.[59] 참선의 참뜻과 그 요령을 교훈적으로 말하고 있는 이 禪詩에서 보우는 철저하게 마음에서 부처를 찾을 것을 말하고 있다. 따라서 극락정토는 다른 데 있는 것이 아니라 바로 깨달은 나의 마음속에 있다는 유심정토의 피안의식을 드러내고 있는 것이다.

---

58) 『太古和尙語錄』, 『韓佛全』 6-679 下.

59) 『太古和尙語錄』, 『韓佛全』 6-685. '心卽天眞佛 何勞向外覓 放下萬事看 路窮如鐵壁 妄念都滅盡 盡處還抹卻 身心如托空 寂然光達赫 本來面目誰 纔擧箭沒石 疑團百雜碎'

혜근 역시 이러한 당시의 흐름을 반영하듯 그의 저서에서 정토에 관해 언급하고 있다. 그의 정토관을 알 수 있는 자료로는 어록과 가송에 실려 있는 對靈小參 법문과 「答妹氏書」·「示永昌大君」·「示李尙書」·「示諸念佛人」 8수, 그리고 따로 전하는 「僧元歌」·「西往歌」가 전부라 할 수 있다. 이 자료를 기초로 하여 혜근의 정토관을 무념염불, 유심정토관·칭명염불, 관상염불관·영가법어를 통한 정토 수용으로 나누어 검토하기로 한다.


## 2. 무념·유심정토 및 칭명·관상정토관

혜근의 정토관은 크게 無念·唯心淨土觀과 稱名·觀相淨土觀으로 나눌 수 있다. 그 가운데 먼저 무념·유심정토관을 볼 수 있는 것으로는 어록에 수록된 「답매씨서」와 가송에 수록되어 있는 「시영창대군」, 「시제염불인」 8수를 들 수 있다.

> 아미타불이 어느 곳에 있는가.
> 마음에 이를 얻어 부디 잊지 말아라.
> 생각이 다하여 무념의 곳에 이르면
> 내 몸에서 부처의 빛 저절로 일리라.[60]
>
> 한 생각 잊을 때 아주 분명해
> 아미타불은 다른 곳에 있지 않나니
> 온 몸이 앉거나 눕거나 바로 연화국이니
> 가는 곳마다 그 모두가 극락당이네.[61]

---

60) 「答妹氏書」, 『韓佛全』 6-727. ‘阿彌陀佛在何方　着得心頭切莫忘　念到念窮無念處　六門常放紫金光’

61) 「示永昌大君」, 『韓佛全』 6-742. ‘一念忘時明了了　彌陀不在別家鄕　通身坐臥蓮華國　處處無非極樂堂’

> 자성의 아미타불이 어느 곳에 계시는가.
> 언제나 생각하여 부디 잊지 말지니
> 갑자기 하루 아침에 생각조차 잊으면
> 물건마다 일마다 감춤 없이 드러나리.[62]

「답매씨서」는 육친의 정을 못 잊어하는 누이동생에게 육친의 정을 끊고 염불할 것을 권하는 게송으로 후일 의식문에도 인용되는 등 혜근의 유명한 게송 중의 하나이다. 여기에서는 선사의 입장에서 정토사상을 수용한 흔적이 보이는데 마음속으로 미타를 간절히 생각하라는 것으로 유심정토관에 입각한 무념정토관이 잘 나타나 있다. 이러한 무념의 경지에까지 이를 것을 주장하는 것은 그의 無心禪과도 통하는 것이다. 더욱이 마지막 구절 '六門常放紫金光'은 그대로 自性彌陀에 다름아니다.

「시영창대군」 역시 무념염불·유심정토관을 보이는 것으로, 아미타불을 딴 곳에서 구하지 말고 바로 자신의 마음자리를 깨치면 거기가 바로 아미타불이 계신 곳이요, 그곳이 바로 극락이라고 가르치고 있다. 염불수행의 궁극적 목적을 明心見性에 두고 있는 선사상에 입각한 정토관이 잘 나타나 있다.

「시제염불인」에서는 육도윤회를 생각하면 실로 근심스러우니 인간 몸 받았을 때 부지런히 염불정진하여 고향으로 돌아가자 하며 미타염불 정진할 것을 말하고 있으니 구구절절이 염불하자는 내용이다. 그는 미타염불 일념으로 청정심을 계속 유지하는 것이 삼악도에서 벗어날 수 있는 정각의 지름길이라고 보고 있다.

또한 염불하는 자세에 일정한 형식에 두지 않고 실질적으로 참마음을 간직하여 청정심체를 계속 유지할 것을 말하고 있다. 情識을 청산하

---

62) 「示諸念佛人」, 『韓佛全』 6-743. '自性彌陀在何方 時時念念不須忘 驀然一日如忘憶
   物物頭頭不覆藏'

고 계속 맑은 마음을 가지며, 까닭 있는 생각만 계속한다면 염불은 공부의 지름길이요, 초심자가 가질 수 있는 易行門이라고 하면서, 승속의 차별을 떠나 누구에게나 무념염불과 유심정토를 권하여 서방정토에 태어날 것을 권하고 있는 것이다.

위에서 혜근이 무념염불과 유심정토적 입장에서의 정토수용을 보이고 있음을 살펴보았다. 이것은 선종의 정토 수용 사상을 그대로 계승하고 있는 것이라 할 수 있다. 그런데 혜근은 「시이상서」·「서왕가」 1, 2에서 칭명염불과 十六觀法을 지으며 염불수행할 것을 권하고 있다. 이것은 혜근의 칭명·관상염불관으로 분류할 수 있다.

> 사원을 중수하고 손님을 접대하니
> 남북의 선납자들이 갔다가 다시 오네.
> 또 서쪽을 향하여 부지런히 염불하면
> 연화대의 상품이 저절로 열리리.[63]
>
> 화장 바다 건너 극락세계 들어가니
> 칠보 금지에 칠보망을 둘렀고 구경하기 더욱 좋네.
> 구품연대에 염불소리 자자하고
> 청학 백학과 앵무 공작과 금봉 청봉
> 하나니 염불일세. 청풍이 건듯 부니
> 염불소리 요요하네. 어와 슬프다.
> 우리도 인간에 나왔다가 염불말고 어이할꼬.
> 나무아미타불.[64]
>
> 우리도 이럴 망정 세상에 장부로세.
> 천지로 장막 삼고 일월로 벗을 삼아

---

63) 「示李尙書」, 『韓佛全』 6-742. '重修寺院接方來  南北禪和去在廻  又向西心勤念佛 蓮花上品自然開'

64) 「西往歌」 1. 李相寶 編著, 『韓國佛敎歌辭全集』, 집문당, 1980.

158

> 천하강산 구경하고 만고풍운 겪은 후에
> 고향으로 돌아오니 산천은 불변이네.
> ……
> 극락당중 일회상에 무상락을 서로 받고
> 화장장엄 칠보당에 소요자재 노닐면서
> 선망부모 구현칠족 시방법계 일체중생
> 남음 없이 건져다가 비로성해 보리장
> 태평가를 불러보세.
> 나무아미타불.[65]

「시이상서」에서는 선수행과 정토수행이 아무런 갈등 없이 나란히 수용되고 있다. 여기서는 주로 재가자들을 대상으로 정토수행을 권하고 있다. 혜근이 선납자들에게 정토수행을 권했다는 결정적인 근거는 다른 곳에서 찾아볼 수 없지만 여기에서 부지런히 염불할 것을 은연중 권하고 있는 것으로 보아 당시 선납자들의 정토수행의 실제와 염불수행의 방법으로 西向·稱名念佛을 말하고 있음을 알게 한다. 다만 윗글을 통해서 선과 정토가 각각 대립이나 융섭의 관계가 아닌 독자적 위치에서 선정병립을 긍정적인 관계로 인정하고 있음을 볼 수 있다.

「서왕가」 1, 2의 내용은 대체로 불교의 선전을 목적으로 한 것으로 상류지식층보다는 일반서민이나 부녀자를 상대로 한 것이다. 그렇기 때문에 불교의 깊은 교리보다는 因果說에 근거한 회유와 세상사 탐착에 대한 경계, 극락정토에의 동경심 환기, 四苦八苦나 지옥의 참상을 생생히 그려 그러한 괴로움에서 해탈하는 길은 오직 염불수도뿐임을 역설하고 있다. 따라서 서술형식도 청유·반문·명령이 우세하며, 균여의 「普賢十願歌」와 같은 품격은 찾을 수 없다. 혜근의 「서왕가」는 왕생정토를 위한 방법으로도 칭명염불과 관상염불을 권하고 있다.

비교적 원형에 가까운 「서왕가」 1을 보면, 우선 그 첫머리에 인생의

---

65) 「西往歌」 2. 앞의 책.

무상을 느끼고 속세를 등진 채 입산한다는 이야기로부터 시작하여, 세상만사가 몽환이니 세상낙에만 탐착하지 말고 선지식을 친견하여 일심성력으로 염불하여 극락세계에 함께 왕생하자고 권면하고 있다. 이것도 정토사상을 노래로 표현한 것이라 할 수 있다.[66] 또 사람마다 지닌 불성을 닦지 않으면 윤회를 벗어날 수 없다고 강조하며 끝에 극락세계의 장엄함을 묘사하고 나서 간곡히 염불할 것을 권하고 있다. 결국 세상의 탐착을 끊고 나무아미타불의 염불을 하여 왕생극락하라는 교화적 내용으로 일관하고 있다.

그런데 단순히 염불하는 사람과 염불하지 않는 사람의 과보가 어떠한지에 대하여 보여주며, 다 같이 염불하기를 권하고 있을 뿐 수행방법론은 구체적으로 제시하지 않는다. 그러나 「서왕가」가 '서방정토에 왕생하는 노래'이므로 이러한 불교가사를 통하여 西方願生을 고취하고 이를 위해 칭명염불과 관상염불 등을 권했을 것으로 보인다. 이 점은 「승원가」를 통해서도 알 수 있다.

「승원가」는 전편 405구가 이두문자로 표기된 가사로, 國文歌辭의 효시로 국문학상 중요하게 취급되는 작품이다. 그 내용은 空手來空手去하는 덧없는 인생 가운데에서 우리는 세상잡사를 잊고 탐욕을 벗어나 부처님께 귀의하여 예불염불로써 수도정진하여 서방정토로 가자는 것이다.[67] '주인공 주인공아'라는 구절로 시작되는 이 가사는 전편을 크게 5절로 나누어볼 수 있다.


주인공 주인공아.

---

66) 金起東, 「國文學上의 佛教思想研究」, 『佛教學報』 제2집, 동국대 불교문화연구소, 1964, pp. 239~68.

67) 金鐘雨, 「懶翁和尙의 僧元歌」, 『國語國文學』 10집, 부산대, 1971; 『鄉歌文學研究』, 『國語國文學叢書』 14, 삼우사, 1974. 김종우는 동래의 趙赫濟씨 집에 비장되어 있는 것을 최초로 발굴 소개하고 가사 원문 전부를 국문으로 풀이해 놓았다.

> 맹세하고 염불하야 석가세존 권한 염불
> 십육관경 이를 말삼 日沒觀이 제일이라.
> 개목 폐목에 지는 해를 눈앞에 걸어두고
> 아미타불 대성호를 주야 없이 외오다가
>
> 주인공 주인공아.
> ……
> 문수보현 대보살과 삽삼조사 역대성현
> 차차로 봉지하사 지금까지 유통하니
> 우리 같은 죄악범부 염불말고 어찌 알꼬.
> 임종에 염불하야 많은즉 六字念佛
> 적은즉 四字念佛 행주좌와 語默動靜 간에
> 고성이나 은념이나 이맘저맘 다. 버리고
> 신심염불하야 선망부모 薦度하고
> 일체중생 제도하야 세상사 다 버리고
> 蓮華船을 얻어타고 극락으로 어서 가자.
> 극락세계 좋단 말을 僧俗男女 다 알거든
> 어서어서 저 극락에 속히속히 수이 가자.
> 나무아미타불 성불.[68]

「승원가」의 특징은 부지런히 아미타불의 명호를 부르며(칭명염불), 『관무량수경』에 의한 십육관을, 그중에서도 일몰관을 닦아(관상염불) 극락왕생할 것을 노래하고 있다.

이상에서 우리는 「서왕가」와 「승원가」를 통해서 혜근이 비록 선사이지만, 선에 그치는 것이 아니고 정토에 대해서도 관심을 가지고 적극 염불할 것을 권하였다는 것을 알 수 있다. 혜근은 지눌의 유심정토와 보우의 유심정토·자성미타의 공안염불을 수용하고 있을 뿐만 아니라 무념염불, 더 나아가 칭명염불·관상염불까지 적극 수용하고 있음을 볼 수 있다. 즉 不念自念의 '無念念佛'을 권유함과 동시에 '西向稱名' '觀想

---

68) 「僧元歌」, 『韓佛全』 6-746.

念佛'을 권하고 있는 것이다.

그렇다면 이와 같이 상반된 듯한 염불수행법을 취하는 까닭은 무엇인가. 이렇게 혜근의 정토 수용의 유형이 다양한 것은 무엇보다도 철저한 救濟意識과 깊은 관련이 있다. 선사이기는 하나 중생애민의 입장에서서 염불긍정적 태도로 정토수행을 수용하고 있으며, 이러한 태도는 여말 혜근에 있어서 본격적으로 나타나기 시작한 특징이다. 이것은 정토교가 혜근에 의해 선가에 의한 대립이나 융섭이 아닌 독자적 위치에서 선정병립의 관계를 긍정적 관계로 인정한 것이라 하겠다.[69]

대승불교의 이상과 보살의 목적은 上求菩提·下化衆生에 있고, 自利와 利他를 실행함에 있다. 혜근이 조선대에 이르러서도 부처의 후신으로, 조사로서 끊임없이 예경되고 숭앙되어 온 이유는 혜근이 선사로서의 큰 발자취를 남기고 있을 뿐만 아니라 정토관과 직접 관계가 있는 대중구제 의식과 실천방법을 제시한 데 있다. 혜근은 출가의 동기부터 '삼계를 벗어나 널리 중생을 구제하는 데 있다'고 말하였고, 중국에 들어온 동기를 묻는 지공에게 '후세의 인간들을 위하여 왔다'고 말하였다.[70] 중생과 함께 성불하여 지상의 불국토를 이루고자 하는 서원이 발심·수행의 목적이라는 것이다. 따라서 그의 정토관도 중생의 근기에 수순한 대기설법으로 중생과 함께 성불하겠다는 근본염원의 표출이라 하겠다.[71]

혜근의 사상에서 두드러진 특징 가운데 하나는 그가 누구보다도 대중구제 의식이 강했다는 점이다. 물론 정혜결사를 이끌었던 지눌도 진

---

69) 禪과 淨土는 각기 다른 수행법이지만 때에 따라서는 조화·융화·일치·겸수되어 나타나는 하나의 통일된 수행법으로 파악된다. 藤吉慈海,『禪淨雙修の展開』, 東京: 春秋社, 1979.

70) 覺宏 錄,「懶翁行狀」,『韓佛全』6-703.

71) 「懶翁和尚發願文」,『韓佛全』6-746. 지금까지 조석예불시 암송되는 발원문은 그의 중생구제의 서원이 그대로 나타나 있다.

심수행과 함께 보살도의 실천을 통한 이타행을 극력 강조하였고, 그의 선맥을 잇는 고승들도 마찬가지여서 깨달음에 못지않게 각행의 실천에 진력하였음은 잘 알려진 사실이다. 그런 점에서 혜근도 예외는 아니었다. 혜근의 정토사상도 이러한 관점에서 파악되어야 한다.

위에서 살펴보았듯이 혜근은 상대의 근기에 따라 상류 지식층과 승려에게는 자성미타·유심정토를 강조하여 심즉시불의 깨달음과 정진을 강조한 데 비하여, 일반신도를 대상으로 해서는 인과설에 입각한 교화적 측면에서 극락왕생의 염불수도를 강조하는 두 가지 방법을 제시하였다.

이것은 어느 시대를 막론하고 고려되어야 할 것이다. 특히 혜근이 살던 시대는 대외적으로는 중국 대륙의 변동에 따른 원·명교체기로서 국내 정치상황도 크게 변화하고 있었으며, 홍건적과 왜구의 침입이 잇따라 정치·사회가 극히 불안한 상태였다. 또한 불합리한 승정체계로 인해 불교종단간의 갈등이 증폭되고 있었으며, 원대 라마교의 유입으로 계율의식도 해이해지고 있었다. 이러한 사정은 국가와 종단을 쇄신하려는 고승들의 노력을 무위로 돌리고 있었다. 또한 유교의 도전도 만만치 않았다. 백성들의 불안과 방황은 더욱 가중되어 갔다. 따라서 아무래도 일반인에게는 접하기 어렵다고 생각되는 선보다는 대중적인 종교적 대안이 제시되어야 했고, 이러한 사정으로 혜근은 과거 원효 등이 그러하였듯이 염불수행을 적극 수용하고 있는 것이라 할 수 있다.

### 3. 영가법어를 통한 정토 수용

혜근은 靈駕法語를 통해서 선 안에서의 정토 수용을 보이고 있다. 이것은 성리학 禮制의 보급에 대한 대응의 하나로서 혜근의 시대인식의 발로로 볼 수 있다. 중국에서 선종과 성리학의 교류는 송대 이후부터 지속적으로 이루어져 왔으며, 이와 같은 관계는 영가법어를 항례로 하고 있는 『勅修百丈淸規』에서도 잘 나타나고 있다.

그리고 선종 안에서 정토 수용이 이러한 형태를 띠게 되는 것은 고려사회의 변화와 깊은 관계가 있다. 무신난과 몽고항쟁을 겪은 고려후기에는 거주지와 본관이 분리되고 천민집단이 존재하던 지역적 신분편제가 무너지는 등 본관을 중심으로 하는 지역적·혈연적 집단이 크게 분화되어 갔다. 다시 말해 여러 곳에서 이주한 많은 성씨가 한 곳에 살게 됨으로써, 중국의 친족윤리를 반영하는 성리학적 사회윤리·친족윤리가 수용될 수 있는 여건이 성립되어 가고 있었다.

이러한 사회구조의 변화와 성리학의 확산은 사회구조를 유지시켜 오던 불교식 예제를 14세기 말부터 부분적으로 점차 유교식 예제로 전환시키기 시작하였으며, 또한 억불의 확대에 뒤이은 사상계의 변혁은 사회구조와 관련된 불교식 예제를 붕괴시키고 있었다. 유교식 예제는 고려후기에 들어오면서 성리학과의 관계를 인정한 원 세조(재위 1260~1294) 이후 외교관계상 원에 자주 접촉하던 관리들에게 성리학과 함께 중국의 친족윤리가 서서히 침투되어 간 것으로 보인다.

고려전기에는 본관과 거주지가 일치된 사회기반 위에서 불교와 통치권이 균형을 이루고, 지역적 신분편제를 바탕으로 한 연대적 질서가 정착되어 있었다. 그러나 고려후기에 들어와 본관과 거주지의 분리, 지역적 신분편제의 붕괴 등 일련의 변화와 불교와 통치권의 결탁에 따른 혼란이 잇따르자 신진사류는 성리학의 윤리를 법제화하는 강제적인 노력으로 사회질서를 회복하고자 하였다. 이들 유학부흥에 앞장선 성리학자 중에는 주자가례를 정착시키기 위하여 부모의 상에도 사원에 출입하지 못하게 하자는 이도 있었다.[72] 이러한 변화 위에서 조선왕조의 기틀을 마련하는 사회구조가 형성되고 있었다. 이는 당시의 혼란을 마무리지으

---

72) 제2장 주 62) 참조.

164

려는 시대적 필요성에 부합되고 있었다.

이러한 상황 아래서 혜근은 불교식 예제의 장점을 어떻게 활용하였을까. 그 단서는 『나옹화상어록』의 상당 부분을 차지하는 六道普說, 對靈小參, 水陸齋 등의 기록에서 찾을 수 있다. 그런데 어록 가운데 불교의례, 의식에 속하는 육도보설, 대령소참, 수륙재 등이 상당 부분 포함되고, 더욱이 혜근 자신이 그러한 불교의례를 직접 주관하고 있는 것은 매우 특이한 점이라 할 수 있다.

앞에서도 살폈듯이 공민왕 19년(1370) 9월에 공부선을 주관하였고 「공부십절목」을 후학에게 제시하는 등 선사로서의 모습을 유감없이 보여준 혜근이 육도보설에서의 법어, 대령소참, 수륙재 등을 주관함으로써 그의 또 다른 면을 보여주고 있다.

이러한 의례의 주관은 재가자들에게 큰 감화를 주었을 것이며, 사회적 측면에서 볼 때 종교인으로서의 소명을 다하고 있는 점에서 크게 주목해야 될 것이다. 우선 종교의례는 신분이 다른 승려와 재가자 사이에 고리를 이어주고, 이를 통해 교유와 교화가 자연스럽게 이루어진다는 점이고, 둘째 당시 고려 사회가 성리학을 통한 유교식 장례·제례 의식이 보급되어 가는 과정에 있었다는 점에서 혜근의 또 다른 시대인식을 가늠하게 하는 중요한 부분이라 할 수 있다. 그리고 이러한 사실은 이후 조선시대에 와서 그를 의례, 의식의 證明法師로 삼게 되는 단서를 제공한다.[73]

---

73) 나옹은 許筠의 글이나 『霽月堂大師集』, 『禪門祖師禮懺儀文』의 13조사·『梵音集』 下卷 「禪門祖師禮懺文」의 17조사·『華嚴大禮懺文』의 14조사 중에 모두 '祖師'로서 예경되는 고승일 뿐만 아니라 조선시대에는 '釋迦牟尼佛後身'과 '生佛'로 숭봉되었다. 『諸般文』과 『日用作法』에서는 나옹의 示寂日을 무학과 함께 명기하고 있고 佛事儀式作法의 證明法師인 三大和尙으로 추앙되어 왔다. 『釋門儀範』 卷下 袈裟通門佛條; 徐宗梵, 「朝鮮時代 禪門法統說에 대한 考察」, 『論文集』 1집, 중앙승가대 출판부, 1992.

먼저 수륙재란 물과 육지에서 헤매는 외로운 영혼과 아귀를 달래고 위로하기 위하여 음식을 베푸는 불교의식으로서 우리나라에서는 고려 때 시작되어 조선시대에 특히 성행하였다. 『나옹화상어록』에는 「國行水陸齋起始六道普說」과 「甲寅臘月十六日敬孝大王水陸法會」의 두 예가 보이고 있다.[74]

對靈은 죽은 이의 薦度를 행할 때 일종의 영혼을 부르는 의식으로 보통 사십구재·칠칠일·칠칠재에 행하는 것이다. 사십구재, 대령의 의식이 언제부터 한국에 들어왔고 보편화되었는지는 별도의 고찰을 요하나 불교식 효의 형태로 정착되어 온 사십구재·칠칠일·칠칠재 등의 追善供養은 일반적으로 산 이가 죽은 이를 위하여 다음 생에 좋은 인연을 받는 것을 돕고자 베푸는 것이다.[75]

일찍이 선에서 정토의 수용이 줄기차게 이루어져 왔음은 앞에서도 지적한 바와 같다. 중국 선종은 당대에 하택신회의 南宗禪이나 마조계의 祖師禪을 정점으로 하여 송대 대혜의 간화선으로 활짝 꽃피웠다. 그러나 오랫동안 漢民族의 종교로서 토착화된 선불교는 문화와 전통이 다른 몽고족인 元의 통치 아래에서 사뭇 사정이 달라질 수밖에 없게 되었다. 즉 과거와 같이 다양한 특색과 개성을 발휘할 수 없게 되고, 시대적·민중적 요청에 따라 선교일치, 선정병립, 염불선 등의 통불교로 흐르게 되었던 것이다.

혜근은 보우와는 달리 10여 년이라는 결코 짧다 할 수 없는 기간을

---

74) 『懶翁和尙語錄』, 『韓佛全』 6-717, 6-723~724. 수륙재는 505년 梁나라 武帝가 의식문에 따라 金山寺에서 재를 베푼 것이 시초이다. 고려는 光宗 21년(970) 葛陽寺에서 개설된 수륙도량이 그 최초의 예이다. 宣宗代에는 太史局事로 있던 崔士謙이 수륙재 의식절차를 적어놓은 『水陸儀文』을 송에서 구해 온 것을 계기로 普濟寺에서 수륙당을 새로 세우고 격식을 갖추게 되었다. 그후 混丘가 『新編水陸儀文』을 찬술, 더욱 널리 성하게 되었으며, 이러한 추세는 충목왕 때까지 계속되었다. 『高麗史』 忠穆王 4년(1348) 11月條; 이 장 주 30) 참조.

75) 洪潤植, 『韓國佛敎儀禮의 硏究』, 隆文館, 1976.

원에 머물렀다. 주로 머물렀던 곳은 燕京과 江浙지방이었는데 강절지방은 당말 오대 이래 선과 정토의 융섭이 어느 지역보다 활발했던 곳이다. 그곳에서 혜근은 선, 이른바 임제선만을 접하고 돌아온 것일까. 여기에 대한 구체적인 자료는 찾아지지 않으나 이러한 물음에 대해 어록은 결코 그렇지 않다는 것을 말해 주고 있다. 혜근은 심오한 선의 이치를 펴고 있을 뿐 아니라 근기에 따른 정토 수용의 모습을 보여주고 있으니 상당법어에서 대령이라든가, 수륙재 등을 적극 활용하여 그의 교화활동의 폭을 넓히고 있는 것이다. 이러한 혜근의 의례활동은 대사회적으로는 왕실과 관료층은 물론 일반 서민계층과의 자연스러운 교유를 가능케 하고, 종교적으로는 선적 정토 수용에 따른 사상적 심화를 가능케 해주었을 것이다.

정토 수용을 바탕으로 한 의례활동은 선종의 청규서인『선원청규』에 그 근거를 두고 있다. 그리고 보우에 이르러『칙수백장청규』가 도입되는데[76] 혹자는『선원청규』와『칙수백장청규』의 성격을 비교하여 보우를 사대주의라고 비난하기도 한다. 그러나 모든 일은 그 시대와 사회적인 요구에 따라 변천하는 것으로서 선종이라고 예외는 아닌 것이다.『칙수백장청규』가 편찬된 이면에는 그것이 편찬되어야만 했던 시대적 요구가 있었던 것이다.

당시 원에서는 당·송대와 달리 선종 중에서도 조동종과 임제종만이 번성하였고 성리학의 위협도 만만치 않은 상황이었음을 감안할 때 보우와 혜근에 대한 평가는 달라져야 할 것이다.

이러한 선종 안에서 망자에 대한 의례활동을 살펴보면, 고려후기 간화선 보급에 크나큰 영향을 끼친 大慧宗杲는「秉炬入塔」條에「爲彦維

---

76)『重雕禪苑淸規』第7卷, 亡僧條 및 尊宿遷化條. '入龕起請尊宿一人擧靈坐(當有法語) …… 請尊宿一人擧龕(當有法語) …… 後送葬若焚化卽請尊宿一人擧火(當有法語) …… 若入塔卽請尊宿一人下龕(〃) …… 又請尊宿一人散土(〃) …… 請尊宿一人揭眞(〃)'

那下火」・「爲充禪人下火」 등 많은 예를 보이고 있고,[77] 天童正覺(1091~
1157)의 경우에도 많은 실례가 보인다.[78] 이들은 선종에서 영가법어를
선적으로 풀이하고 있는 좋은 예라 하겠다.

선은 분명 자력수행・유심정토를 이야기하고 있으며 돈오하면 그 자
리가 바로 해탈인 즉신성불을 말하고 있다. 그러나 인간의 현상계에는
어김없이 생사가 있고 그중에서 가장 큰 문제는 죽음이라 할 수 있다.
죽음의 문제, 즉 장례와 제례의 문제는 선종이라 하여 무시할 수 있는
것이 아니다. 더구나 선종은 중국이라는 토양에서 발전해 온 대승불교
의 꽃임을 생각할 때 이에 대한 관심은 당연하다 할 수 있다. 따라서 선
적인 이해에 따라 장례・다례의 의례가 베풀어진 것이 그대로 대령소
참 등의 영가법어로 나타나게 된 것이라 할 수 있다.

고려에서의 형편은 어떠하였을까. 알다시피 지눌은 『대혜어록』과의 접
합에서 3차 오도의 계기를 맞았으며, 『선원청규』의 영향을 받아 『誡初心
學人文』을 지은 점 등으로 보아, 선종에서 상당법어로 대령소참 혹은 영
가법어를 구사하고 있음을 익히 보았을 것이라 추측되지만 그러한 사실
을 입증해 줄 만한 기록을 찾아볼 수 없다. 수선사 제2세로서 정혜결사를
이끌었던 진각혜심(1178~1234)에게 「爲亡靈」・「爲鄭氏賢勝靈駕」・「禪師
圓寂日」[79]・「爲亡靈遷度」・「朱光世爲亡妻請小參」・「請小參法門」・「檀
越薦亡請夜參」, 洪順・度昕・意空・玄眞・承厚・全活・元吉・寶明 등

---

77) 『大慧普覺禪師書狀』 卷 12, 『禪藏』 32, 佛光出版社, 1994, pp. 267~69; 『宏智禪師
　　廣錄』 卷 7, 『禪藏』 25, pp. 401~403. 鳳翔茶毘・守和化去欲茶毘・凝上座茶毘・
　　元俊直歲.

78) 『宏智禪師廣錄』 卷 7, 『禪藏』 25, pp. 401~403, 408. 그외 七十年一場夢寐, 時喜上
　　座茶毘, 時高上座茶毘, 眞實底人菩提掉般若舟, 淸秋月冷, 通身慧焰, 一點靈光何縛
　　脫, 不許夜行投曉到, 無位眞人, 爲育王聰和尙起龕云, 入塔師擧骨, 入塔 등이 있다.

79) 慧諶, 『曹溪眞覺國師語錄』 小參・下火, 『韓佛全』 6-19, 23. ‘禪師圓寂日上堂 師拈
　　香云 者个是搾取禪師鼻孔 牽來牽去底索頭子也 良久云 看看 禪師來也 傾囊倒藏
　　大施門開 帶水拖泥 一場狼籍 山僧不可 頭上安頭’

168

의 下火 열두 가지 법어[80] 등이 있음을 볼 때 지눌도 이러한 유의 의례를 베풀지 않았을까 추측할 뿐이다.

태고보우에게는 따로 영가법어라 할 것이 보이지 않는다. 단지 「시낙암거사염불약요」, 「시백충거사」에서 정토에 관한 사상을 볼 수 있을 뿐이다. 이것은 보우가 『칙수백장청규』를 가지고 온 장본인임을 생각할 때 납득이 가지 않는 부분이다. 어록 편찬자가 고의로 누락시켰는지는 알 수 없으나 보우가 신돈과의 불화로 왕사직을 사퇴하고 물러났으므로 이것을 능히 활용할 기회가 없었을 것으로 보는 것이 옳을 것이다. 게다가 이미 혜심에게서 이러한 기록이 보이고 있는 이상, 보우에 대해서 그가 대령소참 등의 의례활동을 하지 않았다고는 미리 판단할 수 없을 것이다. 그런데 보우와 같은 시기에 왕사를 지낸 혜근은 오히려 적극 활용하고 있는 점은 주목할 만한 일이다.

혜근의 영가법어에 관한 것으로는 ①「入寂之辰」4수, ②「指空和尙起骨」, ③「入塔」, ④「國行水陸齋起始六道普說」, ⑤「甲寅臘月十六日敬孝大王水陸法會」, ⑥「長相國請對靈小參」, ⑦「崔尙書請對靈小參」, ⑧「趙尙書請對靈小參」, ⑨「爲申白大禪師對靈小參」, ⑩「爲申白大禪師散骨」, ⑪「爲智如上座下火」, ⑫「爲二僧下火」, ⑬「爲志普上座下火」, ⑭殯堂對靈小衆, ⑮對上昇大王殯殿小衆 등을 들 수 있다.[81]

이것을 크게 셋으로 나누면 첫째는 지공화상, 즉 尊宿遷化에 관한 것과 일반 승려를 위한 것(①②③⑨⑩⑪⑫⑬)과, 둘째는 수륙재에 관한 것(④⑤), 셋째는 재가자를 위한 것(⑥⑦⑧⑭⑮)으로 나눌 수 있다.[82] 이 가

---

80) 慧諶, 앞의 책 6-23. '誰言下壁無人鑒 我道驪珠觸處晶珠上座 自應云嗒我今將此一把火 爲君添得个光明'

81) 『懶翁和尙語錄』, 『韓佛全』 6-717, 718, 720, 721, 723.

82) 이는 이미 『선원청규』 이래 시설되어 있는 것이나 특히 두 번째와 세 번째는 『칙수백장청규』와 『百丈淸規證義記』에 나타나는 것이 특징이다. 따라서 본격적인 영가법어는 『칙수백장청규』 이후에 전개되었다고 해야 할 것이다. 『百丈淸規證

운데 생생하고도 전형적인 혜근의 영가법문을 「조상서청대령소참」을 통해 엿보면 다음과 같다.

> 스님께서 법좌에 올라가 죽비로 향탁을 한 번 내리치고는, '蔡氏 靈駕는 아는가. 여기에서 알았다면 바로 본지풍광을 밟을 것이요, 만일 알지 못하면 이 말을 들으시오 …… 한 몸이 여러 몸 나투고 여러 몸이 한 몸 나퉈, 한 법이 만법 되고 만법이 한 법 됨이 인드라 그물 구슬이 서로 거둬들임 같고 대원경처럼 서로 겹쳐 비추네. …… 그 가운데 온갖 중생은 승속, 남녀를 묻지 않고, 지혜 있는 이, 지혜 없는 이, 유정·무정, 가는 이나 오는 이, 죽은 이나 살아 있는 이 모두 성불할 것이니, 채씨 영가여 아는가. …… 여기서 분명하여 의심이 없으면 현묘한 관문을 뚫고 지나가, 삼세의 부처님과 역대의 조사님네와 천하의 선지식들과 손을 맞잡고 함께 가 저 세계와 이곳에서 마음대로 노닐 것이지만, 만일 그렇지 못하면 마지막 한마디 다시 들으라.' 죽비로 향탁을 한 번 내리치고 말하였다.
> '갑자기 한 소리에 몸을 한 번 내던지면 크고 둥근 깨침 바다 마음대로 노닐리' '악' 한 번 외친 뒤 자리에서 내려오시다.[83]

「조상서청대령소참」은 전통적인 상당법어에서의 영가 천도의식의 전형을 보이고 있는 것으로서 온통 体卽用·用卽体이고 一法卽萬法·萬法卽一法이 되어 서로서로 다함 없는 해탈의 경계를 말하는 것이다. 이는 화엄의 圓融無二사상과도 통하는 것으로서,[84] 생과 사, 미혹과 해탈

---

義記』(儀潤, 1823)는 『勅修百丈淸規』(德輝, 1338)의 가장 유명한 주석서이다.

83) 『韓佛全』 6-720. '師陞座 以竹篦打香托一下云 蔡氏靈駕 還會麼 於斯會去 驀然踢着本地風光 若也不會 此聽葛藤 …… 一身現多身 多身現一身 一法爲萬法 萬法爲一法 如帝網珠 互相攝入 如大圓鏡 影像交參 …… 其中 一切衆生 不問僧俗 不問男女 不問有智無智 有情無情 來者去者 存者亡者 無皆成佛 蔡氏靈駕還會麼 …… 於斯的的無疑 透過玄關 便與三世諸佛 歷代祖師 天下善知識 把手共行 他方此界 任自逍遙 其或未然 此聽末後一句 一竹篦打香托一下云 驀地一聲翻一擲 大圓覺海任優游 喝一喝下座'

84) 『永嘉證道歌』, 『大正經』 卷48, p. 396에도 같은 내용을 볼 수 있다. '一性圓通一切

을 뛰어넘는 대자유의 경지를 보이어 영가에게 大圓鏡智 해탈의 경지에 들어갈 것을 말하고 있다.

「위신백대선사대령소참」에서도 "모든 법은 인연을 따라 생멸함을 말하면서 원인을 거두어 열매를 맺으니, 온전히 참됨에 돌아가서 육근 육진 벗어 다해 다른 물건 없으니, 손을 놓고 곧바로 겁 밖의 몸을 향한다"고 하면서 신백 존령에게 만약 삶을 벗어나 죽음에 들어간다면 큰 자재를 얻을 것이라 하였다. 또한 「위지여상좌하화」와 「위지보상좌하화」에서는 미혹을 돌이켜 문득 깨침을 얻는다면 그 자리가 바로 구품 연화대 정토의 세계라고 하였다.

> 세 가지 인연 어울려 서로 합하여
> 잠깐 사이 있음을 이루었지만
> 사대가 나뉘어 흩어져가면
> 홀연히 다시 공함 얻게 되도다.
> 몇 년이나 허깨비의 바다 헤맸나.
> 오늘 아침 이 몸을 던지니
> 즐거움과 시원함이 그지없도다.
> 오늘 모인 대중들은 다시 말하라.
> 오늘 영가 어느 곳에 향해 갔는가.
> 나무 말 거꾸로 타고 한 번 뒤치니
> 크게 붉은 불꽃 속에 찬 바람 이네.[85]

> 본원으로 돌아감은
> 지금이 바로 그때

---

性 一法遍含一切法 一月普現一切水 一切水月一月攝 諸佛法身入我性 我性還共如來合 一地具足一切地 非色非心非行業 彈指圓成八萬門刹那滅却三祇劫'

85) 「爲智如上座下火」, 『韓佛全』, 6-727. '三緣和合 暫時有成 四大離散 忽得幻空 幾年遊於幻海 今朝脫却 慶快如蓬 大衆且道 某靈 向什麼處去 木馬倒騎飜一轉 大紅焰裡放寒風'

길 가는 가운데
여우 같은 의심을
다시 내지 말지니
한 별빛 휘두르는 곳
몸을 뒤쳐 돌려내면
구품의 연화대에
스스로 돌아가리.[86]

여기서 우리는 혜근의 선과 정토의 완전한 합일을 볼 수 있으며, 그
것이 유심정토의 선적인 수용으로 하나의 부족함이 없이 그대로 드러
나고 있음을 볼 수 있다. 이러한 혜근의 영가의례는 이후 고려 말 景閑
에게 이어지고 조선대까지 계속 선가에서 적극 활용되고 있음을 볼 수
있다.

즉 석옥청공의 辭世頌을 받고[87] 지공과도 관계가 깊은 고승이며[88] 혜
근과의 사이도 각별한[89] 백운경한(1299~1375)은 『白雲語錄』 2권, 『佛祖
直指心體要節』을 남기고 있는데 그중 영가법어로는 「送亡僧」, 「起函」,
「下火」, 「悼亡人」, 「設齋小說辭世頌」 등이 있다.[90] 경한의 예에 비추어
볼 때, 혜근 이후 유심정토를 선종의 의례에 적극 활용한 선사들이 적
지 않았을 것으로 생각된다. 그와 같은 사례는 조선시대에 들어와서도
마찬가지였다고 할 수 있다.

---

86) 「爲志普上座下火」, 『韓佛全』 6-727. '返本還源今正時 莫於中路滯狐疑 一星揮處翻
身轉 九品蓮臺任自歸'

87) 『白雲和尙語錄』, 『韓佛全』 6-657~659. '至正甲午六月初四日 禪人法眼自江南 湖
州霞霧山千湖庵 石屋和尙辭世陪來十四日 師於海州安國寺設齋小說辭世頌'

88) 「辛卯年上指空和尙頌」・「甲午三月日在安國寺上指空和尙」・「又作十二頌呈似」・
「乙酉正月日寓孤山庵指空眞讚頌二首」, 『白雲和尙語錄』, 『韓佛全』 6-659.

89) 「懶翁和尙三句與三轉語釋三句」・「寄懶翁和尙入金剛山」・「思大和尙」, 『白雲和尙
語錄』, 『韓佛全』 6-655.

90) 『白雲和尙語錄』, 『韓佛全』 6-655~657.

조선시대에 선가에서 염불정토에 관한 글을 가장 많이 남긴 선사는 西山休靜(1520~1604)일 것이다. 혜근 이후 선사들의 信行을 살필 수 있는 예로 涵虛己和(1376~1433)를 들 수 있다. 조선 건국 초기를 대표하는 함허는 그의 『涵虛堂得通和尙語錄』[91]의 글 29편이 거의 영가법어로 채워져 있다. 이 가운데 「爲誠寧大君仙駕下語」와 「送魂下語」를 보자.

성녕대군 선가여 바른 안목을 열었는가? 무명을 깨뜨렸는가? 만약에 바른 안목을 열지 못하고 무명을 깨뜨리지 못하였다면, 아미타불의 크신 원력에 힘입어서 구품 연화대에 곧바로 가시어서 노니소서.[92]

이제 와서 헤아려보건대 사형께서는 생전 평소에 아침 저녁으로 대승경을 송념하시고 회향 발원하셨습니다. 산승 또한 그로 말미암아 염불결사를 결성하여, 아미타불을 오로지 觀相하옵고 미타불의 명호를 전념하였습니다.[93]

기화 역시 선종 전래의 자성미타·유심정토를 우선으로 삼고 있다. 그러나 만약 깨달음을 얻지 못하였다면 아미타불의 원력으로 왕생정토할 것을 말하고 있다. 이것은 선과 정토가 상호 융섭되는 화엄의 不二의 세계를 연상케 한다. 「송혼하어」는 염불결사를 맺고 미타불의 광명을 관상하고 미타명호를 칭념한 것을 보여준다.[94]
기화는 혜근의 영가법어를 통한 정토 수용의 구체적인 모습을 그대

---

91) 『韓佛全』 7-227~236. 文 29篇, 歌讚類 11篇, 詩 88篇으로 구성되어 있다. 그중 文은 태반이 영가법어로 채워져 있다. 金煐泰, 「朝鮮初 己和의 念佛淨土觀」, 『韓國佛敎學』 15집, 한국불교학회, 1995, pp. 23~30.

92) 「爲誠寧大君仙駕下語」, 『韓佛全』 7-231. '誠寧大君仙駕 開得正眼麼 破得無明麼 若也正眼未開 無明未破 好承彌陀大願力 直向九品臺上遊'

93) 「送魂下語」, 『韓佛全』 7-228.

94) 『涵虛語錄』에는 이외에도 「彌陀讚」, 「安養讚」, 「彌陀經讚」 등의 彌陀讚文이 들어 있다. 『韓佛全』 7-241~243.

로 이어받고 있다. 여기서 우리는 활구참구를 하는 선승의 정토 수용의 구체적인 모습이 어떠하였는가를 들여다보게 된다.

# Ⅳ. 歌辭文學의 전개

覺雷가 기록한 歌頌[95]은 크게 歌와 頌으로 구별할 수 있다. 歌 부분은 '歌三首'라 하여 「翫珠歌」, 「百衲歌」, 「枯髏歌」가 있고 그 뒤에 이색이 쓴 「懶翁三歌後」가 있으며 앞서 언급한 바 있는 「서왕가」·「승원가」가 있다. 특히 앞의 '가삼수'는 '入佛道 見佛性'한다는 불도수행의 묘체를 읊은 것으로 혜근의 선사상이 훌륭하게 표출된 작품으로 크게 평가되고 있다.[96] 그리고 이것을 그의 제자인 불광산 대원암의 法藏(1351~1428)은 해석을 붙여서 「普濟尊者 三種歌」를 지었다.

그외의 송은 사이사이 칠언율시로 된 것도 있으나, 대부분이 칠언절

---

95) 『懶翁和尙歌頌』은 [底] 刊年 未詳(국립중앙도서관 소장) [甲] 昭和十五年 月精寺 鉛印本 [乙] 李能和 撰, 『朝鮮佛敎通史』 中篇(pp. 312~19)을 대조하여 기록, 정리한 것이다. 『韓佛全』 6-730.

96) 佛敎歌辭란 석가모니의 무량공덕을 송영하고 불법의 깊은 뜻을 나타낸 가사를 말한다. 작가는 대부분 승려 혹은 불교와 관련이 깊은 사람이고 종교적인 교훈을 읊은 가사여서 내용이 비슷하다 할 수 있다. 불교가사는 가사문학의 연원이 된 것으로, 꾸준히 발전되어 내려오다가 20세기 초 개화기에 이르러 개화가사의 형태를 이루었다. 특히 국문학자들은 가사문학의 연원을 나옹에게 두고 그 가치를 높이 평가하고 있다. 나옹의 「西往歌」와 「樂道歌」, 休靜의 「回心曲」, 枕宏의 「歸山曲」·「太平曲」·「靑鶴洞歌」 등은 대표적 불교가사로 꼽을 수 있으며, 이밖에 많은 가사(찬불가)들이 『時用鄕樂譜』·『樂學軌範』·『樂章歌詞』 등에 실려 있다; 印權煥, 『高麗時代 佛敎詩의 硏究』, 고대 민족문화연구소, 1983; 李鍾燦, 『韓國佛家詩文學史論』, 불광출판사, 1993.

구의 형식이고 그 제목만도 총 291제에 달하는 廣作이다. 그 내용은 山居詩, 名號詩, 送詩, 求偈詩, 求頌詩, 讚詩, 答詩, 示詩, 贈詩, 和答詩, 警世詩, 題詩 등으로 나누어볼 수 있다. 그리고 李達衷의 발문과 나옹의 발원문이 첨부되어 있다. 여기서는 '가삼수'라고 불리는 「완주가」·「백납가」·「고루가」에 나타난 혜근의 선사상과 의의를 살펴보았다. 이러한 과정에서 혜근의 정토 수용의 측면에서 다루었던 「서왕가」·「승원가」와의 비교가 자연스럽게 이루어질 것이다.

「완주가」·「백납가」·「고루가」는 그의 가송 중에서도 대표적인 작품일 뿐 아니라, 종교문학, 가사문학으로서 가치를 더하는 것이라 할 수 있다. 牧隱 李穡도 이 삼가에 큰 비중을 두고 혜근의 가사를 평하여,

> 이 三歌는 머리와 꼬리가 서로 응하여 맥락이 서로 통한다. 그러므로 후인들에게 보임은 뜻이 깊고도 절실하다. 나옹의 문장은 손가는 대로 맡기고 미리 초하는 일이 없으나, 진실한 이치를 토해 내고 찬연히 써내며 운어가 빛난다. 세속의 문자로 감히 이해할 수 없으며 또한 볼 수도 없다. 이 삼가에 있어서는 마치 두 사람의 손에서 나온 것 같으니, 반드시 애를 쓰고 깊이 생각해서 지은 것이리라. 그렇지 않다면 어찌 永嘉의 句法을 본떴겠는가. 다른 날 서역에 전해지면 반드시 알아주는 사람이 있을 것이다.[97]

라는 이색적인 평을 붙여 칭송하고 있다. '가삼수'는 이색이 발문에서도 언급하였듯이 그 형식과 내용에서 永嘉玄覺의 『證道歌』가 큰 영향을 끼쳤으리라 판단된다.[98] 그리고 이색은 「太古碑銘」에서 「太古庵歌」 역

---

97) 李穡, 三歌後序, 『懶翁和尙歌頌』, 『韓佛全』 6-731. '三歌 首尾相應 脈絡相通 所以示後人也 深且切矣 懶翁文字信手 未嘗立草 吐出實理 粲然寫出 韻語琅然 於世俗文字不甚解 亦可見焉 至於三歌如出二人之手 必其研精覃思而作者也 不然何以做永嘉句法哉 異日流轉西域 當有賞音者矣'

98) 永嘉玄覺은 唐代 천태종, 천태지관을 닦고 수행하였으나, 선지식의 인가를 받지 못하였다. 그러다가 六祖惠能의 회상에 이르러 인가를 받았다. 영가현각이 혜능을 찾아가 확철히 깨쳐 구경각을 성취하고 나서 그 선적인 경지를 노래한 「證道

176

시 영가의 「증도가」를 본떠서 지었다고 기록하고 있다.[99] 이로써 「증도가」가 고려 선승들 사이에 성행하면서 얼마나 큰 영향을 끼쳤는지 미루어 알 수 있다. '가삼수'는 영가대사의 「증도가」 외에도 『벽암록』, 『경덕전등록』, 『태고화상어록』 같은 선서에 수록된 노래에서도 형식과 작시기법 등에 걸쳐 영향을 받았다 한다.[100]

「완주가」는 제목 그대로 단순히 구슬을 가지고 완상한다는 뜻으로 쓰인 것이 아니다. '구슬'은 청정한 불성을 가리키는 것으로 중생들이 갖고 있는 眞如自性을 상징하고 있다. 따라서 구슬에 비유하여 모든 사람에게 무궁한 작용을 부려 쓸 수 있는 진여자성의 주인공을 되찾을 것을 권하고 있는 것이다.

> 헤아릴 수 없어라 견고한 그 본체여
> 석가모니는 그것을 心王이라 불렀네.
> 그 작용이 무궁무궁한데도
> 세상 사람들이 망상으로 본성을 잊는구나.[101]

위의 노래처럼 불성을 보배 구슬에 비유하고 불성을 찾아 自在人이 되기를 권하고 있다.

백납은 겹겹이 기운 누더기옷을 말하는 것으로 「백납가」에서는 승려의 검소한 마음자세, 투철한 수행정신, 소박한 생활 속에서의 소요자재하는 수행가풍을 읊은 것이다. 명예와 이익을 구하지 않는 무욕의 심경,

---

歌」는 고려시대 널리 읽혀진 노래이다. 性徹 譯, 『信心銘·證道歌』, 해인사 출판부, 1986.

99) 「太古寺圓證國師塔碑」, 『朝鮮金石總覽』 上, p. 526. '辛巳年 住漢陽三角山重興寺 卓庵於東峰 扁曰太古庵 倣永嘉體 作歌一篇'

100) 李鍾君, 『懶翁和尙의 三歌硏究』, 부산대 박사학위논문, 1996, pp. 22~32.

101) 『韓佛全』 6-730 上~中. '不思議 體堅剛 牟尼喚作自心王 運用無窮又無盡 時人妄作本自心'

공의 체현, '平常心是道'라는 선승들의 일상적인 삶을 담담한 필치로 형
상화하고 있다.

  百衲은 또한 법맥의 전승을 상징하는데 혜근 자신이 석가의 수제자
인 가섭의 頭陀行을 이미 실천하며 만족하고 있다는 내용으로서 혜근
스스로 지공·평산의 법맥을 계승하고 있음을 나타내고 있다.

  이익도 구하지 않고 명성도 구하지 않으며
  누더기 衲僧 공을 터득하였거늘 무슨 감정 있으랴.
  바루 하나의 생활이지만 어디로 가나 만족하니
  오로지 한결같은 재미로 남은 생애를 보내리라.[102]

  때로는 자리로 쓰다가 옷으로 삼으니
  철따라 때에 따라 어김없이 쓰이네.
  이로부터 두타행 만족할 줄 아노니
  가섭(飲光)이 끼친 자취 지금도 살아 있네.[103]

  이 몸은 가난하나 도는 끝없어
  천만 가지 묘한 작용 다함 없구나.
  누더기옷 멍청이라고 비웃지 말라.
  선지식 찾아다니며 진리 가풍 이어왔네.[104]

  이렇듯 혜근은 「백납가」에서 승려가 입은 누더기를 들어 세상일에
초연하면서도 당당하게 살아가는 자신의 모습을 노래하면서 그 누더기
옷이야말로 진리 가풍을 잇는 것이라고 읊고 있다.

---

102) 『韓佛全』 6-730 中～下. '不求利 不求名 百衲懷空豈有情 一鉢生涯隨處足 只將一
     味過殘生'
103) 『韓佛全』 6-730 中～下. '或爲席 或爲衣 隨節隨時用不違 從此上行知己足 飲光遺
     跡在今時'
104) 『韓佛全』 6-730 中～下. '卽身貧 道不窮 妙用千般也不窮 莫笑襤衫癡呆漢 曾參知
     識續眞風'

「고루가」는 마른 해골을 소재로 삼아 허망하기 짝이 없는 인간 육신의 무상한 변화상을 알 것과 수행을 통해 존재의 근본을 깨닫고 그 자리에서 모든 집착과 고통으로부터 해탈할 수 있는 주체이기도 한 점을 함께 응축하여 표현하고 있다.

> 이 마른 해골이 정말 어리석고 미련하여
> 그 때문에 천만 가지 악을 지었네.
> 하루 아침에 유무가 공함을 철저히 꿰뚫어본다면
> 그 자리에서 본체에 사무친 해탈 이루리.[105]
>
> 이때를 등지다니, 이 좋은 시절을
> 세파에 허덕이며 바람 따라 휩쓸리네.
> 그대에게 권하노니 어서 빨리 마음 돌려
> 진여묘공 체득하여 바른 길로 돌아가라.[106]

즉 인간의 육신은 마른 해골이나 다름이 없으니 그곳에 집착하지 말고 문득 깨우쳐 불도 수행에 들 것을 권하고 있다. 이렇듯 '가삼수'는 모두 혜근이 사람들에게 심적 감화를 주기 위해 가사의 형식을 빌려 지은 것이다.

이 세 편의 가사는 6·7·7·7 형식으로 이루어지고 있는데 제자인 법장은 이것을 다시 부연하여 「보제존자 삼종가」를 지었다. 이것은 법장이 제자 된 입장에서 혜근의 사상을 널리 펴고자 하는 의도에서 지은 것이라 하겠다.

법장에 대하여는 자초가 17~19세(1344~1346) 때 용문사에 이르러 慧

---

105) 『韓佛全』 6-730 下~731 上. '此枯髏 甚癡頑 因他造惡萬般般 一造徹見空有無 寸步不離脫體寒'

106) 『韓佛全』 6-731 上. '背當年最好時 波波役役逐風飛 勸君早早今廻首 躡着眞空正路歸'

明국사에게 법을 물은 것을 들면서 '法藏'이 혜명국사의 법명이라 추측
한 경우도 있었다.[107] 그러나 법장은 1350년에 출생하였으므로 동일인이
아니라는 것을 알 수 있다. 법장은 국사의 칭호를 받지는 못하였으며
그의 행장을 검토해 볼 때 송광사 16세인 高峰法藏으로 여겨진다.[108]
「나옹삼가」는 ①「완주가」②「백납가」③「고루가」의 순으로 배열되
어 있고, 법장은 「보제존자 삼종가」를 ①「백납가」②「고루가」③「영주
가」의 순으로 배열하고 있다. 가삼수는 모두 6·7·7·7의 형식으로 통
일되어 있으며, 삼종가는 6·7·7·7, 7·7·7·7, 3·7·7·7로 서로
교체되지만 나름대로 정연한 형식을 갖추고 있다. 「高峰和尙行狀」을 보
면 「삼종가」가 지어진 동기를 알 수 있다.

> 화상은 「완주가」, 「고루가」, 「백납가」 등 삼종가를, 南明泉화상이 「증도
> 가」에 繼頌한 것을 본받아, 제자로서 또한 나옹화상의 三歌 구절에 이어
> 계송하였다.[109]

법장이 보족한 삼종가는 남명천화상이 영가의 「증도가」에 계송한 것
과 꼭 같은 형식을 따르고 있다. 남명천화상이 「증도가」에 계송한 것이
나 법장이 혜근의 삼종가에 족을 붙이고 있는 것은 과거 여러 주소가들
이 경전이나 논에 주소를 지어 그 경이나 논을 널리 선양했던 것과 상
통한다.
법장은 스승 혜근이 무한한 인간애에 바탕을 둔 대중교화의 사상을

---


107) 許興植, 「懶翁의 思想과 繼承者」 下, 『韓國學報』 59집, 일지사, 1990, pp. 72~73.

108) 법장이 조선 定宗 2년(1400) 송광사를 중건한 것이 「松廣寺誌」, 「昇平續誌」에 기
　　 록되어 있으며, 서울대학교 소장 필사본 「普濟尊者 三種歌」에 '佛光山 大源庵
　　 比丘 法藏 足'(宣德 10年 乙卯 二月, 世宗 17年, 1435)이라고 기록되어 있는 점으
　　 로 보아 송광사에서 「나옹삼종가」를 개판한 사실은 거의 확실하다. 綺山錫辰 編
　　 纂, 『大乘禪宗曹溪山 松廣寺』 高峰和尙條, 1965. 3, pp. 122~24.

109) 茶松子 錦溟, 「高峰和尙語錄」, 『曹溪山松廣寺』, 1928; 綺山錫珍 編纂, 앞의 책.

계승하여 혜근의 가사에 자기의 시구를 더 보충하여 그 가사의 뜻을 더욱 널리 드러내고자 한 것이다. 즉 '가삼수'가 널리 알려질 수 있게 노력한 것이다. 법장의 補足의 실례를 들어보자.

> 겹겹이 기웠으며 앞도 뒤도 없어라.
> 오래도록 지녀옴이 어찌 우연이겠는가.
> 飲光(가섭)만이 그것을 깊이 믿었기에
> 누더기로 제일 먼저 조사의 등불 전했네.
>
> 일찍이 선지식 찾아 진실한 가풍을 이었으니
> 평산과 지공을 친히 뵈었네.
> 元帝가 신임하여 개당 법석에서는 천하에 펼쳤고
> 고국에 돌아와선 종풍을 떨쳤다네.[110]

　혜근의 법을 이은 법장이 스승의 대중교화의 정신을 가장 잘 알고 있었을 것은 당연하다. 법장은 혼란을 더해 가던 고려말기 혜근의 가사에 자신의 정신세계에서 우러난 내용을 더하여 혜근이 쏟았던 열성을 기리고 있다. 그리하여 자기가 표현하고자 하는 스승의 사상을 거리낌없이 펼치고 있는 것이다.

　나옹삼가 외에 「서왕가」·「숭원가」는 앞장에서 「서왕가」·「숭원가」를 혜근의 정토 수용을 통한 대중구제의 한 측면으로 파악하였듯이 혜근의 대중교화의 또 다른 방법을 보여주고 있다.[111]

　아무래도 선은 일반대중에게는 어렵다. 이러한 선의 정신이 언제 어

---

110) 「百衲歌」, 『韓佛全』 6-753 上. 種種補處不後先 久遠補持豈偶然 唯有飲光深信得 纏縿衣首 祖燈傳(밑줄 부분은 혜근의 원문임); 『韓佛全』 6-754 中. '曾參知識續 眞風 親見平山西指空 帝信開堂天下遍 廻來我國振宗風'

111) 金鐘雨, 「懶翁과 그의 歌辭에 대한 研究」, 『歌辭文學研究』, 정음문화사, 1983; 李相寶, 「韓國歌辭文學의 研究」, 형설출판사, 1991; 崔康賢, 「歌辭의 發生史的 研究」, 『歌辭文學研究』, 정음문화사, 1983.

디서나 자연스럽게 불리며 함께 염불할 수 있는 가사의 형태를 취하면 이보다 더 훌륭한 방편이 없을 것이다. 이것은 무엇보다도 애민심의 발로라 할 수 있으니 일반인에게는 이론적으로 보일 수밖에 없는 불교사상을 쉽게 접할 수 있게 하는 좋은 방편이 될 수 있는 것이다.

「서왕가」·「승원가」는 형식에서도 가삼수와 달리 일반인이 부르기 쉬운 글로 되어 있다. 이 두 편은 국문가사의 효시로 보고 있기도 하는데, 이것은 혜근의 대기설법에 의한 좋은 방편으로 파악된다.

일찍이 범패에서 시작한 불교가사는 일반대중이 접하기 쉬운 향가로 발전하여 거리에서는 元曉·月明·永才 등 여러 선가자들이 「無碍歌」를 비롯한 다양한 가사를 널리 보급하였다. 이러한 전통은 고려시대에도 연면히 흘러 均如의 「普賢十願歌」, 「玄化寺碑陰記」에 보이는 향가, 「悼二將歌」 등이 지어졌고, 대중 사이에서 鄕言으로 된 노래가 계속 유행했던 것으로 보인다. 그러한 편린이 혜근의 가사로 드러난 것이라 할 수 있다.

즉 고려시대에 와서도 한문학의 위세에 짓눌려 향언은 폄시되었고 文籍에 올릴 기회를 상실하였으나, 향찰로 표기되거나 의연히 口碑된 노래가 많았다. 나옹의 가송집에 실려 있는 「서왕가」·「승원가」는 그 대표적인 예라 할 수 있다.[112] 그 내용은 역시 대중교화의 방법에 알맞

---

112) 佛家의 가사는 梵唄나 漢讚 및 高聲念佛 등 음성공양에서 그 기원을 찾을 수 있고, 오늘날 그 잔영을 和請에서 볼 수 있다. 범패는 일찍이 신라시대에 중국을 거쳐 우리나라에 들어와 널리 유포되었다. 그리하여 고려 때에는 佛事 때마다 범패 진천이 성황을 이룬 것을 기록에서 볼 수 있다(『高麗史』 卷 132, 列傳 45. '選僧三百 遠須彌山作法 梵唄震天 隨喜執事者 無慮八千人'). 그런데 저 범패나 한찬은 그 장엄함은 인정되나 식자도 그 이치를 깨닫기 어려워 일반대중에게는 뜻이 전달되지 않으므로 이에 그 찬문을 향언으로 불러 일반이 쉽게 이해할 수 있는 향찬이 등장하게 된 것이다(梵唄→漢讚→鄕讚). 우리나라의 불교가사는 이미 신라시대에 향가(詞腦歌)로 되어 麗初 균여의 「普賢十願歌」로 이어지고, 일반 서민에게는 홍법의 방법으로 元曉의 「無碍歌」 등이 유포되다가 그 전통이 여말

는 정토신앙의 방법을 제시하고 있는 것이다.

『나옹화상가송』에는 위에서 든 가사 외에도 칠언절구, 칠언율시로 제목만도 총 291제에 달하는 많은 송이 있는데 산거시, 명호시 등은 찾아오는 수행자나 상대에게 그 근기나 수준에 맞는 게송을 지어주며 깨우치고 있는 내용으로 하나하나가 혜근의 사상을 엿볼 수 있는 작품이다. 이러한 시어의 표현은 선가의 전통을 그대로 이어받고 있는 것으로 승속을 떠나서 그 감화가 크다 할 수 있다. 이것 역시 그의 대중교화의 측면에서 바라볼 수 있는 것이라 하겠다.

혜근은 스스로 깨달은 바를 나타내어 제자나 다른 승려들이 즐겨 읊도록 하기 위해 「완주가」·「백납가」·「고루가」의 삼수를 지었다. 그리고 선종 특유의 역설과 비유로 표현된 불교의 깊은 이치를 이해하지 못하는 일반대중들을 위해 「서왕가」·「승원가」 등을 따로 지었던 것이다.

여말 선종은 임제선 등을 적극 수용하여 인식과 표현방법에서 파격적인 특징을 보이고 있다. 여기서 혜근은 한 걸음 더 나아가 읊조릴 수 있는 가사의 형식을 취하여 선사상의 저변화를 꾀하고 있다. 뿐만 아니라 날로 강도를 더해 가는 성리학의 도전에 맞서고, 하층인을 널리 수용하기 위하여 국문가사를 짓는 두 가지 방법을 함께 취하고 있는 것이다.

慧諶·冲止·普愚 등이 지은 한시는 식자층만이 알 수 있다는 명백한 한계가 있다. 「승원가」와 같은 것은 이두로 표기하고 있으며, 고려민요에서 흔히 볼 수 있는 형식을 그대로 따르고 있다. 그런 까닭에 후일 시조와 함께 국문가사를 대표할 수 있는 최초의 가사작품으로 꼽힐 수 있게 된 것이다. 이렇듯 두 가지 측면에서 나누어 볼 수 있는 혜근의 가사는 그 성격이 대중교화의 측면에 있다는 것을 한 번 더 확인시켜준다 하겠다.

---

혜근에까지 이어진 것이라고 보인다.

# V. 普照・太古의 禪思想과의 비교

보조지눌(1158~1210)과 태고보우(1301~1382) 그리고 나옹혜근(1320~1376)은 모두 고려의 선승이나 각기 다른 역사적 배경 속에서 살았다. 따라서 그들이 다 같이 조계종의 승려로서, 선으로 한평생을 살면서 종단을 이끌어온 인물이지만 각기 다른 특성을 보이고 있음은 당연하다고 하겠다. 또 그들 각자가 독특한 선사상을 보이고 있는 것은 주목되는 일이라고 하지 않을 수 없다.

우선 수행방법에 있어서 보조지눌은 결사를 맺고 도반들과 함께 수행정진하며 외부나 국가권력과는 관계없이 수선사를 이끌어나갔다. 지눌은 무신집권기라는 이변 속에서 제도권 불교를 제도권 밖으로 끌어내어 불교의 근원성을 개척하고자 했다. 그는 중앙집권적 불교구조를 벗어나 지방사찰에 자유롭게 파고들어 도반들과 조직적인 결사로 점철된 생애를 살다 간, 새로운 불교의 가능성을 개척하고 추구한 창의적 인물로 평가된다.

지눌의 결사운동은 그의 현실인식에서 비롯된 것이었다. 지눌의 결사운동은 호국・기복의 불교에서 救世・濟衆의 불교로, 名利圖生의 형식적 불교에서 成佛度生의 수도적 불교로, 왕실・도시불교에서 평민・산림불교로 전환시키는 데 있었다고 평가된다.[113] 이러한 결사불교운동은 고려후기 불교의 한 특징을 이루는 것으로, 사회정화운동 나아가서

---

113) 李鍾益, 「高麗의 佛敎哲學」, 『韓國哲學硏究』上, 한국철학회, 1977, p. 436.

184

는 구국운동으로까지 연결되었다.

「勸修定慧結社文」에서는 수도와 깨달음만을 이야기하지 않고, 利他行과 부모, 국왕, 중생, 三寶를 위한 四恩의 실천을 강조하고 있는데, 이것은 곧 당시 불교계의 모순과 부조리뿐만 아니라 일반사회까지도 쇄신하려는 일종의 사회정화운동이었다. 지눌이 세간의 권력과 일체 관계를 맺지 않고 결사를 이끈 수행자세는 이후 철저한 수행자의 가풍으로서 많은 이들에게 귀감이 되었으며, 이후 수선사는 혜심, 충지 등 16대에 걸쳐 지속됨으로써 결사정신은 하나의 전통이 되어왔다.

지눌은 국외로 구법행을 떠나지 않고 국내에서 自內證을 거쳐 당시 불교계를 풍미하던 간화선의 방법으로 수행하여 큰 깨달음을 얻었으며, 3문의 시설 등 독특한 수행방법을 보여주었다.[114]

지눌의 선풍은 초기에는 돈오점수로써 면면히 수행해 가며 구경에 이르러서는 닦아도 닦을 수 없고, 끊어도 끊을 것이 없는 '眞修眞斷'에 이르러 마침내 큰 깨달음을 얻는 길을 밝혔다. 그러나 『看話決疑論』· 『眞心直說』 등에 나타난 지눌의 후기 선사상은 여기에서 모든 단계를 놓고 경절의 소식을 밝혀 나아가 깨닫는 방법마저 끊는 또 하나의 무방법적인 돈오돈수의 방법을 개척하고 있음을 볼 수 있다. 이것은 선풍에 있어서 깨닫기 위한 다양한 근기의 수용이라는 특징이 있다 하겠다.[115]

태고보우가 살던 시기는 지눌의 시대처럼 선 속에 많은 사상을 선택적으로 수용할 수 있는 전통과는 달리 격외 조사선에 강한, 단일화된 선풍이 크게 유행하던 시기였다. 따라서 보우 자신이 경전을 섭렵하였다 하더라도 지눌처럼 경전이나 선서를 스스로 탁마하고 그것을 일일이 私記하면서 연마했던 진지한 수법을 쓰는 것을 금하였다. 다만 화두를 통해서 깊은 경지를 경험하고 그를 위한 心功만이 있었을 뿐이다.

---

114) 金君綏, 「曹溪山修禪社佛日普照國師碑銘」, 『朝鮮金石總覽』 卷下, p. 949.

115) 韓基斗, 「普照와 普愚의 思想的 比較」, 『普照思想』 제8집, 보조사상연구원, 1995.

즉 捨敎入禪이라는 선 일변도의 수행자세가 더욱 강함을 볼 수 있다.

보우는 구국의 차원에서 입원하여 원과 새로운 관계를 맺고 임제선을 직접 전승하고, 불교를 새롭게 변화시키기 위하여 九山통합에 관심을 두었으며, 국운을 새롭게 일으키기 위하여 한양 천도를 주장하였다. 또한 『칙수백장청규』와 『緇門警訓』을 유입하고 있다.

보우가 입원한 것은 당시의 유행을 좇아 단지 明眼宗師에게 법을 인정받기 위해서였다. 그리하여 보우는 광제선사에서 석옥청공의 사법사실을 널리 천명하고 바로 귀국하였으며, 그후 공민왕의 절대적인 지지를 얻어 공민왕의 1차 개혁정치와 함께 종교·사상계의 정화를 위한 圓融府의 설치와 구산통합, 국도의 한양 천도를 추진하였다. 이것은 보우의 사회인식과 국가의식을 엿볼 수 있게 하는 것으로, 결사운동을 통해 내면적 정화운동을 이끌어간 지눌과는 달리 국가의 힘을 빌림으로써 방법면에서 대비를 이룬다.

「王宮鎭兵上堂」은 그의 시국관과 애국일념의 적극적 자세를 보여주고 있다. 보우는 이 글에서 재야에 묻혀 있는 충효의 인물을 발굴 등용할 것, 시대와 국가를 구원할 것, 상벌을 고르게 하여 국민의 도를 바르게 잡을 것, 백성 된 이는 나라를 위해 몸을 바쳐 싸울 것 등을 주장하였다. 그리고 스스로 말을 타고 창을 비껴 차고 국경으로 가서 적을 치겠다는 단호한 결의를 비치고 있다.[116] 이와 같은 사고는 일연, 충지 등에서도 마찬가지로 나타나고 있으며,[117] 그들의 현실인식은 대승적 구제

---

116) 雪栖 編, 『太古和尙語錄』, 『韓佛全』 6-675 下. '又云白衣人中 亦有忠於君孝於親. 賞賢良而罰邪佞 則人誰不忠人誰不孝 人誰無道 人誰不學 人誰不修己德也哉 然當此之時 有拔山之力 …… 亡身爲國 樹立大功 則奚啻封侯 如無是人 太古老僧 匹馬單槍 親征邊塞去也'

117) 沖止의 경우, 그의 사회의식이 담겨 있는 시어를 보면, 「鷄峰苦」 10수, 「上大元皇帝謝賜復土因表」, 「嶺南難苦狀二十四韻」, 「憫農黑羊四月旦日雨中作」, 「祝聖疏」 등이 있다(『圓鑑錄』, 아세아문화사 영인본, 1973); 秦星圭, 『圓鑑國師 沖止 研究』, 서울대 석사학위논문, 1977.

의식에서 同體大悲의 보살도정신에 공고한 바탕을 둠으로써 더욱 심화되었던 것으로 볼 수 있다.

보우는 공민왕 5년 '復我祖宗之法'에 최대의 목표를 두고 국정 전반에 걸친 개혁이 추진되었을 때 구산통합, 오교홍통과 함께 한양 천도를 주장하였다.

> 아홉은 늙은 陽이고 하나는 처음의 陽이니, 늙으면 쇠약해지는 것은 원리가 아니겠습니까. 더구나 서울을 정했던 시기와 구산의 내력이 매우 오래 되었으니 …… 이때를 당하여 구산을 一門으로 하면 구산이 너니 나니 하는 대립이 아니되어 산의 명칭과 도가 있지만 한가지로 한 부처의 마음에서 나온 것이니 마치 물과 젖이 어울리듯 하여 하나로 평등해질 것입니다 …… 일찍이 왕기를 관찰하니 개성에는 왕기가 있지 않아 처음 왕성한 때를 다시 회복키 어렵습니다. 한양에 도읍을 옮기고 위에서 말씀하신 대로 실행하면 저절로 덕화가 육합에 가득하고 은혜가 만생령에 입혀질 것입니다.[118]

보우는 구산통합을 위해 원융부까지는 설치하였으나 곧 왕사직에서 물러나게 됨에 따라 소기의 성과를 거둘 수 없었다고 판단된다. 그리고 아쉽게도 그의 어록에는 그러한 구산통합의 의지가 사상적으로 어느 정도 실체화되어 있는지가 드러나고 있지 않다.

사상면에서 볼 때 보우는 임제·간화 공안선에 좀더 치우쳐 있다고 한다면, 혜근은 앞서도 살폈듯이 실제로 여러 선가의 가풍을 보다 폭넓게 수용하고 있다. 이는 보우보다 혜근이 한 걸음 앞서 대중구제의 정신을 실천해 나간 것이라 하겠다.

---

118) 維昌 撰, 「太古行狀」, 『韓佛全』 6-698~699. '而九爲老陽 一也初陽 老而釗也 理之常而又立都之時 九山之來旣久 …… 當是時也 苦統爲一門 九山不爲我人之山 山名道存同出 一佛之心水乳相和一槩齊平 …… 然而嘗觀王氣在此都 以復古初全盛之時 難矣哉 若南遷漢陽 行向所陳之言 自然化孚六合 澤被萬靈矣'

　보우와 거의 같은 시기에 함께 왕사를 지낸 혜근은 평산처림의 임제
선법을 잇고 있다. 또한 원을 떠나는 그에게『삼산양수지기』를 줄 정도
로 고려에 깊은 관심을 가진 지공의 법을 이었다. 이러한 2대 맥의 선
법 전승은 혜근의 선사상을 더욱 풍부하게 하고 선의 정신을 적극 활용
케 하는 힘이 되었던 것이다.

　혜근의 사회인식과 국가인식에 대하여서는 이미 앞에서 지공·임제
선의 전승, 공부선의 실시, 회암사의 중창 등으로 나누어 언급한 대로
이지만, 혜근이 왕실의 힘을 빌려 회암사를 중창하였듯이 왕실에 접근
하고 있는 점으로 본다면 중앙의 권력과는 무관하게 결사를 이끌어갔
던 지눌보다는 오히려 원융부의 설치와 구산통합을 시도한 보우 쪽에
가깝다 하겠다.「工夫選場垂語」와「上王太后」의 글은 이러한 사실을 뒷
받침해 준다.

> 산승은 이와 같은 법으로 우리 임금의 만세와
> 임금의 색신과 법신이 무궁하고 임금의 수명과
> 지혜가 다함이 없기를 봉축하옵니다.[119]
>
> 마야부인이 천궁에서 내려와
> 三韓의 국토에 출현하였네.
> 또한 이 탁세에 성왕을 낳으사
> 불법을 전하여 만년 동안 통하게 하셨네.[120]

　위와 같은 호국, 호왕, 祝釐(왕과 왕실 및 국가에 대한 축원을 말함) 등에
관한 언급은 호국청규로 특징지어지고 있는『칙수백장청규』이래 항례

---

119)「庚戌九月十六日國施工夫選場垂語」,『韓佛全』6-722 上. ‘山僧 只將如是之法 奉
　　祝我主上殿下萬歲萬歲萬萬歲 色身與法身無窮 壽命與慧命無盡’
120)「上王太后」,『韓佛全』6-742 上. ‘摩耶聖后下天宮 出現三韓國土中 又誕聖王今濁
　　世 流轉佛法萬年通’

적으로 보이는 것으로 보우에서부터 두드러진다. 혜근과 왕실의 밀접한 관계는 혜근 개인의 친왕적인 취향이라기보다는 당시 국왕 중심의 국가운영체제에 기인한 것으로, 보우와 마찬가지로 불교의 四恩思想과 진정한 축리의 마음에서 우러난 것으로 보아야 할 것이다. 그리고 회암사 중창은 당시 거세어지고 있는 유자들의 억불 주장 속에서 불법과 국운을 재흥하려는 시대적 염원의 소산이라 하겠다.

보우가 迦智山門 출신이라면, 혜근은 공민왕 20년(1371) 8월 왕사로 책봉된 후 동방제일도량인 송광사에 있으면서 결사정신에 더욱 매료되었던 점과 짧은 기간이지만 송광사의 주지직을 맡은 것으로 보아 闍崛山門과 연계할 수 있을 것이다. 혜근의 송광사 주지직은 후일 지눌과 혜근의 법계연결의 근거가 되기도 한다. 또한 혜근은 송광사에서 제자인 자초에게 전법의 표시로 의발을 주었으며, 1375년 자초가 혜근에 이어 송광사의 주지를 맡고 있는 점에서 송광사 수선사계와도 관계지을 수 있는 것이다.

보우가 신돈과의 알력 이후 거의 활동을 하지 않았던 데 비하여 혜근은 그를 죽음으로 몰고 갈 만큼 굳건한 기개를 보여준 것도 큰 차이라 할 수 있다. 이것은 혜근 선사상의 큰 특징으로 대중구제의 측면에서 혜근의 뛰어난 점으로 파악할 수 있다. 선의 본지는 이심전심이지만 혜근이 승풍을 진작하고 승규를 세우기 위하여 그것을 뛰어넘어 공부선을 실시하고, 결과적으로 자신의 죽음을 불렀지만, 회암사를 중창한 것은 大機大用의 능력을 발휘한 것이다.

선의 참구에서도 당시의 유행이던 간화선 일변도의 한 가지 방법만을 고집한 것이 아니라 근기에 따라, 상황에 따라 무심선·임제선 등 다양한 방법으로 제접하고 있다. 뿐만 아니라 선·교·밀·계·정토 어느 것에도 막히지 않아 '수처작주 입처개진'의 주체적이고도 원융무애한 선사상 활용을 볼 수 있다.

지눌·보우·혜근의 정토 수용에 관한 문제는 위에서 살펴보았으므로 여기서는 다만 몇 가지로 결론을 짓고자 한다. 지눌은 마음 밖에 부처가 따로 없으며 만약 이와 같지 않게 생각한다면 이것은 마치 모래를 쪄서 밥을 짓는 것과 한가지로 어리석은 일이라고 경계하면서 자성미타·유심정토의 입장을 명확히하여 이후 고려 선종에서의 정토 수용의 방향을 정확히 제시하였다.

천태종에서는 了世 이후 참회신앙·염불결사의 길을 개척하여 백련결사를 이끌어감에 따라 더욱 적극적으로 정토를 수용하였고 보우는 염불공안선으로 정토를 수용하는 특징적인 방법을 보이는 반면, 혜근은 일반대중을 상대로 한 구제의식의 측면에서 무념·유심정토를 보이고 있을 뿐만 아니라, 관상염불·칭명염불을 수용하고 있다. 그리고 한 걸음 더 나아가 선의 입장에서 영가 상당법어의 형식을 취하여 정토사상의 수용을 나타내고 있다.

위 세 사람의 청규사상 및 계의 문제를 검토해 보기로 하자. 청규란 종래의 계율사상을 선종 방식의 새로운 계율사상으로 개혁한 것이다. 청규는 일찍이 百丈懷海(720~814)가 『백장청규』를 저술하여 그 사상을 정립한 것이 효시이다. 이후 송대에 이르러 慈覺宗賾(생몰연도 미상)이 이것을 보완하여 펴낸 『선원청규』 10권(1103)이 선가의 청규서로 널리 유포되었다.[121] 원대에 이르러서는 德輝가 『칙수백장청규』 8권을 펴냈다(1338).[122] 『선원청규』와 『칙수백장청규』는 그 성격상 호법청규와 호국청규로 구분되는데, 이 2대 조류의 확연한 구분은 송대와 원대 불교의 성격을 그대로 나타내주는 것이다.

종색의 『선원청규』는 重雕本 『선원청규』가 말해 주듯이 고려 내의 유포 사실을 말하여 주는 것이다(1254).[123] 그러나 지눌은 이에 만족하지

---

121) 『續藏經』 卷 111, p. 877.

122) 『大正藏』 卷 96, p. 111.

123) 崔昌植, 『高麗時代의 禪苑清規에 대한 硏究』, 동국대 석사학위논문, 1975; 吳亨根, 「韓國 禪院의 清規와 儀式」, 『韓國禪思想硏究』, 동국대 출판부, 1984.

않고 『권수정혜결사문』과 『誠初心學人文』(1203)을 저술하고 있는데, 『계초심학인문』은 고려 최초의 청규서로서 훗날 '송광청규'라고도 불렀는데, 이것은 한국 청규의 재창출을 확인할 수 있는 것이다.[124] 이후 無寄雲黙의 『天台末學雲黙和尙警策』과 野雲의 『自警文』 등이 나오게 된 것이다.

지눌의 송광청규의 특징은 규율이 먼저 自警이 되어야 하고, 능히 開遮持犯하는 규범이 되어야 한다는 것이다. 그의 청규사상의 근본은 스스로 경책함에 있는 것으로 이것이 두드러진 것은 제2대 진각혜심부터라고 할 수 있다. 특히 태조 6년(1398) 神德왕후가 서거하였을 때, 당시 조계종의 본사인 興天寺의 尙聰이 그의 명복을 빌기 위해 널리 송광청규(『계초심학인문』을 말함)를 포양할 것을 밝히고 왕이 이를 승인하고 있음으로 보아 그 유포를 짐작하게 한다.[125]

보우는 1348년 귀국시 『치문경훈』 9권과 원대 호국청규의 대표서라 할 수 있는 『칙수백장청규』를 가지고 들어와 유포했다. 그는 『치문경훈』에 서하고 다시 공민왕의 교칙으로 『칙수백장청규』의 발문을 썼다. '玄陵勅刊百丈淸規'라 명명한 이 청규서는 대략 원융부가 설치된 1356년 이후 유포되었다고 본다.

보우의 『칙수백장청규』의 유입은 송광청규를 무시하고 중국화하려는 움직임으로 비쳐 비판을 받을 수 있다.[126] 그러나 보우가 원대 임제가풍을 수용하고 임제종 석옥의 법통을 잇지 않으면 안되었던 것과 마찬가지로 『칙수백장청규』의 유입은 원 지배기이며 여말 불교가 전환기의 국면을 맞고 있었던 탓이 아닐까 한다. 즉 유자들의 대불 비난이 차츰

---

124) 『勸修定慧結社文』, 『韓佛全』 4-688; 『誠初心學人文』, 『韓佛全』 4-738.
125) 「興天寺監主尙聰上書」 『太祖實錄』 乙未條. '興天寺監主尙聰上書曰 …… 雖欲陵而 不可得已 比來作法之規 皆慕華僧而不得其專 所謂畵虎不誠 反類狗者也 臣謹按松廣祖師普照遺制 講而行之 著爲常法 …… 上從之'
126) 韓基斗, 앞의 글, 앞의 책, pp. 101~104.

거세지고 있을 때 원에서와 마찬가지로 고려 사회에서도 불교의 사회적 역할을 강조할 필요가 있었던 것이다.

『치문경훈』은 우왕 4년(1378) 明會와 道庵의 주선으로 판각, 유포되었다. 이후 『치문경훈』은 조선시대 숙종 21년(1695)에 栢庵性聰(1631~1700)이 상·중·하 3편으로 회편·중간하였다. 성총의 『치문경훈』 중간은 뒤에서 언급할 태고법통설의 유포와 무관하지 않다.

『치문경훈』은 역대 고승들의 '후학을 경책하는 법어 모음집'으로 주옥 같은 글이 실려 있다. 그 가운데 「潙山大圓禪師警策」이 초두에 실려 있는데, 이 글은 선문에서 『四十二章經』, 『遺敎經』과 함께 '佛祖三經'으로 일컬어진다. 뿐만 아니라 『선원청규』에 실려 있는 자각종색의 「龜鏡文」, 「自警文」, 「勸參禪文」, 「坐禪儀」 4편이 그대로 실려 있는 것 등을 볼 때 『칙수백장청규』의 수입을 부정적 측면에서만 볼 수는 없다. 『칙수백장청규』의 축리의 시행문제 등은 단순히 부처의 은혜와 나라의 은혜를 잊지 않는다는 목적만을 띤 것이 아니라 당시 승려의 기강의 문란과 사원의 경제적 폐단, 빈번한 불사 실시 등으로 인한 불폐를 비판하고 있던 신진사류들에게 불교의 깊은 국가윤리사상을 알리고자 함이었으며, 점차 고양되어 가던 척불의식을 무마하기 위한 노력으로 보아야 한다.

다만, 수선사 5세 圓悟天英의 제자인 圓明沖鑑(1275~1339)이 원에 들어가 임제종의 鐵山紹瓊의 법을 얻어 『백장청규』를 갖고 고려에 들어와 선원의 의규를 지켰으나 송광청규를 바탕으로 하면서 두루 수용하여 江華의 禪源寺, 林川의 普光寺에 주지하면서 그 청규로써 생활하였다는 것을 볼 때,[127] 보우 역시 보조지눌의 청규를 바탕으로 하고 원에서 『치문경훈』과 『백장청규』를 수용한 것은 아닌가 추측하지만 명확히 밝힐 수 없는 점이 아쉬움으로 남는다.

---

127) 「普光寺重創記」, 『韓國金石全文』 p. 1,190.

혜근의 경우는 앞서도 언급하였듯이 출가 이전 지공으로부터 무생계를 수지하고『무생계첩』을 평생 몸에 지녔다. 또한 지공의 문하에 오래 머물렀으므로 지공의 계율사상에 커다란 영향을 받았을 것은 틀림없다. 지공의 무생계는 선종의 청규사상과는 다른 것으로 무생의 계를 설하는 특징을 보이고 있으나 계의 근본정신에서는 큰 차이가 있다 할 수 없다.

또한 혜근 당시에는 신라 이래 대승계가 널리 유포되고 있었고,[128] 고려 역대 왕들은 菩薩戒道場을 매년 6월 15일 궁정에서 베풀어 항례 법회 중의 하나로 하고 있었다.[129] 그리고 이미 종색의『선원청규』와 지눌의 송광청규가 널리 유포되고 있었으므로 청규사상과 禪戒는 익히 알고 있었을 것이다. 따라서 공민왕 19년 혜근이 전면에 나서서 공부선을 실시(1370)할 즈음에는 보우가 들여온『칙수백장청규』도 열람하였을 것이다.

혜근이 비록 지공에게서 받은 영향이 크다 할지라도 국내에 유포된 보살계와 청규서에 대해서는 충분히 알고 있었을 것은 두말할 필요도 없다. 그것은 혜근이 이미 이것을 훌륭하게 활용하고 있기 때문이다. 즉 상당법어로서 영가법문을 하고 있는 것은 정토 수용이라는 측면과 더불어 청규사상을 수용하여 적극 활용하고 있는 것이라 할 수 있다. 여기에 혜근의 禪戒一如의 정신이 그대로 드러나 있고 그 어느 것에도 局執하지 않는 대기대용의 활발자재한 활용을 볼 수 있다.

---

128) 崔源植,『新羅菩薩戒思想史研究』, 동국대 박사학위논문, 1992.

129) 고려 태조의 보살계 수지의 사실은「神聖王親制開泰寺華嚴法會」,『東人之文四六』卷 8 佛疏『高麗名賢集』5, 성균관대 대동문화연구소, 1980, p. 89 참조.
그외 계율 및 고려시대의 보살계 도량에 관해서는 二宮啓任,「高麗朝の恒例法會」,『朝鮮學報』15, 天理大學 朝鮮學會, 1960, pp. 22~24; 安啓賢,「佛敎行事의 盛行」,『韓國佛敎史研究』, 동화출판공사, 1982, pp. 215~17; 睦楨培,『戒律論』, 동국대 동국역경원, 1988;『大乘菩薩戒思想』, 동국대 동국역경원, 1988.

사실상 戒·定·慧 삼학은 불교사상의 핵으로 이것이 발달하여 律·禪·敎로 벌려진 것이다. 이 셋의 관계는 솥의 세 다리에 비유되듯이 상호 밀접한 관계를 가지는 것으로서 어느 하나를 따로 떼어내어 생각할 수 없다. 여말 선사들도 이를 충분히 의식하고 있었고 혜근의 경우는 이 점이 더욱 뚜렷하다는 특징을 보인다. 이에 대해서는 원대 天目中峰(1243~1323)의 글을 통해서 보다 잘 알 수 있다.

> 내가 관철해 보건대 교종·선종·율종의 세 종파가 도량을 세우고 田園을 모으는 것은 마치 강한 나의 신체와 같다 할 수 있다. 그러나 계·정·혜의 無漏學이 바로 나의 脈이라는 것을 알지 못하였다. 혼자 가만히 채찍질하고 은밀하게 단련하여 굳게 지키고 힘써 실천하지 않으면 나의 맥은 머지않아 병들 것이다. 우리 불교가 三武一宗의 폐불사건을 만났던 것은 내 몸이 병든 것에 비유할 수 있다. 그러다가 이윽고 계·정·혜의 근본 맥이 뛰게 되자 몸은 더욱 건강해졌다. 이것은 근본이 견고했던 것을 증험한 사실이다.[130]

앞장에서도 보았듯이 신진사류는 처음에는 단순히 승려들의 타락, 불교행사비의 과도한 지출과 같은 현실을 비판하던 데서 이윽고 불교와 유교가 지향하는 점이 다르며 불교는 치국의 도가 아니기 때문에 세속의 도로서는 유교가 더 적합하다는 등의 논리를 펴기에 이르렀다.
여말은 유교가 불교교리에 대해 정면으로 도전하기 시작하는 총체적인 위기의 상황이었다. 따라서 혜근으로서는 교, 선, 정토, 밀교 어느 것도 소홀히 할 수 없었을 것이며, 나라를 위하는 도로서의, 대중구제의 도로서의 불교의 장점을 강조해야만 했을 것이다. 혜근이 그러한 시대의 요청에 부응하여 매진한 것은 다른 선사들과 비교하여 새롭게 평가되어야 할 것이다.

---

130) 「東語西話」, 『天目中峰和尙廣錄』 卷 18 上.

# 제5장 懶翁法統說과 歷史的 位置

한반도에서 법통에 대한 논란이 본격적으로 일어나기 시작한 것은 서산휴정(1520~1604)이 돌출하게 된 임진왜란 직후였다. 그리고 최근세 일제기에 일시 제기된 적도 있으나 명쾌한 결론을 보지 못하고 지금까지 논의가 꾸준히 이어지고 있다.

불교는 유교와는 달리 일찍부터 師資傳承의 뚜렷한 계보가 이어져 내려왔다. 선종에서 법계에 대한 논란은 일찍이 중국 초기 선종사에서부터 볼 수 있다. 법계의 중요성은 초기 선종사에 있어서 달마의 법통을 혜능으로 정리하고자 한 사실이나 하택신회(684~758)가 그 맥을 이으려 얼마나 열중했던가를 상기한다면 쉽게 납득이 갈 것이다. 그리하여 전통적으로 계보를 따질 때 보리달마 하 몇 세손, 혜능 하 몇 세손으로 표기해 왔다. 보우가 최후로 눈 밝은 스승(明眼宗師)을 찾아 인가를 받을 것을 강조한 점도 이와 같은 측면에서 살필 수 있다. 一人一傳을 중시하는 선종에서 스승의 법을 잇는 것은 그 사상과 정신을 계승하여 慧明과 傳燈이 끊어지지 않게 한다는 데서 각별히 중요한 의미가 있기 때문이다.

그러나 조선조 서산휴정 이후에 특히 부각된 법통의 문제는 그것이 임제종 적자상속이라는 측면이 강하다는 것이다. 이러한 임제ㅡ태고ㅡ서산의 법통설은 임제종 중심의 법통만을 강조하여 한반도에서의 법통의 축소를 가져오는 결과를 가져왔다. 그리고 왜 태고법통으로 결정되었나에 대한 설명이 미흡하다. 이것은 조선시대 성리학의 절대적인 영향 아래서 이루어진 것이라는 측면에서 그 이유를 살필 수 있다.

이 장에서는 법통설과 관련하여 혜근의 법손인 환암혼수와 무학자초에 대하여 살펴보고, 나아가 태고법통설과 관련하여 나옹법통설이 갖는 의미를 살펴보았다. 그리고 조선대에 와서 혜근에 대한 평가를 기초로 하여 그의 역사적 위치를 알아보았다. 참고로 일반적으로 법통설을 다룰 때 '나옹법통설'이라고 통칭하므로 여기에서도 이에 따라 통일하기로 한다.

# Ⅰ. 懶翁의 法孫

## 1. 혼수의 嗣承

"혜근의 문도는 셀 수 없을 만큼 많았고 혜근의 입적 당시 불교를 믿는 자가 나라 안에 반이나 되었다"[1]는 말에서도 알 수 있듯이 그는 유례없이 많은 문도를 두고 있다. 혜근의 문도에 대해서는 행장과 비문 그리고 문집류 등에서 찾을 수 있다.[2] 이들 대부분이 혜근의 추모불사와 관련하여 거명될 뿐 혜근 생존시 행적은 거의 나타나고 있지 않으나 문집류를 살펴보면 입적 전의 혜근과 관련되어 나타나고 있는 문도를 살필 수 있다.

가장 대표적인 문도로는 幻庵混修(1320~92)・無學自超(1327~1405)・本寂達空(생몰연도 미상)・竺源智泉(1324~95)・高峰法藏(1351~1428) 등이다. 자초는 조선 태조의 왕사를 지냈고, 혼수는 나옹이 주관한 공부선에 유일하게 입격한 인물로 국사를 지냈다. 달공은 자초와 더불어 혜근의 상수제자로 나타나고 있으며, 지천은 자초와 함께 원에 동행하였으

---

1) 李穡 撰,「香山潤筆庵記」,『牧隱文藁』卷 2.

2) 李穡 撰,「神勒寺普濟尊者舍利石鍾碑」陰記,『韓國金石全文』中世下, pp. 1208~
   1214;　李崇仁 撰,「神勒寺大藏閣記」陰記,『韓國金石全文』中世下, pp. 1214~
   1222; 李穡 撰,「安心寺指空懶翁舍利石鍾碑銘」陰記,『韓國金石全文』中世下, pp.
   1223~1229; 撰者 미상,「普濟尊者塔誌」陰記,『韓國金石全文』中世下, pp. 1242~
   1245.

며 조선 초 正智국사로 추증된 인물이다.[3] 법장은 송광사 마지막 16국
사였으며 「懶翁三歌」에 족을 달아 의미를 부여한 인물이다.

　이렇듯 훌륭한 제자들이 많았는데 그중에서 나옹법통설과 태고법통
설의 시비와 관련해 주목되고 있는 환암혼수와 혜근의 추모불사를 마
무리한 무학자초 두 사람은 모두 혜근의 高足이다.

　환암혼수는 혜근이 공민왕 19년 9월 주관한 공부선에 유일하게 두각
을 나타낸 인물로 공양왕대에 국사를 지냈으며, 1392년(조선 태조 원년)
에 입적하였다. 특히 혼수는 혜근과 보우 모두에 사승관계를 가진 인물
로서, 조선조에 들어와 나옹법통설과 태고법통설로 야기되는 사법문제
로 주목을 받았다. 먼저 혜근과 혼수의 관계를 살펴보면 혜근이 귀국한
직후 환암에게 전법한 사실과 공부선에서의 입격 사실로 보아 매우 밀
접한 師資관계임을 알 수 있다. 이와 같은 것은 아래의 기록이 잘 말해
준다.


　　　환암이 와서 도를 묻고 금란가사와 상아불자, 석장을 주어 신표로 삼았
다.[4]


　　　대사가 향을 파한 다음 자리에 올라 문제를 내리니 대회에 있던 많은
무리가 차례로 들어와 대답하였다. 혹 어떤 이는 理에는 통하는데 事에 걸
리고, 혹은 흥분해서 한마디로 이르지 못하고 물러가니 왕은 언짢은 기색
을 보였다. 그러나 환암혼수선사가 뒤에 이르렀다. 대사는 문제인 삼구·
삼관을 두루 물었다.[5]

---


3) 權近 撰,「龍門寺正智國師碑」,『朝鮮金石總覽』下, pp. 727~729. ‘王師無學俱入燕
京謁指空于法雲寺’

4)「靑龍寺普覺國師定慧圓融塔碑」,『朝鮮金石總覽』下 pp. 720~721. ‘又入五臺山居住
神聖菴時懶翁和尙亦住孤雲菴數與相見咨質道要翁後以金蘭袈裟象牙拂山形杖遺師
爲信’

5) 覺宏 錄,「懶翁行狀」,『韓佛全』 p. 707. ‘師拈香罷 陞座垂問 在會大衆 以次入對 皆

「神勒寺普濟禪師舍利石鐘碑」門生名目과 「安心寺指空懶翁舍利石鐘碑」門生名目에는 혼수가 상수제자로 기록되고 있다.

> 廣通無碍圓妙大智普濟大禪師修幻庵[6]
> 國師大曹溪宗師……智雄尊者幻庵混修[7]

「행장」에서도 보았듯이 혜근과 혼수가 처음 만난 것은 혜근이 귀국 후 전국을 다니며 수기설법을 하고 공민왕 9년(1360), 가을 오대산 고운암에 거주하였을 때인 듯하다. 이때 환암은 일찍이 오대산 신성암에 머물고 있었는데 서로 자주 만나서 법을 논하였으며, 후에 혜근은 환암에게 가사, 불자, 주장자 등을 주어 신표로 삼았다.[8]

혼수에 관한 그 이후의 기록은 공민왕 19년(1370) 혜근이 주맹이 되어 실시한 공부선에서 유일하게 합격하고 있음을 보여준다. 일반 과거에서도 그러하듯이 승과에서 주맹과 합격한 문생의 관계는 사법 이상의 긴밀한 관계로 볼 수 있다. 또한 혼수는 覺璉이 기록한 혜근의 『어록』과 覺雷가 기록한 『가송』을 동시에 교정하였으며, 우왕 초에 수선사(송광사)의 주지가 된 사실 등으로 본다면 혼수와 혜근의 법연은 누구보다도 심중함을 알 수 있다. 따라서 굳이 분류한다면 태고보다는 혜근 쪽에 그 법연이 지중하다 할 것이다. 그러므로 이색은 혜근의 비문을 찬할 때 거듭하여 혼수를 그의 문생으로 기록하고 있는 것이다.

이색은 혼수와는 젊은 시절부터 잘 아는 사이이므로 혼수의 스승과

---

日來會 或理通而碍於事 或狂甚而失於言一句 便退 上若不豫色 然幻菴混修禪師後至 師歷問三句三關 …… 會罷'

6) 「神勒寺普濟禪師舍利石鐘碑」門生名目,『朝鮮金石總覽』上, p. 516.

7) 「安心寺指空懶翁舍利石鐘碑」門生名目,『朝鮮金石總覽』上, p. 522.

8) 「有明朝鮮國普覺國師碑銘幷序」,『陽村集』卷 37(민족문화추진회 영인본, 1979, p. 72). '又入五臺山 居神聖菴時 懶翁勤和尙 亦住孤雲菴 數興相見 咨質道要 翁後以金欄袈裟象牙拂山形杖 遺師爲信'

그 제자들을 누구보다도 잘 알고 있었다. 혼수와 이색의 친밀한 관계는 『牧隱詩藁』에 이색이 혼수를 생각하며 지은 시가 13편이나 실려 있으며, 『牧隱文藁』에 「환암기」를 남기고 있는 것을 보아도 충분히 짐작할 수 있다.[9] 그리고 이색은 비문 등에 혼수를 혜근의 상수제자로 기재하고 있다. 이와 같은 사실은 혼수가 청평사에 있으면서 혜선사를 보내 이색에게 「幻庵記」를 써주기를 부탁하였을 때의 분위기를 보아도 알 수 있다.

> 좀 자라서 선비 16인과 계를 맺어 좋게 지내는 사이가 되었다. 천태의 원공과 조계의 수공도 참여하였는데 서로 얻기를 깊게 함과 서로 기약하기를 두터이 함은 더 말해 무엇 하랴. 내가 연경에 가서 관학에 다니게 되자 수공도 산으로 들어갔는데 이제 30년이 지났다. 간혹 서로 만나 자게 되면 그 전일을 회상하게 되는데 시를 짓고 술을 마시며 기세가 등등하였던 것을 어찌 다시 얻으리요.[10]

그러면 태고보우와 관련된 혼수의 사법문제를 살펴보기로 하자. 먼저 보우의 사법전승을 보면, 보우가 중국의 石屋淸珙에게서 법을 사승한 내력은 「太古行狀」,[11] 「太古語錄序」[12] 등 여러 문헌에서 명백히 밝히

---

9) 이색은 혜근과 그 제자들의 요구에 따라 수많은 詩·碑文·說·記·書 등을 써 주었다. 「淸州龍子山松泉寺眞堂記」, 「潤筆庵記」, 「香山安心寺舍利石鐘記」, 「牛頭山見庵禪寺重修記」, 「五臺山上院寺僧堂記」, 「普濟尊者語錄後序」, 「幻庵記」, 「天寶山檜巖寺修造記」, 「澄泉軒記」 등. 『牧隱文藁』, 『東文選』 卷 73·74·75.

10) 李穡, 「幻庵記」, 『牧隱文藁』 卷 4, 『東文選』 卷 74. '稍長 縫十六人結爲好 今天台圓公曹溪修公如焉 相得之深 相期之厚 復何言哉 及予官 學燕京 修公亦入山 今三十年矣 間或相値 信宿則別 廻思前日時酒淋漓 何可復得'

11) 維昌 撰, 「太古行狀」, 雪栖 編, 『太古和尙語錄』, 『韓佛全』 6-697 中~下. '屋呵呵大笑云 長老 汝之三百六十骨節 八萬四千毛孔 今日盡打開了 老僧亦七十餘年 故作家事喫稱奪了也 又曰 老僧 今日旣已放下 三百 近擔子 遞稱擔了 且展脚睡矣 …… 屋又問 空劫已前 有太古耶 無太古耶 曰 空生太古中 屋微笑云 佛法東矣遂以袈裟

고 있다. 그런데 문제는 환암혼수가 과연 태고의 법통을 전수한 상수제
자인가 하는 점이다. 「太古寺圓證國師塔碑」에는 태고의 문도가 천수백
명이라고 기록되어 있다. 그중에서도 혼수를 맨 처음에 특서하고 있다.

> 國師智雄尊者混修
> 王師圓應尊者粲英
> 內願堂妙嚴尊者祖異[13]

　뿐만 아니라 「태고행장」에서도 혼수를 문도의 가장 으뜸으로서 맨
처음에 기록하고 있다.[14] 그러나 앞서도 살펴보았듯이 혼수는 나옹화상
문생명목에 상수제자로 기록되어 있다.[15]

　혼수는 혜근이 주맹이 되어 실시한 공부선에 유일하게 인가를 받았
으며, 환암이 오대산 신성암에 머물 때 자주 만나서 도법을 논하였다
하며, 후에 혜근은 혼수에게 가사, 불자, 주장자 등을 주어 신표로 삼은
것[16] 등의 기록을 보이고 있다. 따라서 굳이 법을 따진다면 혼수의 법을
태고보다는 혜근에게 대는 것이 더 심중한 것으로 느껴진다.

　사법문제와 관련해서 혼수의 비문을 자세히 보면 그는 繼松禪師에게
가서 축발하였고, 息影鑑화상으로부터 『능엄경』을 배웠으며, 나옹혜근
을 자주 뵙고 도의 긴요를 물었는데 혜근은 혼수에게 法物을 주어 신표

---

　　票信曰 衣誰今日 法自靈山 流傳至今 今附於汝 汝善護持 母令斷絶'
12) 李崇仁,「太古語錄序」,『韓佛全』6-669 中. '近世太古 盖人豪也 橫拈一錫 遊徧江湖
　　　至吳興之霞霧山 參見石屋珙禪師 目攀妙契及其告歸 授以伽棽 所以傳心也 石屋卽
　　　臨濟十八世 嫡孫而太古之傳 得爲大宗焉'
13)「太古寺圓證國師塔碑」門徒記,『朝鮮金石總覽』上, pp. 528~29.
14) 雪栖 編,『太古和尙語錄』卷下,『韓佛全』6-700 上.
15)「神勒寺普濟禪師舍利石鐘碑」門生名目,『朝鮮金石總覽』上, p. 516;「安心寺指空
　　　懶翁舍利石鐘碑」門生名目,『朝鮮金石總覽』上, p. 522.
16) 이 장 주 8) 참조.

로 삼았다고 기술한 내용을 읽을 수 있다.[17] 혼수의 비문을 중심으로 보면 혼수의 득도사나 사법사로 여길 수 있는 사람은 계송·식영감·나옹뿐이다. 혼수의 비문에 태고는 전혀 보이지 않고 있는 것이다. 그리하여 기존의 학자들은 '만약 혼수가 태고의 법을 공식적으로 사승한 사법제자였다면 그처럼 중요한 사실을 어찌 혼수의 비문에서 뺄 수 있었겠는가'라고 의문을 던지고 있다.

이것은 木庵粲英의 비문에서 태고로부터 사법한 사실을 비명 벽두에 특필한 것[18]만 보더라도 사법사실은 비문에서 누락시킬 성격의 것이 아니다. 그럼에도 혼수의 비명에 태고에 대한 언급이 전혀 보이지 않는 것은 태고를 혼수의 사법사로 인정하기에는 석연치 않은 면이 있다는 의심을 불러일으킨다.

그러나 이것은 사법승이 꼭 하나여야 한다는 선입견에 따른 것이 아닐까 한다. 혜근이 멀리 원에까지 가서 지공과 평산 2인의 법을 이어오고 있는 데서도 이 점을 유추할 수 있겠다. 혜근의 가송에 보이는 「送幻庵長老謁師翁」은 혼수의 보우와 혜근의 2인 사승에 관한 이러한 사실을 추측케 한다.

> 남은 의심 풀려고 스승 뵈오러 가나니
> 주장자 거꾸로 잡고 활발하기 용과 같다.
> 철저히 파헤쳐 분명히 안 뒤에는
> 대천의 온 사바세계에 맑은 바람 일으키리.[19]

위의 글은 확실히 혜근 이외의 스승이 있음을 나타내는 것이다. 따라

---

17) 「靑龍寺普覺國師定慧圓融塔碑」, 『朝鮮金石總覽』 下, pp. 719~25.

18) 「億政寺大智國師智鑑圓明塔碑」, 『朝鮮金石總覽』 下, pp. 715~19. '其才高邁豪爽 卓越者固不爲小 而大智國師尤其傑然者也'

19) 『韓佛全』 6-738 上. '餘疑要決謁師翁 倒握烏藤活似龍 徹底掀飜明白後 大千沙界起 淸風'

서 혼수의 사승문제는 혼수가 혜근과 보우의 법을 함께 이었다고 보아
야 할 것이다. 혜근의 몰년은 1376년(우왕 2년)이고 보우는 6년 뒤인
1382년(우왕 8년)인 것과 신돈 제거 이후 1381년 다시 보우가 국사직에
있었던 것을 볼 때 당시 조계종을 대표하는 이는 보우라 하겠다. 혼수
는 1383년 국사로 책봉되었고 태조 즉위 초에 갑자기 입적하였으나 혜
근과 보우, 2인의 법을 함께 받았다. 그리고 분명히 維昌이 찬한「태고
행장」에는 혼수를 두서에 기록하고 있다.[20] 그리하여 이미 조선전기 혜
근의 법맥이 자초 — 기화 이후 전승되지 못한 상황에서 조선후기에 태
고 중심의 법통설을 세울 때, 당연히 국사를 지냈고 고려 선맥을 잇고
있는 혼수에게 그 법통을 정리할 수 있었던 것이다. 그러나 과연 나옹
법통설이 옳으냐 태고법통설이 옳으냐는 문제의 본질이 다르므로 뒤에
서 다시 논의하겠다. 어쨌든 혼수의 사법문제는 법통설과 관련, 계속
고찰해야 할 사항의 하나로 지적될 수 있다.


## 2. 자초의 嗣承


　환암혼수 외에 혜근의 상수제자를 꼽는다면 무학자초(1327~1405)를
들 수 있다. 자초는 혜근의 제자 중 그 누구보다도 밀접한 관계를 보여
주고 있다. 자초는 혜근과 마찬가지로 지공을 찾아 참례(1353)한 인연을
갖고 있었다.[21] 먼저 혜근과 자초의 관계를 살펴보면, 1354년 원의 법원
사에서 혜근과 처음 만났으며, 1356년 여름에는 瑞山 靈岩寺에서 혜근
을 다시 만나 여기서 두어 해 머문 기록이 보인다.[22] 또한 자초가 귀국

---

20)『韓佛全』 700上. ‘其推爲上首輩者 曰幻菴和尙 今爲國師正辯智智雄尊者’
21) 卞季良,「檜巖寺妙嚴尊者塔碑銘」,『朝鮮金石總覽』下, pp. 1280~83. ‘癸巳秋 挺身
　　走燕都 參西天指空 禮拜起云 三千八百里親見和尙面目 空云 高麗人都殺了 蓋許
　　了也 衆乃大驚’

할 때 혜근은 妙悟傳心의 手書를 주면서 전송하였다.

> 이미 주머니 속에 따로 세계가 있음을 믿어서
> 동쪽 서쪽에서 三玄 쓰는 것을 일임하여 둔다.
> 누가 너에게 참방한 뜻을 묻는 이가 있거든
> 앞문을 타도하고 다시 말하지 말라.[23]
>
> 서로 아는 사람이 천하에 가득하니
> 마음을 아는 사람이 능히 몇 사람이나 되겠느냐.
> 너와 나는 일가를 이루었구나.
> 도가 사람에게 있으면
> 코끼리 상아가 있는 것 같아서
> 비록 감추고자 하나 될 수 없는 것이다.
> 다른 날 네가 어찌 남의 앞에
> 나서는 인물이 되지 않겠는가.[24]

이로써 혜근과 자초의 사법관계를 알 수 있다. 그리고 이러한 사실이 원에서의 일이었음을 볼 때 자초가 혼수보다 전법에 있어서는 앞선다 하겠다.

자초는 귀국 후 1359년(공민왕 8년) 천성산 원효암에 머물고 있는 혜근을 찾아갔고, 여기서 혜근은 자초에게 불자를 주어 믿음을 표시하였다. 1361년에는 해주 신광사에 머물고 있는 혜근을 찾아갔고 여기서 그에게 다시 시를 주고 있다. 또한 혜근은 송광사 주지를 맡고 있을 당시 (1371년 9월 27일∼1373년 9월) 찾아온 자초에게 의발을 주었으며, 자초는

---

22) 卞季良, 「檜巖寺妙嚴尊者塔碑銘」, 『朝鮮金石總覽』 下, 1976, p. 1282.

23) 「送無學」, 『韓佛全』 6-738; 卞季良, 앞의 글, 앞의 책. '已信囊中有天 東西一任用三 玄 有人門稱參方意 打倒面門更莫言'

24) 卞季良, 앞의 글, 앞의 책. '師曰相識滿天下 知心能幾人 爾與我一家矣 又曰道之在 人 如象之牙 雖欲藏之不可得也 他時爾豈爲人前物乎'

게로써 화답하였다.[25] 또한 1375년 혜근에 이어 송광사 주지를 맡기도 하였다.[26]

1376년(우왕 2년) 혜근이 자초를 회암사 낙성식 때 불러 자초를 수좌로 삼으려 했었고,[27] 1376년(우왕 2년) 혜근 입적 후에는 자취를 감추었다. 그러나 그는 혜근의 기적적인 열반불사에 힘입어 지공과 혜근의 추모불사를 주도하게 되는 것이다.

혜근 입적 이후 자초의 행적은 그야말로 지공 — 혜근을 계승하는 제자로서 조금도 손색이 없으니, 1378년(우왕 4년) 「西天提納薄陁尊者碑」 건립 참여, 1379년(우왕 5년) 「神勒寺普濟禪師石鍾碑」 건립 참여, 1383년(우왕 9년) 「神勒寺大藏閣碑」 건립 참여, 1384년(우왕 10년) 「安心寺舍利石鍾碑」 건립 참여는 이러한 사실을 뒷받침한다 하겠다. 또한 1392년(태조 1년) 10월, 왕사로 책봉되어 왕의 명으로 혜근이 머물던 회암사로 갔으며, 1393년(태조 2년) 9월에는 廣明寺에서 혜근의 掛眞佛事를 하였다. 1394년(태조 3년) 6월에는 「佛祖宗派之圖」를 편간하여 難陀寺에 판을 남기고 있으며 동년, 혜근의 탑명을 회암사에 조각하고,[28] 1402년(태종 2년) 7월 13일 회암사 監主로 부임하였다.[29]

자초가 입적한 후에는 지공·혜근에 이어 卞季良이 찬한 자초의 탑비가 회암사에 나란히 세워지게 되니,[30] 이것은 또한 지공의 '삼산양수지기'의 수기에 따른 혜근의 뜻을 자초가 잘 계승하고 있다고 볼 수 있다. 회암사를 둘러싼 3대화상 탑명의 건립은 후일 조선에 이르러 3대화

---

25) 卞季良, 앞의 글, 앞의 책.

26) 鏡巖慣式, 「松廣寺事蹟」, 『曹溪山松廣寺事蹟』.

27) 卞季良, 앞의 글, 앞의 책. '馳書召師以充首座 師力辭翁曰多管不如多退 臨濟德山不做首座 來俾居便室' 이 기록에서 혜근 입적 후 그의 제자들과 자초의 반목을 엿볼 수 있다.

28) 卞季良, 앞의 글, 앞의 책.

29) 『太宗實錄』 卷 4, 太宗 2年 7月條.

30) 『太宗實錄』 卷 20, 太宗 10年 7月 12日條.

상으로서의 지공·나옹·무학이 숭앙받게 되는 근원이 되었다.

이렇듯 혼수가 혜근과 보우에 걸쳐 그 사법에 있어 시비 대상이 되는 반면, 자초가 혜근의 상수제자임에는 논란의 여지가 없다. 이후 자초의 법은 조선대에 이르러 涵虛己和(1376~1433)에게 이어졌다.

혼수와 자초 이외에도 많은 제자가 있었으니 대략 살펴보면 『懶翁和尙語錄』을 기록하고 서문을 李達衷에게 청한 幽谷覺宏,[31] 『나옹화상어록』을 간행한 覺玗, 覺璉,[32] 覺卞, 가송을 기록한 覺雷를 들 수 있다. 또한 혜근을 좇아 오랫동안 공부하였다는 澈首座 澄泉,[33] 혜근의 유력지를 따라 다닌 雪岳負暄,[34] 혜근이 매우 사랑했다는 중영각웅,[35] 곁에서 가장 오래 모셨다는 野雲覺玎, 대장경을 인쇄하고 읽을 때 함께 한 雪牛 乳上人,[36] 오대산 상원사 승당을 지은 釋英露菴,[37] 혜근을 사모하여 출가한 寶巖 진상인, 혜근의 호를 거꾸로 쓴 月江寶鏡, 시를 구하였던 玉溪 宜上人, 印經을 주선하고 금강산 正陽庵에 掛塔한 高弟 無及,[38] 霜泉, 『竹磵集』을 지은 혜근의 제자 竹磵宏寅[39] 등이 있다.

그외에도 화엄종의 고승 寂菴景元,[40] 신인종에 출가하였으나 혜근을

---

31) 李達衷, 「懶翁和尙語錄跋」, 『東文選』.

32) 李穡, 「淸州龍子山松泉寺懶翁眞堂記」, 『牧隱文藁』 卷 6, 『韓國文集叢刊』 5, 민족문화추진회, p. 48. '今其徒覺連又來曰……作屋三間 茂戌八月 畢功 垂我懶翁眞于其中'

33) 李穡, 「澄泉軒記」, 『東文選』 卷 74. '澈首座衆普濟尊者 從之居者久'

34) 李穡, 「負暄堂記」, 『東文選』 卷 75. '雪嶽上人 懶翁第子也 師之卓錫神光 移于圓寂……然後復住檜巖也 上人皆從之'

35) 李穡, 『牧隱文藁』 卷10 仲英說.

36) 李穡, 『牧隱文藁』 卷 10 雪牛說.

37) 李穡, 「五臺上院寺僧堂記」, 『東文選』 卷 75. '釋英露菴 懶翁弟子也 五臺入上院 見僧堂有基而無屋……始於丙辰秋 功訖丁巳冬'

38) 『韓佛全』 6-709. '艵持入 金剛山 安于楡岾寺 門人無及覺信'

39) 成俔, 『慵齋叢話』 卷 8, 고대 민족문화연구소, 1975. '竹磵集一峽 懶翁弟子僧宏寅 與歐陽玄危素 兩兩學士作序 而詩最健'

좇은 息庵,[41] 종이를 만드는 데 수고한 覺雲, 覺뭆, 覺洪, 道惠, 梵雄, 志寶, 海珠[42] 등이 있다. 또한 향산 윤필암에 혜근의 사리를 모셨다는 勝智와 覺淸, 혜근의 화상을 금강산 윤필암에 모시고 조석으로 향화한 志林, 粲如, 志玉, 信元, 覺峰,[43] 미지산에 윤필암을 세운 志先, 志守, 비구니 妙德,[44] 지공의 사리 9과와 혜근의 두골 한 조각과 사리 5과를 향산 安心寺에 모셨다는 覺持와 覺悟,[45] 신륵사에 나옹의 사리석종비를 세운 覺信, 覺珠,[46] 회암사에서 혜근의 추모불사를 한 회암사 주지 倫絕磵과 覺田,[47] 지공에게서 받은 戒牒이 전하고 있는 覺慶 등을 들 수 있다.

이처럼 혜근의 문도는 종파를 떠나서 매우 많았음을 알 수 있다. 그 가운데 本寂達空은 대표적인 문도였다.[48] 또한 혜근과 함께 지낸 적이 있는 견암선사 達順은 자초에 버금가는 고승이었던 것 같다. 달순은 법계가 수좌에 오른 선승이라는 사실만 알려지고 있고 그가 속한 종파와

---

40) 李穡,「寂菴記」,『牧隱文藁』卷 6. '元公嘗師事懶翁'

41) 李崇仁,「送息庵遊方序」,『陶隱集』卷 4,『韓國文集叢刊』6, 민족문화추진회, 1990, p. 601. '年十二 投紳印宗 薙髮 學既進 中僧選……去而從懶翁游'

42) 李穡,「神勒寺大藏閣記」『韓國金石全文』, pp. 1214~22.

43) 李穡,「金剛山潤筆庵記」,『牧隱文藁』卷 2;『東文選』卷 73, p. 131. '志林粲如志玉 信元覺鋒 謀所以致敬懶翁'

44) 李穡,「砥平縣彌智山潤筆庵記」,『東文選』卷 74, p. 162. '此釋志先志守之奔走 與夫 定安君夫人任氏 今爲比丘尼名妙德 德捨財而彌智之有是菴也'

45) 李穡,「香山安心寺舍利石鍾記」,『牧隱文藁』卷 3;『東文選』卷 74, p. 150. '釋覺持 來曰 吾與覺悟 作石鍾 以厝指空 舍利九枚 普濟頭骨一片 舍利五枚于安心寺'

46) 李穡,「驪江縣神勒寺普濟舍利石鍾碑」,『東文選』卷 73, p. 138. '曰覺位者 實幹石鐘 而曰覺珠者 求燕石將載其事'

47) 李穡,「天寶山檜巖寺修造記」,『牧隱文藁』卷,『韓國文集叢刊』5, 민족문화추진회, 1990. '檜巖寺住持倫絕磵嘗語穡曰 普濟既寂 浮屠銘立矢……門人覺田又來曰吾師 既逝矣……然寺之興替在乎後之人 吾徒之能振否也'

48) 權近,「達空首座問答法語書序」,『陽村集』卷 17. '又積十載 始謁懶翁於洪川 舉一 轉語 翁乃可之 又十載所造益深 前後問答凡若干語 得蒙印可 爲正適'

산문은 알 수 없지만 계행이 긴요하고 고결해서 혜근과 함께 수행하는 도반이 모두 감탄하고 기이하게 여겨 마음속으로부터 존경하며 예를 다했다고 한다.[49] 또 혜근이 입적한 뒤에는 나옹 「비음기」에 달순의 이름이 올라 있어 나옹이 입적하기까지 교유가 있었던 인물로 보인다. 조선초기에 지어진 『東文選』, 『慵齋叢話』, 『東國僧尼錄』과 도안의 『月渚集』 跋 등에서도 볼 수 있듯이 혜근과 그의 문도들은 고려 말 이래 조선전기 16세기 무렵까지 불교계를 이끌어갔다 하겠다.[50]

---

49) 李穡, 「巨濟縣牛頭山見巖禪寺重修記」, 『東文選』 卷 75, pp. 171~172. '懶翁之師指空也 曰達順者先在堂下 戒行緊密 同列皆服 懶翁亦奇之 故其爲王師 英袖萬衲 尊榮無對 獨順師之 與之交禮 順師雖走避 懶翁意不敢自尊 是以凡在懶翁門者 敬順師致禮 悉出心悅 非曰吾師尊之 吾輩姑從而尊之也 順之爲人如此'
50) 李穡, 「安心寺指空懶翁舍利石鐘碑」, 『朝鮮金石總覽』 上 門生名目, p. 522.

# Ⅱ. 懶翁法統說

## 1. 법안 — 나옹법통설

조선 선가의 법통설에 대해서 본격적인 논의가 시작된 것은 조선후기 서산휴정(1520~1604) 이후라고 할 수 있다. 이 논의는 근대 일제시기에 들어와 다시 불붙기 시작하여 현재는 태고법통설로 정리하여 받아들이고 있다. 현재 조계종단의 宗憲에 宗祖는 道義國師, 중흥조는 태고국사임을 분명하게 명시하고 있지만, 아직도 이 문제가 명쾌하게 정리된 것이라고 볼 수 없다.[51]

---

51) 조계종의 宗名 및 宗旨에 관한 것 중, 종지에 관한 부분을 발췌하면 그 법통설의 윤곽을 알 수 있다(『法令集』, 대한불교조계종, 1995, p. 19).
第1章 宗名 및 宗旨 : 본 宗은 신라 道義國師가 創樹한 迦智山門에서 기원하여 고려 普照國師의 重闡을 거쳐 太古普愚國師의 제종포섭으로써 曹溪宗이라 공칭하여 그 종맥이 면면부절한 것이다.
第2章 本尊 紀元 및 嗣法條 6條 : 본 宗은 신라 憲德王 5년에 曹溪惠能祖師의 曾法孫 西堂智藏禪師에게서 심인을 받은 道義國師를 宗祖로 하고, 고려의 태고국사를 重興祖로 하여 이하 淸虛와 浮休 양대 맥을 계계승승한다.
법통설과 관련하여 발표된 논문 중 주요한 것을 들면 아래와 같다.
金映遂,「曹溪宗과 傳燈通規」『佛敎(新)』 43~45, 불교사,1942.
＿＿＿,「宗祖·宗名의 質疑에 대하여」『佛敎(新)』 61, 불교사, 1944. 6.
林錫珍,「普照國師研究」,『佛敎』 101~102號 불교사, 1942~1943.
智冠,『曹溪宗史』, 동국대 동국역경원, 1976.
耕雲炯埈,『海東佛祖源流』 4冊, 불서보급사, 1978.

해방 전후 조계종 명칭이 정식 사용된 이후 근래에 들어와서도 태고법통설 못지않게 보조법통설·나옹법통설도 논란이 있어왔다. 나옹법통설은 鄭晃震에 의해 '懶翁重興祖說'[52]이 발표된 후, 최근 허흥식에 의해서 다시 제기되고 있다.[53] 여기에서는 기존의 시비에 대한 천착보다는 혜근의 선사상과 관련하여 나옹법통설이 갖는 의미를 다시 검토해 보았다.

법통에 관한 논란이 끊이지 않는 원인은 대체로 세 가지로 나누어볼 수 있다. 첫째, 사법전등이 조선전기 억불기를 거치면서 거의 절멸의 상태에 이르고 성리학이 불교를 대신할 사상으로 전면 대두된 상황에서 이에 관한 기록을 남길 수 없었기 때문이라고 생각된다.

둘째, 조선 중·후기 대두되기 시작한 법통설문제는 임제종으로만 師資相承의 맥을 처리하고자 한 데 있다. 국내 불교계는 중국과는 달리 종파불교가 아닌 통불교의 사상적 특성을 지니고 있었기 때문에 임제종 중심의 법맥 정리는 결국 한국 불교의 폭을 좁히는 결과를 가져온다는 것은 여러 학자들이 지적한 바이다.

셋째, 법통을 조선시대 성리학의 적자상속의 영향을 받아 정리하였기 때문이라 생각된다. 고려시대에는 부계를 직계로 받아들이는 사회적 개념이 충분히 형성되지 않았기 때문에 지눌 아래서 선종은 계보나 법통을 형성하지 않았다. 따라서 새롭게 법통을 정립할 필요성이 생긴 조선 중·후기, 사법전등의 법맥은 자연 임제종 적자 중심이 되었다.

이런 문제점을 갖고 있는 까닭에 기존의 태고법통설은 다시 평가되어야 할 것이다. 나옹법통설과 태고법통설에 있어서 혼란을 빚고 있는

---

金煐泰, 「朝鮮禪家의 法統考」, 『佛敎學報』 22집, 동국대 불교문화연구소, 1985.
性徹, 『韓國佛敎의 法脈』(海印叢林), 1976(증보판 장경각, 1990).
許興植, 「懶翁의 思想과 繼承者」 上·下, 『韓國學報』 58·59집, 일지사, 1990.
52) 鄭晃震, 「朝鮮佛敎의 嗣法系統」, 『佛敎(新)』 5집, 1937. 7.
53) 許興植, 앞의 글, 앞의 책.

212

법통관계의 해결은 어떤 법통설이 올바른 것인지를 떠나서 한국 법통설의 이해를 가져다 줄 수 있다.

혜근의 법통에 대한 기록들을 살펴보면 크게 법안계통의 법계와 임제계통의 법계로 정리하는 것, 두 가지를 들 수 있다. 전자에는 許筠 (1569~1618, 호는 端甫)의 「淸虛堂集序」[54]와 「海印寺泗溟大師石藏碑」,[55] 후자에는 무학의 「佛祖宗派之圖」,[56] 懷白의 「霽月堂大師集敍」,[57] 蓮宗의 「月渚堂大師集跋」[58]이 있다.

먼저 혜근의 법통설과 관련하여 법안법통설의 의미를 살펴보면, 허균의 「청허당집서」와 「해인사사명대사석장비」는 모두 광해군 4년(1612)에 지은 것인데, 西山이 입적한 지 8년 후이며 四溟(1544~1610)이 입적한 지 2년 후의 일이다. 전자는 법통을 고려 초까지 소급하여 빠짐없이 정리한 현존하는 가장 오래 된 기록이기도 하다. 이 두 글에서는 혜근의 법통을 서산이 계승한 것으로 기술하고 있다. 그런데 「청허당집서」는 혜근―서산을 잇는 법안법통설을 말하고 있고, 「해인사사명대사석장비」는 지눌·혜근의 법을 서산―사명이 잇고 있음을 말하고 있다.

도봉영소국사가 중국으로 가서 법안영명의 법을 전해 받고 송 건륭간(960~962)에 본국에 돌아와서 현풍을 크게 진작하여 …… 영소국사의 정법안장이 도장신범에게 전해졌다. 그리하여 청량도국·용문천은·평산숭신·묘향회해·현감각조·두류신수 등의 6세를 지나서 보제나옹을 얻게 되었다. …… 나옹의 법을 전해 받은 이는 남봉수능이 적자로서 있고, 정심증계가 또한 그 법을 계승했으니 벽송지엄의 스승이다. 벽송은 부용영관에게 전했으니 그 도를 얻은 이는 오직 청허노사가 가장 뛰어나다.[59]

---


54) 許端甫, 「淸虛堂集序」, 『韓佛全』 7-659~660.

55) 許端甫, 「海印寺泗溟大師石藏碑」, 『朝鮮金石總攬』 下, p. 824.

56) 無學, 「佛祖宗派之圖」, 『韓佛全』, 7-9.

57) 懷白, 「霽月堂大師集敍」, 『霽月堂大師集』 卷上, 『韓佛全』 8-113.

58) 蓮宗, 「月渚堂大師集跋」, 『韓佛全』 9-121 中.

목우(普照)·강월(懶翁)이 홀로 황매의 종지를 얻어서 선문을 대표하는 사람이 되었다. …… 보제로부터 5전하여 부용영관에 이르고 청허노사는 그의 입실제자가 된다. 청허의 혜관과 묘오는 선배들보다 뛰어나니 이는 근대의 임제·조동이다. 그의 법을 이은 이가 많으나 불가에서 사명대사를 추대하여 서산의 법을 바로 이었다 할 만하다.[60]

이 두 글은 다 서산이 혜근의 법계를 계승한 것을 기록한 것으로서, 「청허당집서」는 혜근을 임제법계설과는 다른 법안계통의 법맥을 이은 것으로 명기하고 있고 「해인사사명대사석장비」는 그러한 혜근—서산의 법계를 지눌에게로 정리하고 있다. 즉 허균의 법계설은 고려시대 전반에 걸쳐 국내 선종계에 지대한 영향을 끼친 영명연수와 보조지눌의 사상을 강조한 것이다. 「청허당집서」의 법계를 도표로 나타내보면 다음과 같다.

법안종 영명연수—① 도봉영소—② 도장신범—③ 청량도국— ④ 용문천은—⑤ 평산숭신—⑥ 묘향회해—⑦ 현감각조—⑧ 두류신수—⑨ 보제나옹—⑩ 남봉수능—⑪ 정심등계—⑫ 벽송지엄—⑬ 부용영관—⑭ 청허휴정

---

59) 許端甫,「淸虛堂集序」,『韓佛全』6-659~660. '道峰靈炤國師 入中原 得法眼永明之傳 宋建隆間 衍本國 大闡玄風 …… 師之正法眼藏 傳于道藏神範 歷淸凉道國 龍門天隱 平山崇信 妙香懷瀅 玄鑑覺照 頭流信修 凡六世而得普濟懶翁 …… 南峰修能 爲嫡嗣 而正心登階寔繼之 卽碧松智嚴之師也 碧松傳于芙蓉靈觀 得其道者 唯淸虛老師爲最杰云'

60)「慈通弘濟尊者四溟大師石藏碑銘」,『朝鮮金石總攬』下, p. 824. '唯牧牛江月 獨得黃梅宗旨 蔚爲禪門之冠……普濟五傳 爲芙蓉靈觀而 淸虛老師 稱入室弟子 其慧觀妙悟 有出於前輩 寔近代之臨濟曹洞也 厥後嗣法者 不無其人 而緇門盛 推泗溟大師 謂可繼西山之傳 或庶幾乎哉'
(黃梅宗旨) …… 牧牛子(知訥) …… 江月軒(懶翁) …… (5傳) …… 芙蓉靈觀 —淸虛休靜 — 泗溟惟政'

214

  이와 같은 법계에 대한 언급은 이미 학계의 많은 지적이 있는 것처럼
매우 생소하고 산만한 느낌을 주는 것이 사실이다. 그러나 허균이 남긴
서문과 비문은 조선시대의 법계설을 고찰하는 데 참으로 중요한 문헌
이다. 왜냐하면 허균의 말과 같이 나옹이 법안종의 영명연수(904~975)
의 법을 계승했고 나옹의 제자 남봉이 정심에게 전법했다는 사실 여부
가 아니라,[61] 당시는 浮休善修(1543~1615)와 서산의 고족 제자들이 생존
해 있을 때인데 이러한 법통설에 아무런 문제도 제기하지 않고 책으로
간행하고 비문으로 새긴 일이 확인되기 때문이다. 이로써 미루어보면
이때까지만 해도 서산 선문을 고려 초까지 소급하여 빠짐없이 정리하
여 '나옹법통'으로 보는 데 아무런 이의가 없었던 것으로 여겨진다.

  그렇다면 이 기록은 왜 혜근을 법안종에 대고 있는 것일까. 당시 국
내에서는 사법전등이라는 법맥이 정립되어 있지 않았고 국내의 불교계
는 중국과는 달리 종파불교가 아닌 통불교의 사상적 특성을 지니고 있
었다. 그러므로 허균은 법안종과 임제종이라는 사상적 구분이 아닌 하
나의 선종이라는 큰 테두리에서 보았던 것이다. 이런 이유로 「사명석
장비」에서는 중국 선종 오가칠종의 분류 이전인 오조 黃梅(홍인을 가리
킴)의 종지를 논하고 있는 것이다. 이것은 혜근이 종파를 뛰어넘어 분파
이전의 순수성을 지니고 있는 서천의 고승 지공을 찾아 그의 법을 이은
것과 같은 맥락에서 파악될 수 있다. 또한 성리학을 집성한 주희가 법
안종을 인정한 것도 허균이 계보에 법안종의 부분을 삽입케 한 배경이
라 생각된다.

  한반도에서는 예로부터 남종선이 도입된 이후 선종이 주류를 이루면

---

61) 高翊晋은 雪巖秋峰,「拈頌說話 跋」(1686) '我東有直點燈 前曹溪宗賜八字大師覺雲
   於幻庵南峰之役 得七大仙爛坷訣者也' 의 기록으로 南峰을 환암으로 보고, 법안
   연수—혜근—혼수의 맥의 근거를 대어 허균의 설이 허구의 것만으로 돌릴 수
   없다고 말하고 있다. 高翊晋,「碧松智儼의 新資料와 法統問題」,『佛教學報』제22
   집, 동국대 불교문화연구소, 1985, p. 211.

서도 화엄교학을 무시하지 않았고, 의천의 천태종 개창으로 천태선도 널리 알려졌으며, 또한 정토신앙 겸수는 법안종의 가풍과 매우 밀접한 관계에 있다. 선·교일치를 내세우며 참선과 간경·미타정토 수행도 겸수한 법안가풍이 고려전기 이래 지눌에까지 끼친 영향은 큰 것이었다.[62]

　한반도에서는 임제선이 들어왔다고 하나 임제종이 생겨나지도 않았고, 고려전기에 법안종이 들어왔으나 법안종이 생기지도 않았다. 법안종의 가풍은 오히려 천태종과 조계종에 널리 수용되고 있었다. 한반도의 승려들은 중국의 선승들과는 달리 모든 선종을 받아들여 함께 수행하였다. 허균의 인식은 중국의 임제선맥을 무시하고 국내에서의 전법사실에 역점을 두고 기록하여 혜근을 지눌에 대고 있으며, 혜근이 법안종의 가풍까지도 잘 수용하고 있다는 점을 들어 법안종에 대고 있는 것으로 판단된다. 일찍이 關口眞大는,

　　한국 불교가 조계종이라고 칭하고 있는 것은 당대의 선종에 직접 관계 있는 것을 말하여 주는 것이라고 생각되며, 만일 송대 이후의 선종을 계승한 것이라면 그들은 임제종·조동종 등을 표방했을 것이나 오로지 조계 혜능을 존중하고 숭상하고 있는 것은 이른바 오가칠종이라고 일컬어지는 분파에 집착되기 이전 시대의 순박한 선종의 정신을 표명하고 있는 것으로 생각된다.[63]

고 말하고 있는데, 이것은 위에서 보았듯이 선종법계 정리에 대한 허균의 시각과 궤를 같이하는 것으로서 상당한 설득력을 가지는 것이라 하겠다.

---

62) 제3장 주 3)~6) 참조.

63) 關口眞大, 「大韓佛教曹溪宗과 金剛般若經」, 『佛教學報』 11집, 동국대 불교문화연구소, 1974.

## 2. 임제 — 나옹법통설

임제와 관련하여 나옹법통설을 싣고 있는 것은 무학의 「佛祖宗派之圖」, 懷白의 「霽月堂大師集敍」, 蓮宗의 「月渚堂大師集跋」이다. 「불조종파지도」는 자초가 1393년(태조 2년) 祖派를 확정, 주청함에 따라 그 기초가 이루어지고 1394년 6월 편간하여 난타사에 판을 남김으로써 이루어지게 된 것으로, 혜근의 법계를 설암—급암—평산—나옹을 잇는 임제종파로 법계를 세우고 있다. 이 법계도는 혜근과 자초의 경우 지공의 영향이 매우 컸음에도 불구하고 이미 조선 초에 임제 중심의 법맥으로 정리되고 있다. 이것은 지공이 서천 선의 직접적인 전래자라고는 하나 조선의 선맥이 중국을 떼어놓고 이루어질 수는 없기 때문이다. 무학이 정리한 임제 계보는 평산—나옹—무학으로 이어졌으나 함허기화 이후 일찌감치 단절되었고 그후의 전승에 대해서는 더 이상 언급이 없다. 「제월당대사집서」에서는 나옹이 지공과 임제의 평산의 법을 받고 그 법을 다시 서산에게 전승하고 있으며 「월저당대사집발」은 임제의 선풍이 나옹—서산에 이어지고 있다고 말한다.

> 설암 아래 방출된 분이 평산처럼이다. …… 나옹이 중국에 가서 처음에 지공을 참견하고 현지를 깨달았으며 다음으로 평산을 참견하고 종풍을 깊게 체달하였다. 본국에 돌아와 법을 편 후로 많은 법파가 생겼으나 다 동일한 법인이었다. …… 나옹 이후 7전하여 청허에 이르니 청허의 깨달은 법의 세계가 일세를 떨쳤다. 청허의 제자들로서 그 종풍을 이어받고 그 가르침을 넓히는 이가 여러 곳에 많이 있다. 그러나 청허의 正宗을 잘 계승하여 중생 근기에 알맞게 선양하는 이는 오직 제월당대사이다.[64]

---

64) 懷白, 「霽月堂大師集敍」, 『霽月堂大師集』 卷上, 『韓佛全』 8-113. '雪岩下有傍出 平山處林者是也 ……懶翁入元 初參指空 始悟玄旨 次參平山 深徹宗風 來歸本域 派

그 원용하여 밝고 간략하면서 깊은 기상이 바로 조계·임제의 맥으로 이어졌으며 마음을 설하고 본성을 설하는 묘법은 나옹과 서산의 요지에 으뜸이었다. …… 조계임제의 선풍과 나옹·서산의 요지가 이에 이르러 더욱이 弘明케 되었다.[65]

위에서 보다시피 「제월당대사집서」, 「월저당대사집발」에서는 임제의 법통을 혜근이 잇고 있으며 그 법을 서산이 계승함을 기술하고 있다. 위에서 지적한 바와 같이 혜근이 지공과 평산의 법을 계승했다고 하는 데는 아무런 이의가 없다. 오히려 허균이 거론하고 있는 법안종계의 사법이란 말이 무척 생소하게 들리는 것이 사실이다.

그러나 여기에는 공통점을 지니고 있음을 지적할 수 있다. 그것은 첫째로 나옹의 사법 연원이 법안종 계통이냐, 임제종 계통이냐, 아니면 서천 지공 계통이냐는 일체 논외로 하더라도 조선시대의 碧松智儼(1464 ~1534)·芙蓉靈觀(1485~1571)·淸虛休靜 등의 조선의 선문이 나옹법통을 계승했다고 천명한 사실이다. 둘째로는 이러한 나옹법통설에 대하여 당시에 별다른 이의를 제기한 흔적이 보이지 않는다는 것이다. 뒤에 가서 더 살피겠지만 나옹은 조선시대 전반에 걸쳐 특별히 존숭을 받은 고승이다. 이러한 점으로 볼 때 나옹법통설이 「제월당대서집서」가 씌어진 1637년(崇禎 10년) 당시뿐만 아니라 「월저당대사집발」이 씌어진 1717년(肅宗 43년)에도 꾸준히 제기되고 있었다는 것을 알 수 있다.

그런데 얼마 안 가서 태고법통설이 대두되면서 나옹법통설은 퇴색하고 태고법통설이 주류를 이루게 됨을 볼 수 있다. 태고법통설의 가장

---

衍枝分 同一法印 …… 懶翁下七傳 至淸虛 法性波瀾 雷霆一世 師往矣 弟子之襲其風 以弘其敎者 何往無之 求其正宗一脉 的的相承 隨變隨機 著著善應者 惟霽月堂大師是也'

65) 蓮宗, 「月渚堂大師集跋」, 『韓佛全』, 9-121 中. '其融明簡冲之氣 直紹曹溪臨濟之脉 而說心說性之妙 不亞於懶翁西山之旨也 …… 曹溪臨濟之風 懶翁西山之旨 至此而 益弘明矣'

218

핵심이며 가장 오래 된 자료는 1625년 鞭羊彦機(1851∼1644)가 사명당 유정을 기념해 남긴 「鍾峰影堂記」이다.[66] 언기는 여기서 석옥청공 — 태고보우 — 소은 — 벽계정심 — 벽송지엄 — 부용영관 — 등계 — 종봉(사명을 가리킴)으로 그 법계를 정리하고 있다. 이것은 1630년 7월 李植(1584∼1647)의 「청허당집서」에도 그대로 답습되고 있다.[67] 그리고 인조 10년(1632) 여름, 李廷龜(1564∼1635)의 태고법통설이 명기된 서산의 비문을 表訓寺 기슭에 세우게 된다.[68] 이때 세워진 서산의 비는 이후 태고법통설을 수립하는 데 결정적인 기연이 되었다. 또한 태고법통설이 명기된 「청허당집서」를 받아 간행한 그 다음해인 1631년에는 張維(1587∼1638)로부터 역시 태고법통설이 명기된 서산의 비문을 받아다가 16년 후인 1647년, 해남 대흥사에 비를 세웠다.[69]

이때 서산의 비문과 서산문집의 서문을 쓴 이정구·이식·장유 등은 당대 최고의 명문대가요 세력가인 고관대작이었다. 이들로부터 태고법통설에 관계된 서산 중심의 글을 받아서 공식화시켰다는 것은 태고법통설을 확립하고자 하는 서산문도의 열성과 노력이 얼마나 대단했는가를 충분히 짐작하게 한다.

이후 1640년 中觀海眼은 「泗溟大師行蹟」을 쓰고 있는데 이것은 몇 가지 점에서 중요하다. 해안은 '서산은 能仁(석가불을 가리킴)의 63대손이며, 임제의 25세 직계손이 된다'고 천명하고, 영명은 법안종이고 목우자는 별종이며 강월헌은 평산에서 분파되었기 때문에 청허의 법맥과는 다르다고 밝히고 있다. 그리고 이러한 내용은 사명의 제자인 惠救, 丹獻 등이 전국의 승려들과 함께 모여서 의논하여 정해진 일이란 점을 밝

---

66) 彦機. 「蓬萊山雲水庵鍾峰影堂記」, 『鞭羊堂集』 卷 2, 『韓佛全』 8-253.

67) 「淸虛堂集序」, 『淸虛集』 卷 1, 『韓佛全』 7-568∼569.

68) 「金剛山白華寺立碑跋記」, 『奇巖集』 卷 3, 『韓佛全』 8-178.

69) 張惟 撰, 「海南縣大興寺淸虛大師碑銘幷序」, 『朝鮮佛敎通史』 上, pp. 469∼72. '崇禎四年辛未撰 後十六年丁亥立'

히고 있다.[70] 즉 태고법통설의 특징은 '임제법통이며 議政法統'이라 할 수 있다.

이렇듯 태고법통설은 1625년에서 1640년(인조 3년~인조 18년) 사이에 이루어졌다고 할 수 있을 것이다. 태고법통설을 수립한 중심 인물은 편양·중관 등이라 할 수 있는데 이들은 당시 승려들의 공론을 통하여 합의해서 정한 일임을 분명히 밝히고 있다.

태고법통설이 조선 불교 전법의 법맥으로 정해진 다음에는 별다른 이의 없이 줄곧 신봉되어 玩虛圓俊(1530~1619)의 비(1632년 입비)를 비롯하여 松月應祥(1572~1645)의 비명(1647년 입비)에도 태고법통설에 의거해 임제법손임을 비문 전체에 걸쳐 부각시키고 있다. 그리고 浮休門孫에서도 마찬가지로 부휴의 사법제자인 碧巖覺性(1575~1660)의 비에서도 임제법손임을 명기했으며,[71] 벽암의 법사인 白谷處能(?~1680)은 부휴의 비문을 지으면서 '부휴는 임제 후 24세 적손'이라 특필하고 있다.[72] 이러한 법통관은 서산 후 8세손인 獅巖采永이 1764년(영조 40년)에 쓴 『佛祖源流』[73]에 그대로 나타나고 있다.

그런데 어째서 태고법통설이 200여 년 동안 침묵되어 오다가 서산·사명·부휴가 다 示寂한 다음에야 논의되기 시작했을까. 이 점은 태고

---

70) 海眼 撰, 「泗溟堂松雲大師行蹟」, 『泗溟堂大師集』 卷 7, 『韓佛全』 8-75. '大師之室 中 節適弟子 惠救 丹獻等 與八表鬢侶 相爲之議曰 淸虛是能仁六十三代 臨濟二十 五世直孫也 永明則法眼宗也 牧牛子則別宗也 江月軒則分派於平山 本碑中吾師之 傳於臨濟 昭穆失次'

71) 「華嚴寺碧巖大師碑」, 『朝鮮金石總覽』 下, p. 918.

72) 「追加弘覺登階碑銘幷書」, 『大覺登階集』 卷 2, 『韓佛全』 8-332.

73) 『西域中華海東佛祖源流』, 『韓佛全』 10-97~134. '乾隆二十九年 甲申孟秋 望日月渚 之五世孫 錦波門人 獅岩采永謹識', '乾隆二十九年 甲申夏 刊板于全州 從南山 松 廣寺 觀音殿'; 「采永氏刊佛祖源流」, 『朝鮮佛教通史』 下, p. 954. 이 계보를 정리하 면 다음과 같다. 臨濟 …… 石屋 — ① 太古普愚 — ② 幻庵混修 — ③ 龜谷覺雲 — ④ 碧溪淨(正)心 — ⑤ 碧松智嚴 — ⑥ 芙蓉靈觀 — ⑦ 淸虛休靜, 浮休善修

220

법통설의 특성을 밝히는 데도 중요한 문제일 뿐 아니라 조선의 불교사를 조명하는 데 있어서도 반드시 고찰해야 할 과제이다. 이렇듯 조선 선가의 법통설은 서산 입적 후 허균 이래로 18세기에 이르도록 나옹법통설과 태고법통설이 각각 주장되어 왔음을 알 수 있다. 조선전기까지 유력했던 나옹법통설이 차차 태고법통설로 바뀌게 된 원인은 앞에서 지적한 바와 같이 조선조 유학의 영향에서 찾아야 할 것이다. 이 점은 3절 법통설의 검토에서 다시 상세히 논하기로 한다.

석옥─태고의 법통설에서 놓치고 있는 점은 국내에서 석옥의 선풍에 대한 연구가 미흡하다는 점이다. 석옥의 선풍은 간화선보다는 무심선 쪽이 강하고 태고보다는 백운경한이 석옥과의 관계가 더 긴밀하다는 의견이 있다. 앞으로 더욱 논의할 일이다.[74]

이외에도 법통에 관한 최초의 기록으로, 서명만 전하지만 법통을 실었음에 틀림없는 것으로 보이는 李藏用의「禪家宗派圖」와[75] 일연의「祖派圖」를 들 수 있다. 이장용은 몽고와의 외교에서 불교를 이용할 정도로 불교에 조예가 깊었으며, 일연은 조선대와는 달리 법통에 대한 폭넓은 인식을 가지고 있었으리라 생각되지만 이 둘이 서명만 전하므로 그 실체를 알 수가 없다. 그렇지만 현재 전해지고 있는 법통설보다는 훨씬 그 폭이 넓었으리라는 것은 짐작할 수 있다. 태고법통설의 성립에 관한 문제는 여러 각도에서 심도 있게 재조명될 필요가 있다고 하겠다.

---

74) 석옥에 대한 연구는 至柔 等 編,『福源石屋珙禪師語錄』,『佛教』제67호, p.1~56에 실려 있는 것이 눈에 띌 뿐이다. 李鍾益,「高麗 白雲和尙의 研究」,『法雲李鍾益博士論文集』, 1994; 兪瑩淑,「白雲의 法脈과 禪思想」, 芝邨金甲周敎授華甲紀念『史學論叢』, 사학논총간행위원회, 1994.

75)『高麗史』卷 102, 列傳, 李藏用條. '又喜浮屠書 嘗著禪家宗派圖'; 李鍾益,『大韓佛敎曹溪宗中興論』, 보련각, 1976.

## 3. 법통설의 검토

조선전기까지 유력하였던 나옹법통설이 태고법통설로 바뀌게 된 배경과 원인은 무엇일까. 이러한 사실은 당시의 시대적 상황과 연관시켜 살펴볼 필요가 있다.

나옹법통설을 정리한 허균은 선조(재위 1567~1608)와 광해군(재위 1608~23)대에 걸쳐 생존하였으며 四溟惟政(1544~1610)과 깊은 관계를 가졌던 인물이다. 광해군은 임진왜란 때 평양에 설치된 分朝에서 왜구를 상대로 큰공을 세우고 왕위에 올랐으며 후금과의 관계에서는 이중외교를 펼치는 등 자주적인 정치를 펼쳐나갔다. 그런데 1613년(광해군 5년) 영창대군을 옹립하려는 大北派에 의해 계축옥사가 일어나고 계비인 인목대비의 폐비사건(1618)이 일어나면서 생겨나게 된 북인과 서인의 갈등은 결국 1623년 광해군을 몰아내는 인조반정을 불러왔다.

인조(재위 1623~1649)는 광해군과는 달리 崇明反淸(당시는 후금) 정책을 펴나가니 이것이 빌미가 되어, 1627년 정묘호란이 일어나 형제의 맹서를 맺게 되고 급기야는 1636년 군신의 관계를 거부한다는 등의 이유로 청이 재차 침입하였다(병자호란). 이 두 난은 청이 명을 대신하여 중국대륙을 지배할 경우를 대비하여 조선을 군사적으로 제압·복종시키고자 하는 데 목적이 있었다. 결국 이 난은 소현세자와 봉림대군 등을 볼모로 하여 화친을 맺고 끝났다. 이후 청에서 돌아온 소현세자의 의문의 변사와 소현세자의 아들을 후계자로 하지 않고 봉림대군을 세자로 삼은 일, 효종의 북벌계획 등은 청과의 긴장상태를 잘 나타내고 있다.

태고법통설을 적고 있는 이정구·이식·장유 등은 申欽과 더불어 조선중기의 대문장가로, 정묘호란·병자호란시 강화로, 남한산성으로 왕을 호종하면서 화의를 반대하던 반청파의 주종세력이었다. 따라서 우선 허균과 세 사람을 대비해 살펴볼 때 정치적인 면에서 확연히 구별된다. 즉 허균은 임진왜란을 겪었으며 광해군 재위시 활동했고, 이정구 등 3 인은 인조반정을 경험하고, 정묘·병자호란을 겪었으며 서인이었다. 허균은 사명유정·광해군과 깊은 관계를 가졌던 인물이었고 위의 세 사람은 명·청(청 태조, 1616년 즉위) 교체기에 청에 대항하여 주전파를 이끌어나갔던 사람들이다.

허균의 시대에는 아직까지 조선전기 이래의 나옹법통설이 이어져 내려왔으며 나옹법통설에 대한 이견이 제기되지 않았던 것으로 보인다. 그러나 인조반정·양대 호란과 청의 건국 등은 조선 중·후기 사회에 많은 의식의 변화를 가져왔고 사회적 파급효과도 컸다. 조선은 명이 멸망하고 난 後 小中華意識을 확대시켜 나갔고 주자학적 화이관을 심화시켜 나갔으며,[76] 대륙에서는 임제종만이 그 명맥을 유지하고 있었다. 이러한 국제정세의 변화는 적자법통에 대해서도 새로운 시각을 가져와 임제종 중심의 태고법통설로 정립시키게 된 것이 아닌가 한다.

고려 말 본격적으로 도입되기 시작한 성리학은 과거와는 달리 '統'에 관심을 나타냈다. 계보는 그 이전과는 달리 양반계급의 일원을 나타내는 것으로서 중요하게 취급되었다. 과거 道統은 도의 직접적인 계승을 의미하지 않았는데, 그 이유는 적어도 맹자 이후 韓愈(768~824) 또는 程顥·程頤 형제에 이르기까지 스승으로부터 전달에 공백이 있었기 때문이다.

어떤 점에서 도통은 언제나 눈앞에 있으며, 도통은 단순히 개인의 소유문제였다. 이러한 이유에서 신유학자들은 중국 스승의 계보와 연결 없이도 그들 또한 도를 소유할 수 있다고 생각했다. 이러한 생각은 지눌의 경우와도 상통한다 하겠다.

그러나 인간의 계승과 통일의 형태로 있는 인간관계는 '통'에 대한 문

---

76) 曺永祿, 「朝鮮의 小中華論」, 『歷史學報』 제149호, 역사학회, 1996.

제에 관심을 기울였다. 따라서 역사의 시작, 왕위의 계승, 가계의 전승, 그리고 학문의 계승(道統) 등과 같이 다양한 측면에서 논의된 공통의 주제는 '통'이었다. 개인, 일족, 통치자 또는 학파의 명예라는 것은 역사 속에서 오직 계파의 유지와 저서, 계보를 통해서만 지속될 수 있기 때문에 족보와 가묘, 실록과 宗廟, 저술과 文廟와 같은 형태를 취하게 된다. 특히 성리학자들에게는 '도통'이 가장 중요한 것으로 간주되었는데, 이것은 문묘가 종묘보다 상위에 있음을 의미한다.[77]

일찍이 고려 말부터 鄭道傳 등 신진유학자들은 불교의 사회적 관례를 유교적 가치관으로 변화시키고자 하였다. 신진유학자들은 『朱子家禮』로 예를 규정하였으며, 장례에 대한 격식을 제공하였다. 그들은 가묘제도를 법률로 정했고 상장의례를 관례로 강제 결합시켰다. 계보와 관련된 제례의식은 『주자가례』에 의해 결정되었다. 위패의 서열과 등급을 정하는 昭穆제도는 유학을 열정적으로 장려하였고 불교를 가혹하게 박해하였던 성종대(재위 1469~1494)에 전면적으로 실시되었다. 이러한 상황은 임란에 크게 공을 세우고 불교계에 재활의 기운을 불어넣은 서산을 기점으로 인식의 커다란 전환점을 가져왔다고 생각된다.

불교는 유교와는 달리 일찍부터 師資傳承의 뚜렷한 계보를 가지고 내려왔다. 선종에서 법계에 대한 열성은 일찍이 중국 초기 선종사에서부터 볼 수 있던 것으로, 그 계보를 따질 때 능인(석가모니불) 하, 보리달마 하·혜능 하 몇 세손으로 표기해 온 전통이 면면히 내려오게 되었다. 또한 후기의 선은 계보를 源流와 流派로 나누었다. 그러나 조선조에 들어와 불교의 박해로 인해 법계에 공백이 있었다. 한편 16세기에 들어와서 유교의 禮學과 族譜는 크게 발전하고 있었다. 이러한 문제들은 선의 계보를 수립하도록 자극했고 이 영향은 서산 이후 조선후기에

---

77) J. Jorgensen, "Conflicts between Buddism and Confucianism in the Choson Dynasty", 『佛教와 儒教』 제16회 국제학술회의, 한국불교연구원, 1997.

224

전면적으로 나타나서 선의 계보를 태고, 궁극적으로는 보리달마로 거슬러서 연결시키고자 하였다.

임진·병자 양대 전란 이후인 17세기는 정치·경제·사회 등 모든 분야에 변화를 가져왔다. 특히 불교교단은 종래의 사회적 위상을 회복하기 위한 기회를 모색하던 시기였고 이러한 이유에서 불가의 법통을 재정립할 필요성을 인식하게 되었다. 그리하여 이때 대두된 선가의 법통문제와 관련해 적자상속에 강한 집착을 보이고 있다. 이것은 조선의 양반사회, 부계중심, 적자중심이 빚어내고 있는 사회현상의 영향 속에서 이해된다. 따라서 태고법통설도 같은 맥락에서 연결시켜 볼 수 있는 것이다.

고려시대에는 부계를 직계로 생각하는 사회적 개념이 충분하게 받아들여지지 않았고, 각 山門의 전통이 존재하고 있었으므로 지눌 아래서 선종은 중국과 직접적인 연계를 갖는 계보나 법통을 형성하지 않았으나 임진왜란 이후 서산계열이 돌출하면서부터 중국 그리고 마침내는 조선 선종에까지 연결짓는, 단절되지 않은 직계가 요구되었다. 이러한 까닭으로 후대인들에 의하여 지눌은 散聖, 나옹은 평산분파로 기록되었다.

태고법통설의 사자상승과 대대상전의 법맥에는 무리가 따른다는 것은 이미 학계에서 자주 거론되어 왔다.[78] 즉 무엇보다도 조선조 초·중기까지 태고보우 — 환암혼수 — 구곡각운 — 정심등계 — 벽송지엄 — 부용영관 — 서산청허로 이어지는 태고법통설의 文迹을 찾아보기 어렵다. 그리고 태고법통설은 무엇보다도 신라 말에서 고려 초에 형성된 구산선문의 전통과 불교가 성했던 고려시대의 국내 계승을 완전히 무시하고 원말의 중국 임제종에 근거를 두고 있으므로 한국 불교사의 대부분을

---

78) 沈載烈,「曹溪宗祖는 왜 普照國師인가」,『多寶』20호, 1996년 겨울호; 金相永,「曹溪宗 宗祖와 重興祖 論爭研究」 자료 1,『多寶』20호, 1996년 겨울호.

도외시하고 있다는 데 큰 문제점이 있다.

태고법통설을 주장한 이들은 조선중기 이후 혜근의 법등이 이어지지 않고, 태고의 비에 혼수가 문인으로 수위를 차지하고 있다는 점을 근거로 혼수를 태고의 맥에 대고 정리하고 있다. 혼수가 혜근의 문인이냐, 태고의 문인이냐는 앞절에서도 언급하였듯이 혼수의 비문에 태고로부터의 法傳 사실이 보이지 않는 중요한 문제점을 포함하고 있다. 그러나 조선후기 이후 태고법통설이 대두되면서 혼수는 태고의 문인으로 받아들여지고 있다.

앞절에서 혼수가 태고와 나옹, 두 사람의 법을 함께 이었다고 결론지었다. 혼수는 혜근이 실시한 공부선에 입격하였고 1383년(우왕 16년) 국사로 책봉되고 공양왕 때까지 국사를 지냈다. 혜근의 입적(1376)과 보우의 입적(1382) 사이에 어떤 변화가 있었는지는 정확히 알려진 바가 없다. 그러나 유창이 기록한 「태고행장」에 혼수가 태고 문인의 수자리에 올라가고 후일 이것을 근거로 태고보우—환암 혼수의 태고법통설이 세워지게 되었다고 할 수 있다. 이것은 위에서도 언급하였듯이 성리학의 적장자 상속 등의 영향과 명·청교체기의 소중화의식에 바탕을 둔 법맥상승에 집착한 결과이다. 즉 혜근이 임제종 평산처림의 법을 받아왔으나 혜근은 서천의 지공 쪽에 더 가깝다. 만약 그러한 지공—혜근을 법맥으로 잡는다면 중국 선종과의 법맥은 단절될 수밖에 없는 것이다.

숙종 4년(1678)에 세운 「松廣寺事蹟碑」에서 栢庵性聰이 태고의 법통을 이었으며, 멀리 보조의 법풍을 이었음을 말하고 있는 것은 법통설에 관한 그간의 고민을 엿보게 한다. 「사적비」에 의하면 조계산 수선사에 보조국사를 비롯, 16국사가 법을 잇고 사원을 계승함이 계속된 것은 盧山慧遠(335~417)의 白蓮社十八賢과 같이 총림에서 보기 드문 일이란 것, 부휴선수·벽암각성·취미수초가 다 송광사에 머물렀으나 전법 계보는 보조맥이 아니고 임제·태고의 조파라는 것, 백암성총은 삼사의 법통을 이은 적손으로서 멀리 보조의 법풍을 이어 백암성총대에는 임제·태고

법이 보조법과 합쳐졌다는 것을 알 수 있다.[79]

이것은 허균이 사명의 비문을 지으면서 목우·강월의 법이 조선 선문에 전해졌다고 기술한 내용과 비교해 볼 수 있다. 「사적비」에서 백암 성총이 임제·태고의 법뿐만이 아니라 멀리 보조의 법을 계승하였다고 하여 보조·나옹·태고의 법통이 결국은 하나로 합쳐졌다고 결론짓고 있다. 즉 물의 근원은 다르나 바다에 돌아가면 동일한 것과 같다고 비유하여 성총에 이르러 두 법이 하나로 합해졌음을 나타내고 있다.

또한 조선후기에는 태고법통설과 나옹법통설을 함께 수록한 저술도 적지 않다. 道安(1638~1715)의 문인인 蓮宗은 「월저당대사집발」에서 혜근과 서산을 조계임제의 선풍을 드날린 이로 기록하고 있다.[80] 즉 연종은 스승인 도안이 서산의 법계를 태고계라고 하였음에도 불구하고 나옹의 법계를 이었다고 기록하고 있는 것이다.

조선시대 불교사에 대한 인식을 살펴볼 수 있는 것으로 1478년 徐居正 등이 편찬한 『東文選』(130권)을 들 수 있다. 『동문선』에는 고려 문인들의 생활에 깊이 밀착된 불교관계의 기행문, 시, 비문을 수록하고 있는데 이 책에 실린 고승비문에서 주목되는 점은 여말의 조계종승으로 태고보우와 대지찬영이 제외되고 나옹혜근, 무학자초가 실린 것이다. 보우가 배제된 점은 시의 경우에도 같다.[81] 또한 보우와 혜근을 비교하

---

79) 趙宗著, 「曹溪山松廣寺寺蹟碑」, 『朝鮮金石總覽』 下 p. 954. '普照沒後 傳 眞覺 淸 眞 眞明 晦堂 慈靜 圓鑑 湛堂 妙明 慈圓 慧覺 覺儼 淨慧 弘眞 高峰 弘眞以上 皆 爲國師 而凡十六世承法嗣院不絶 實是叢林罕覩之盛蹟也 …… 寺之東有十六祖影堂 說者以擬東林十八現影堂 而又以普照 爲空門中散聖云 近世有浮休善修者繼居是寺 傳碧巖覺性 翠微守初 三師皆闡 揚道法 增飾院宇 比諸國師時 爲尤盛 而宗派則有 殊焉 自臨濟十八傳 而爲石屋淸珙 麗朝 太古普愚 得珙之傳 又六傳 而爲浮休則 此 爲如來正眼 而非得於牧牛之傳者也 …… 栢菴性聰 方嗣治院宇 悟性文解 藍茜近祖 而遠接牧牛之風 豈非水雖異源 歸海則同也'

80) 이 장 주 65) 참조.

81) 許興植, 「『東文選』의 編纂過程과 佛敎史料」, 『高麗佛敎史硏究』, 일조각, 1993, pp.

면 보우보다 혜근이 송광사 사굴산계와 훨씬 관련이 깊다. 이로 보면 조선후기는 『佛祖源流』에 이르기까지 보우의 계승이 강조되었으나 조선전기에는 혜근의 계승을 불교계의 주류로 삼고 있었음에 틀림없다.

　이외에도 본격적인 법통연구 자료는 아니지만 『禪門祖師禮懺』이나 『梵音集』,『華嚴大禮懺文』,『諸般文』 등의 의식문에서 한결같이 9산조사·불일보조와 함께 지공·나옹·무학이 예경되고 있을 뿐 태고는 어느 곳에서도 예경 대상으로나 선법전수의 조사로서 기록된 일을 볼 수 없다는 것도 문제점으로 지적할 수 있다.[82] 儀式文의 역대 조사들은 일정한 계보로써 파악하기는 어려우며 본격적인 법통관계 자료가 아닌 만큼 의식문에서 예경되고 있는 조사들을 일정한 법통의 관점에서 파악하기는 어려울 것으로 보인다. 그러나 이러한 작업은 한국에서의 법통설에 대한 시야를 넓혀줄 수 있다.

　혜근의 법계는 임제종이나 법안종 같은 한 종파의 계보로만 보아서는 안된다. 그는 어느 한 사상에 편중하지 않고 참선·간경과 함께 염불을 사부대중에게 적극 권하고 있으며, 그러한 수행과 교화 방식은 조선 중·후기의 청허에까지 지속되고 있는 것이다. 이러한 이유로 혜근이 조선대에 들어와서까지 폭 넓게 존숭되어 의식문에서 예경 대상이 되고 증명법사로 기록된 것이다.

　고려 말의 임제선 도입으로부터 임제법맥을 기록한 采永의 『불조원류』는 신라 말 이래 국내에 계승 발전되어 오고 지눌에 의해 중층된 자주적이고 독창적인 한국의 선사상과 단절시키고 있는 까닭에 한국 불교의 법맥으로 확립시키기에는 여러 가지 문제점이 있다. 한반도의 법계는 한반도에 불교가 전래된 이후 중국으로부터 임제선과 여러 종파의 선사상을 應同普化하여 계승 발전시켜 온 나옹혜근의 계보로 재정

---

768~87.

82) 徐宗梵,「朝鮮時代 禪門法統說에 대한 考察」,『論文集』 1, 중앙승가대 출판부, 1992.

리하여야 할 것이다.

그러나 나옹법통설 역시 많은 문제점을 내포하고 있다. 이에 대하여 간략히 몇 가지만을 지적하면 다음과 같다. 「청허당집서」와 「사명대사비」에서 기술하고 있는 나옹법통설은 이미 학계에서 수차 지적된 바와 같이[83] 선종의 여러 법맥이 산만하게 혼재되어 있으며, 사료에서 전혀 확인되지 않는 선사의 명호가 보이기도 한다. 여러 법맥에 나타난다는 것은 위에서 다룬 혜근의 선사상이 종파를 널리 수용, 초월하고 있다는 것과 관련있는 것이며, 문헌상 확인되지 않는 선사의 문제는 임제종 위주로 법맥을 정리한 까닭으로 파악할 수 있다.

「霽月堂大師集敍」의 나옹법통설은 비교적 법맥의 계보가 소연히 드러나게 기술되었다. 그러나 역시 아쉬운 것은 나옹 하에 7전하여 서산에 이르렀다고만 하였을 뿐 법등상승의 차례를 자세히 밝히고 있지 않다. 때문에 이를 분명한 사자상승의 계보로 보기는 어려우나 이 문제는 태고 이하 서산에 이르는 법맥상승의 차례에도 함께 걸리는 문제이다. 그보다 더 중요한 것은 혜근—서산의 법계를 잡을 경우 달마 하, 혜능 하 몇 세손으로 연결되는 중국계 선종과 단절된다는 문제가 발생한다. 혜근이 평산의 법을 받았다고는 하나 지공 쪽이 더욱 긴밀하다고 판단되기 때문이다. 이것은 조선 선종이 멀리 달마, 조계혜능에 연원을 두고 있다는 점에서 더욱 분명해진다.

또한 『불조원류』에 의해서 태고법통설이 정립된 다음(1764년)부터는 조선 선문의 祖脈 계보를 모두 태고법통설에 의하여 기준을 세우고 그것을 믿고 계승해 온 사실이다. 나옹법통설은 법맥상승설로는 조선후기부터 퇴조하였다고 볼 수 있다. 사암채영의 『불조원류』에서는 혜근의 문손이 함허기화 이후 한미한 상태에서 다시 전해지지 않은 것으로 기록하고 있다. 이것은 조선후기의 선문법통관이 철저히 태고 중심이었다

---

83) 李能和 編, 『朝鮮佛敎通史』上, 보련각, 1918, p. 482..

는 것을 잘 말해 준다.[84] 이상의 몇 가지 사실들은 조선시대의 나옹법통
설이 내포하고 있는 한계점이라 할 수 있을 것이다.

　태고법통설과 관련해 문제가 되고 있는 구곡각운의 환암혼수 사법에
도 문제가 있다. 혼수비 문도의 명목에는 구곡각운은 보이지 않으며,[85]
현재까지 그 기록은 전혀 찾아볼 수 없기 때문이다. 일반 유생이 기록
한 글의 예를 보면 혼수와 각운이 師資간이 아니라 동격으로 기술된 것
을 볼 수 있으며,[86] 각운이 혼수의 법을 사승했을 가능성은 매우 희박하
다고 여기고 있다.[87] 이런 것들은 조선 건국 초 성리학이 불교를 대신할
사상으로 전면 대두된 상황에서 선가의 기록을 남길 수 없었던 탓이라
생각된다. 이 점은 앞으로 선가의 법통설을 풀어나가는 데 반드시 짚고
넘어가야 할 과제이다.

---

84) 『西域中華海東佛祖源流』, 『韓佛全』 10-97~134; 「采永氏刊佛祖源流」, 『朝鮮佛教
　　通史』 下, p. 954.

85) 「青溪山青龍寺普覺國師碑」, 『朝鮮金石總覽』 下, pp.723~725.

86) 「送兩千峰上人遊方序」, 『牧隱文集』 4. ‘兩千峯在釋苑爲高弟遊儒門上賓盖幻庵龜谷
　　曹溪之儀表’

87) 『慵齊叢話』(고려대 민족문화연구소본), p. 443.

# III. 懶翁의 歷史的 位置

## 1. 조선시대 혜근의 평가

나옹혜근이 생존에 보여준 사상과 활동, 그리고 이적적인 열반불사는 그를 존숭케 하기에 충분한 것이었다. 그는 조선대에 들어와서도 여전히 존숭의 대상이 되고 있다. 조선대의 혜근에 대한 평가는 그의 역사적 위치를 알아보는 데 중요한 근거가 된다. 조선시대에 혜근은 釋迦佛後身·祖師·三大和尙으로 받들어졌다. 또한 후대의 의식집에 끼친 혜근의 영향을 보아도 그의 역사적 가치를 가늠할 수 있다.

『祖源通錄撮要』(嘉靖 8년, 1529)에 "『熾盛光明經』에 이르기를, 세존이 가섭존자에게 말씀하시되 庚申之間에 한 비구가 있어서 대사문이 되어 대불사를 하여 모든 외도를 물리치리니 호는 보제나옹이며 그 모임은 공부선이라 하리라. 가섭아 마땅히 알아라. 이는 바로 나의 몸이다"[88]라고 한 것은 혜근이 석가불후신으로 존숭되고 있는 사실을 그대로 말해주고 있다.

학계에 이미 발표[89]된 사실과 같이『통록촬요』에서는 한국의 다른 고

---

88) 『祖源通錄撮要』卷 4, 『佛敎學報』제21집, 동국대 불교문화연구소, 1984, p. 228. '熾盛光明經云 世尊告迦葉尊者曰 …… 庚申之間 有一比丘 作大沙門 作大佛事 破諸外道 號曰 普濟懶翁 其會曰 工夫選 迦葉當知 我身是也'

89) 高翊晉,「祖源通錄撮要의 出現과 그 史料의 가치」,『佛敎學報』제21집, 동국대 불교문화연구소, 1984, pp. 157~73.

승에 대해서는 별다른 언급이 없으나 혜근에게만은 많은 지면을 할애
하여 매우 상세히 기술하고 있다. 뿐만 아니라 『震默祖師遺跡攷』에는
혜근이 조선후기의 석가모니불 후신으로 숭앙된 진묵(1563~1633)과 함
께 '석가모니불 후신'임을 기술하고 있다.[90] 이처럼 혜근을 석가모니불
후신이니 생불이니 하는 것은 혜근에 대한 여러 사람들의 존경심을 단
적으로 나타내는 말이라 할 수 있을 것이다. 그러면 혜근은 왜 이토록
숭앙을 받게 된 것일까. 진묵의 경우 철저히 名利의 밖에서 뛰어난 安
禪과 간경의 閑道人으로서 대중과 애로를 함께하며 일생을 보낸 異僧
이었다. 그는 신비롭고 통쾌한 전설을 많이 남기고 있다.[91] 이러한 진묵
과 함께 후신이라고 불린 것이 그 하나의 단서를 제공해 주는 것이라
하겠다.

『禪門祖師禮懺儀文』에서는 국내 '13조사'를 예경하고 있고, 『梵音集』
권하에서는 '18조사'를 예경하고 있으며, 『華嚴大禮懺文』에서는 '14조
사'를 예경하고 있는데 3권 공히 지공·나옹·무학을 예경하고 있음을
볼 수 있다. 이렇게 역대 조사를 예경하는 의례를 통하여 숭봉하는 일
가운데 나옹혜근이 거듭 조사로 기록되어 있는 것은 여러 면에서 매우
큰 의미를 갖는다.[92]

'조사'라 하면 달마선풍이 형성된 이후 '여래'와 다름없는 존경을 표
하는 德號이다. 흔히 '三世諸佛·歷代祖師'라 하여 부처와 동격으로 선
양하는 것으로도 조사라는 위치가 어떠한지를 충분히 짐작할 수 있다.
우리나라 선가에서는 신라의 九山禪門 開山祖를 조사로 예경해 왔다.

---

90) 「震默祖師遺蹟攷序」, 『韓佛全』 10-877 下. '我東國震默大師 降化於明朝之世 卽釋
  迦如來應身也'; 霽山雲皐, 「震默祖師遺蹟攷跋」; 『震默祖師遺蹟攷』, 『韓佛全』
  10-883. '余嘗讀釋迦懸記 有云 我滅度後 有一比丘出 名懶翁我身是也 又一比丘出
  名震默 我身是也 若二法老 卽我本師之小化身'
91) 草夜意恂 撰, 『震默大師遺跡攷』; 『東師列傳』 2.
92) 이 장 주 82) 참조.

그런데 이 가운데 혜근이 상례적으로 祖師禮懺의 대상이 되어오고 있
는 것이다. 이는 조선 불교계에서 혜근에 대한 신경심이 매우 높았다는
것을 보여주는 것이다. 즉『선문조사예참의문』등 조선 불교 의식집에
는 국내 조사를 예경하면서 신라의 구산선문 조사와 보조지눌을 기재
한 다음에, 여말선초의 다른 고승은 보이지 않고 지공·나옹·무학 3대
화상만을 수록하고 있는 것은 그만큼 3화상에 대한 존숭이 높았기 때
문이다. 또한 3대화상에서도 지공을 法師로 하고 무학을 法嗣로 하는
나옹이 그 중심을 이루고 있다. 이것은 분명히 보우를 중심으로 하는
태고법통설과는 별도로 혜근을 중시하는 흐름이 있었다는 것을 확인시
켜주는 바라 하겠다.

『범음집』[93] 권하의『선문조사예참』은 의상, 원효, 구산선문 개산조 등
'18조사'를 예경하면서 혜근이 조사로 예경되고 있음을 볼 수 있고,『화
엄대예참문』에서는 '14조사'를 예경하고 있는데 한결같이 지공·나옹·
무학을 예경하고 있음을 볼 수 있다. 이것은 혜근을 조선 불교의 한 기
반을 형성하는 고승으로 평가하고 있는 것이라 하겠다. 이렇듯 '조사'의
칭호를 붙일 수 있었던 것은 무엇보다도 폭 넓은 사상과 무애자재한 선
의 활용에 있다 하겠다. 그는 임제·지공의 선을 이은 선사이지만 보우
와는 달리 임제·간화선에만 치우치지 않고 자신이 처한 시대상황 속
에서 적절한 방향을 제시하며 자재한 제접을 보이고 있었던 것이다. 이
것이야말로 진정한 임제의 선을 선양하는 것이고 지공의 선을 드날리
는 것이 아니었겠는가 생각된다.

조선초기에는 조선 조정에서 혜근의 영정을 일본국에 보낸 일이 있

---

93) 智還 集,『梵音集』의 원제목은『天地冥陽水陸齋儀梵音刪補集』이며, 상·중·하 3
권으로 三角山 重興寺에서 康熙 60년(1721)에 開板된 이후 乾隆 4년(1739) 谷城
道林寺에서 상·하 2권으로 重刊되었다;『韓佛全』11-462~523 請詞에는 구산선
문과 관계없이 석옥청공, 태고보우, 환암혼수, 구곡각운, 등계정심, 벽송지엄, 부
용영관, 청허휴정이 거명되고 있다.

으며,[94] 그의 사리가 승려들에 의하여 중국에 전해진 인연도 있었다.[95] 이러한 사례들은 그가 입적한 후에 왕실에서나 불교계에서나 그에 대한 존숭이 일반화되어 있었음을 의미한다.

　清 西河가 편찬한『仔夔刪補文』권9의「鄕唐諸祖師詣坐儀文」에는 조계 문하 이름이 올라 있고 43인 제대조사와 조계 문하 오파분류 역대 전등한 무량 제조사와 함께 우리나라의 의상, 원효, 지눌 등의 조사 및 지공·나옹에 대한 奉請文[96]이 있고 다음 拜禮文에서는,

　　　일심으로 신라 성인으로 제산을 유력하신 원효·의상·자장·지눌 대조사에게 예를 올립니다.
　　　일심으로 신라 성인으로부터 지금까지의 구산문중의 모든 제대조사에게 예를 올립니다.
　　　일심으로 서천 백팔대조사 제납박타존자 지공대화상에게 예를 올립니다.
　　　일심으로 선각왕사 보제존자인 나옹대화상에게 예를 올립니다.
　　　일심으로 태조왕사이며 묘엄존자인 무학대화상에게 예를 올립니다.[97]

라 하여 3대화상을 차례로 배례하고 있다. 聖能(생몰연도 미상)이『자기산보문』을 중간한 것(景宗 4년, 1724)은 임진왜란이 일어난 지 130여 년

---

94)『太宗實錄』卷 17, p. 34 下. ‘日本大內殿使者 周鼎等 詣闕辭 上御正殿 召見而勞之 且賜大藏經一部 普提樹一葉 螺鉢鐘磬各一事 祖師眞懶翁和尙影子 從德雄之求也’

95)『世宗實錄』卷 12, p. 5 下. ‘僧尙强 …… 貧道片無錢物 惟陪法寶 定光如來舍利二杖 本國王師 懶翁和尙舍利子一杖 進獻’

96)『韓國佛敎儀禮資料叢書』제2집, 삼성암, 1993. ‘一心奉請西天禪師提納薄陀尊者指空大和尙 摩竭陀中看般若 忽然三處頓忘形 當時若負衝天志 何必南天見普明 一心奉請禪覺王師普濟尊者懶翁大和尙 指空千劍 平山喝 選擇功夫對御前最後神光遺舍利 三韓祖室萬年傳’

97) ‘一心信禮新羅聖代遊歷諸山元曉義相慈藏知訥諸大祖師　一心信禮新羅聖代自古至今九山門中一切諸大祖師　一心信禮西天百八代祖提納薄陀尊子指空大和尙　一心信禮禪覺王師普濟尊者懶翁大和尙　一心信禮太祖王師妙嚴尊者無學大和尙’

이 되는 조선후기인데, 이때에도 여전히 혜근을 봉청·배례하고 있다. 이처럼 혜근이 지공·무학과 함께 조선시대 전반에 걸쳐 예참문·봉청문·예배문에 빠짐없이 수록되고 있는 것은 혜근을 조사로서 높이 받들어서 예경했음을 보여준다. 이것은 조선시대 日用儀式文에 그의 示寂日을 명기하여 '조사공양의례'로서 상례화하였다는 점에서도 더욱 분명해진다.

『諸般文』에 다음과 같은 조사공양문이 수록되어 있다.

청정 법계신은 본래 출몰이 없으나 대비원력으로 오고 감을 보임이라. 우러러 비오니 자비를 드리우사 널리 살펴주시옵소서 …… 부지런히 정진하여 불붙은 머리 구하는 것과 같이 다만 무상을 생각하여 방일하지 말며 …… 엎드려 바라건대 주상전하 만세수 만세하시고 거듭 원하건대 …… 나라가 태평하고 백성이 편안하며 부처님의 지혜광명이 더욱 드러나고 법의 바퀴가 항상 구르며 무변법계 유식 함령들이 모두 이 인연으로 함께 정각을 이루기를 바랍니다.
5월 15일 공민왕사 보제존자나옹대화상
9월 11일 태조왕사묘엄존자무학대화상[98]

이렇듯 『제반문』의 조사공양문에 다른 조사에 대해서는 언급이 없고 나옹화상과 무학화상만이 기록되어 있다. 이것은 대표적 조사로서의 혜근의 위치를 단적으로 보여주는 일이라 하겠다.

『日用作法』에도 '諸聖誕日'이란 제목하에 석가모니불 등과 함께 나옹화상·무학화상의 시적일이 기록되었다.

---

98) 『諸般文』, 母嶽山 金山寺, 1694. '淨法界身 本無出沒 大悲願力 示有去來 仰祈眞慈 俯垂照鑑 …… 勤修精進 如救頭燃 但念無常 愼莫放逸 …… 伏願 主上殿下 萬歲壽 萬歲 次願 …… 國泰民安 佛日增輝 法輪常轉 然後願 無邊法界有識含靈 仗此勝因 俱成正覺念 五月十五日恭愍王師普濟尊者懶翁大和尙 九月十一日太祖王師妙嚴尊者無學大和尙'

제성탄일인, 이날에 공양을 올리면 산자와 죽은 자가 함께 이익을 얻는
다.
석가모니불 4월 8일 아미타불 11월 17일
문수보살 4월 초5일 지장보살 7월 30일
나옹조사 5월 15일 무학조사 9월 11일[99]

이처럼 『일용작법』에는 나옹과 무학 두 조사의 열반일과 석가모니불,
아미타불, 문수보살, 지장보살의 탄신일이 나란히 기록되어 있다. 그리
고 이날 재 및 공양을 올리면 생존인과 사망인은 물론 모든 사람이 이
익을 얻는다는 주석도 붙이고 있다. 위의 예는 조선후기에까지 혜근이
불·보살과 함께 매우 존엄하게 숭앙되고 있음을 잘 보여주는 기록들
이다.

앞서도 혜근은 선문법통 계보에 있어서도 정통법조가 되어야 함을
말하였다. 「청허당집서」[100]와 「泗溟石藏碑」[101]에서 서산과 사명이 나옹의
법손임을 기술하고 있으며, 「霽月堂大師集敍」에서도 서산이 혜근의 직
계법손임을 천명하고 있다.[102] 이는 혜근이 조선 불교선문에 정통조사
임을 명기한 내용으로 조선 불교선문의 법조임을 자연스럽게 가리키는
것이다.

「月渚堂大師集跋」에서도 조계·임제가 중국의 대표적인 선사로 일컬
어지는 것처럼 나옹·서산이 조선 선문의 대표적인 선사로 통칭되고
있다.[103] 그리고 喚惺志安(1644~1715)은 꿈속에서 혜근으로부터 가르침
을 받았다고 한다.

이상의 문헌들은 조선시대 조사로서의 혜근의 위치를 정하는 데 홀

---

99) 편자·발행처 미상, 56丈.

100) 許端甫, 「淸虛堂集序」, 『韓佛全』7-660.

101) 「慈通弘濟尊者四溟大師石藏碑銘」, 『朝鮮金石總覽』 下, p. 824.

102) 「霽月堂大師集敍」, 『霽月堂大師集』 卷上, 『韓佛全』8-113.

103) 蓮宗, 「月渚堂大師集跋」, 『韓佛全』9-121 中.

륭한 근거를 제공하고 있다. 한 가지 주목할 것은 조사로서의 혜근에 대한 숭앙과 의식집 등에서 혜근에 대한 예경의 기록이 태고법통설이 확정된 이후 나옹법통설이 주춤한 상태에서 집중적으로 나타나고 있다는 점이다.

또한 혜근은 조선대에 와서 지공·자초와 함께 3화상으로 불렸다. 혜근—자초의 법은 뒤에 함허기화에게 이어졌으나 그후 맥이 끊어지고 오히려 혜근과 혼수의 사법관계는 도외시되고 보우—혼수의 법맥이 강조되어 이에서 6전하여 서산휴정에게 이어졌다고 정리하기에 이르렀다. 이것은 앞서도 지적했듯이 법통이 대대로 이어져야 한다는 사법전통과 중국 계보와 단절이 없어야 한다는 집착에서 말미암은 것이다. 따라서 중국 계보와 단절이 없는 석옥청공—태고보우—환암혼수로 이어지는 계보를 정립하게 되었다. 따라서 회암사 불사를 끝까지 마무리 짓고 회암사에 3화상의 부도와 비가 세워지게 된 인연을 계기로 지공—혜근—자초를 따로 존숭하게 된 것이다.

3화상과 관련하여 회암사와의 기연을 살펴보면 공민왕 19년(1372) 9월에 왕명으로 혜근이 주관하여 지공의 부도와 비를 세웠으며, 우왕 2년(1376) 5월 15일 신륵사에서 혜근이 입적하자 8월에 회암사에 부도를 세웠다. 자초가 태조 2년(1393) 9월에 지공과 혜근의 탑명을 새겼고[104] 자초가 입적한(태종 5년, 1405년 9월) 뒤 2년 만인 태종 7년(1407)에는 왕이 자초의 유골을 회암사의 탑에 두게 하고, 태종 10년(1410) 7월 시호를 내리고 변계량으로 하여금 탑명을 짓게 하니, 이에 이르러 3화상의 부도와 비가 회암사의 북쪽 언덕에 세워지게 된 것이다.

한국 불교 의식집에 수록된 3화상의 계보는 임제종 중심의 사법전등은 아니고 다만 그들과 관련이 깊은 회암사에 3화상의 부도와 비가 세워짐으로써 사부대중에게 널리 알려지고, 이로부터 3화상으로 정형화

---

104) 卞季良, 「妙嚴尊者塔銘」, 『朝鮮金石總覽』 下, p. 1281.

된 것이라 하겠다.

이미 앞에서도 혜근은 지공·무학과 함께 특별히 예경되고 있음을 살펴본 바 있다. 그러나 조선 불교에서 지공·나옹·무학 3화상을 특별히 예경하는 데는 그럴 만한 이유가 있었다. 그것은 3대화상을 '一切佛事의 증명법사'로 모셨기 때문이다. 현행 불교의식의 정형적 예전이라고 할 수 있는 『釋門儀範』의 「大禮懺文」에는 道義, 梵日, 哲鑑, 無染, 道憲, 慧徹, 원효, 의상, 潤筆居士, 자장, 보조국사 등이 열거되고 있다. 그런데 이어서 지공, 나옹, 무학화상을 '一體作法의 곳의 증명법사'로 기록하고 있는 것이다.

> 일체작법의 곳의 증명법사
> 서천국 108대 조사 제납박타존자 지공대화상, 고려국 공민왕사 보제존자 나옹대화상, 조선국 태조왕사 묘엄존자 무학대화상[105]

3화상을 '일체작법의 곳의 증명법사'로 기록하고 있는 것은 중요한 의미를 갖는다. 불교의 의식작법은 각종 점안식을 비롯하여 매우 신비로운 내용이 많다. 그리고 도력과 신통이 뛰어난 고승이 증명을 할 때, 작법하는 불사가 원만히 성취된다는 믿음과 가풍이 있어 현재에도 의식작법 때 證明壇을 설치한다. 그만큼 증명을 중요하게 여기기 때문이다. 이러한 의미에서 증명법사는 그 법력이 높아야 하는데 오늘에 이르기까지 증명단의 증명법사는 반드시 지공, 나옹, 무학 3대화상으로 하고 있다. 이는 조선 불교에서의 3대화상의 위치를 그대로 반영하는 것으로 볼 수 있다.

『석문의범』의 「袈裟通門佛」맨 뒷부분에는 '南無爲作證明法師三大和尙'이라 하고 3대화상을 청하는 擧目에 혜근을 기록하고 있다. 증명의 3대법사는 '三慧가 구족하고 二利가 원만히 이루어졌으며 역대의 心印宗

---

105) 「大禮懺禮」, 『釋門儀範』 上篇, p. 37.

에서 밀전의 뜻을 이미 얻었고 모든 불사문 중에서 항상 증명의 지위를 맡는다'[106]고 하였으며, 「佛像時唱佛」[107] 역시 3대화상을 증명법사로 불사를 성취하여 중생을 제도하도록 하고 있다. 이처럼 3대화상으로서의 혜근은 종문의 은밀한 전등을 얻은 조사이며 불사의 증명을 맡은 법사로 추앙되고 있다. 이것은 한국 불교에서 혜근의 위치를 잘 말해 주고 있는 것이다.

## 2. 의식집에 끼친 혜근의 영향

조선에 있어서 유교는 17세기에 들어오면 '禮學의 세기', '제례의식의 세기'라고 불릴 정도로 예학이 크게 발달하였다. 예학은 仁의 실현을 구체적으로 표현한 것으로 인간생활의 규범을 이르는 것이었다. 그 결과로서 조선대에 와서 제례의식서가 확산되었다. 그러나 후기로 들어올수록 '인의 실현'이라는 본뜻에서 크게 벗어나 禮訟논쟁과 같은 불필요한 당쟁의 실마리를 제공하기도 하였다. 이러한 경향은 조선후기 중반에 편집된 불교의 상장의례에도 반영되었다.[108] 이것은 禪도 死者의 문제와 긴밀한 관계에 있기 때문이다.[109]

예학의 제례의식에 대한 전례 없는 관심과 그 결과로서 유학적 제례의식서의 확산은 불교계에도 영향을 끼쳤다. 불교의 喪葬儀禮書는 주희의 제례의식 규정과 더불어 화장과 장례에 대해서 논한『선원청규』와의 결합물이라고 말할 수 있다. 그들 대부분이 유교의 상복등급인 「五

---

106)『釋門儀範』下篇 10, 移運篇 第2 袈裟移運 附 通門佛 三和尙請.

107) 亘璇,『作法龜鑑』,『韓佛全』10-584 下.

108) 조선시대 유교 제례의식서의 확산은 불교 제례의식서의 확산을 가져왔다고 여겨진다.「釋門喪儀抄」(1636),「僧家禮儀文」,「釋文家禮抄」,「五種梵音集」,「天地冥陽水陸齋儀梵音刪補集」(1709),「仔夔文節次條例」(1724).

109) 제4장 주 36) 참조.

服圖」를 담고 있는 것만 보더라도 알 수 있다. 이러한 조선조 불교 제
례의식서에 혜근의 법어가 그대로 실려 있으니 그 구체적 예를 보면 다
음과 같다.

　　만약 부처의 경계를 알려 하거든 마땅히 그 뜻을 허공과 같이 하라. 망
상과 諸趣를 멀리하여 마음에 걸림이 없게 하라.[110]

　　왔어도 온 것이 없으니 밝은 달의 그림자가 나타난 것 같고, 갔어도 간
곳이 없으며 맑은 허공의 형상이 모든 세계에 나누어진 것 같다.[111]

　　그 한 점 영명은 날 때에도 분명하여 남을 따르지 않고, 죽을 때도 당당
하여 죽음을 따르지 않는다. 생사와 거래에 관계없이 정체는 당당히 눈 앞
에 있다.[112]

　　四大가 생길 때에도 이 한점의 靈明은 그에 따라 생기지 않았고 사대가
무너질 때에도 이 한 점의 신령함은 그에 따라 무너지지 않네. 生死·成壞
는 허공과 같으니 冤親의 묵은 업이 지금 어디에 있는가 …… 세계와 티끌
마다 묘한 본체요, 일마다 물건마다 모두가 주인공이다.[113]

　위의 나옹법어는 『茶毘作法』 의식문에 그대로 수록되었다. 이 『다비

---

110) 「六道普說」, 『韓佛全』 6-723 中; 沐浴云, 『作法龜鑑』, 『韓佛全』 10-596 下. ‘若人
　　　欲識佛境界 當淨其意如虛空 遠離妄想及諸趣 令心所向皆無礙’

111) 「入寂之辰」, 『韓佛全』 6-717 上; 洗手云, 『作法龜鑑』, 『韓佛全』 10-597 上. ‘來無
　　　所來 如朗月之影現千江 去無所去 似澄空之形分諸刹’

112) 「爲二僧下火」, 『韓佛全』 6-727 中; 洗足云, 『作法龜鑑』, 『韓佛全』 10-597 上. ‘靈
　　　明生時的的不隨生 死去當當不隨死 生死去來無千攝 正體當當在目前’

113) 「國行水陸齋起始六道普說」, 『韓佛全』 6-718 上; 着裙云, 『作法龜鑑』, 『韓佛全』
　　　10-597 上. ‘四大成時 這一點靈明不隨成 四大壞時 這一點靈明不隨壞 生死成壞等
　　　空華 冤親 宿業今何在 今旣不在覓無蹤 坦然無礙若虛空刹刹塵塵皆妙體 頭頭物
　　　物總家翁’

작법』은『제반문』에는 '屍多林作法'이란 제목하에 수록되었고 '다비작법'이라는 제목으로 간행된 일도 있다.『다비작법』은『作法龜鑑』권하,『釋門儀範』권하에 모두 편록되어 오늘날에도 그대로 통용되고 있는 의식문이다. 이러한 의식문에 혜근의 법어가 전체의 대부분을 차지하고 있는 것은 다비문 전체가 혜근의 법어·선풍이 중심을 이루고 있다는 말이 된다. 이것은 조선후기 혜근의 영향을 더욱 분명하게 확인시켜 주는 내용이다.

불가의 모든 의식 가운데에서도 다비의식은 더할 수 없이 엄숙하고 절실한 의식이다. 그리고 앞서 언급한 혜근의 영가법어를 통한 선적 정토 수용은 다비의식과의 연계성을 충분히 반영한다. 이처럼 망자를 보내는 다비의식문에 혜근의 영향이 크게 나타난 것은 결코 우연이 아니다. 그것은 자유자재, 대기활용하는 혜근의 선사상이 자연스럽게 표출되어 접목될 수 있었던 것이다. 혜근의 가송이 망자를 위한 장엄염불 등에 쓰이고 있는 것들이 바로 그러한 사실을 입증해 주고 있다.

아미타불이 어느 곳에 있는가. 마음속에 생각하여 부디 잊지 마시오. 생각이 다하여 생각이 없는 곳에 이르면 六門에서 언제나 자금광을 놓으리라.[114]

마갈타국에서 반야경을 보다가 문득 세 곳에서 온몸을 단박 잊었다. 그 때에 만일 하늘을 찌르는 뜻이 있었더라면 무엇 하러 남천으로 가서 보명을 뵈었던가.[115]

이별한 뒤에 따로 생각하는 점이 있었나니 누가 알리. 그 가운데 뜻이

---

114)「答妹氏書」·「示念佛人」八首,『韓佛全』6-743 上;『釋門儀範』下. '阿彌陀佛在何方 着得心得切莫忘 念到念窮無念處六門常放紫金光'

115)「讚指空」,『韓佛全』6-745;『釋門儀範』上·下. '摩竭陀中看般若 忽然三處頓忘形 當時若負衝天志 何必南天見普明'

더욱 오묘함을 여러 사람들이 다 옳지 않다는 의견에 맡겨두고 나는 空劫
이전을 뚫고 지났다고 말하노라.[116]

　한 생각 잊을 때는 아주 분명해 아미타불은 딴 곳에 있지 않나니 온몸
으로 앉거나 눕거나 다 연꽃 나라요, 가는 곳마다 그 모두가 극락당이
네.[117]


이상의 가송은 『석문의범』의 '장엄염불'로서 지금도 한국 사찰에서
영가천도 의식 때 거의 빠짐없이 창도하는 게송이다. 『선문조사예참』에
도 '지공예문', '무학예참'이 실려 있으며, 일반 사원에서 많이 예송하고
창도하는 게송이다.
　혜근의 발원문, 법어, 가송 등은 조선 불교의 제반 의식문 형성에 매
우 중요한 영향을 끼치고 있다. 우선 쉽게 확인되는 것으로 그 대표적
인 것을 보면 「발원문」을 들 수 있다.


　원하노니 나는 세세생생에 언제나 반야에서 물러나지 않고 저 본사처럼
용맹스런 의지와 저 노사나불과 같은 大覺의 果를 얻으며 문수의 대지혜
와 같기를 원하며 …… 내 이름을 듣는 이는 三途를 면하고 내 얼굴을 보
는 이는 해탈을 얻게 하며 이렇게 항사겁을 교화한 뒤에 필경에는 부처도
중생도 없게 하리.[118]


이 「발원문」은 위에서 언급한 『제반문』·『일용작법』·『석문의범』 등

---


116) 「又住神光」, 『韓佛全』 6-738 上; 『釋門儀範』. '分襟別有商量處　雖識其中意更玄
　　任稱諸人皆不可　我言透過劫空前'

117) 「示永昌大君」, 『韓佛全』 6-742 中; 『釋門儀範』. '一念忘時了了　彌陀不在別家鄉
　　通身坐臥蓮華國　處處無非極樂堂'

118) 「發願文」, 『韓佛全』 6-746 中. '願我世世生生處　常於般若不退轉　如彼本師勇猛志
　　如彼舍那大覺果　如彼文殊大　智慧 …… 聞我名者免三途　見我形者得解脫　如是教
　　化恒沙劫　畢竟無佛及衆生'

에 수록되어 현재에도 각 사원에서 아침 예불시의 축원문으로 쓰이고
있다.[119] 이처럼 혜근의 발원문, 법어, 가송은 조선시대에도 계속 전승되
어 왔으며, 오늘날까지도 한국 사원의 일상예경·다비작법·영가천도
의례 등에서 쓰이고 있다. 이는 혜근의 선풍과 法訓이 현재까지도 한국
불교 전반에 걸쳐서 많은 감화를 주고 있음을 의미하는 것이다.

---

119) 보살계첩의 내용 중에는 현행 발원문과 차이가 있다. 현행 발원문이 더욱 정형화
되어 있다. 功德山人, 「懶翁王師의 菩薩戒牒을 보고」, 『佛敎』 5호, 불교사, 1924;
朴世敏 篇, 『勸供諸般文』, 『韓國佛敎儀禮資料叢刊』 제1집, 삼성암, 1993.

# 제6장 맺음말

　나옹혜근은 충숙왕 7년 정월에 출생하여 충혜왕·충목왕·충정왕·공민왕대를 거쳐 우왕 2년 5월에 神勒寺에서 입적하였다. 혜근이 살았던 시대는 원의 혼란기를 틈탄 공민왕의 반원정책, 중국대륙에서의 원·명의 교체, 홍건적과 왜구의 침입 등 극도로 혼란한 시대였으며, 사상적으로는 성리학의 유입과 발전, 원으로부터의 임제선의 직접적인 전승이 활발하게 이루어지는 가운데 유·불교대라는 크나큰 변화에 접어들던 시대이기도 하다.

　혜근의 생애는 원에 들어가기 전 출가수행기와 원에서 10년간 체류한 구법기간기 그리고 귀국하여 교화를 펼치다 입적할 때까지로 구분지을 수 있다. 출가수행기는 국내에서는 충분한 선의 실습과 시험의 기간이었으며, 구법기간은 다양한 선풍과 사상을 직접 접촉함으로써 그의 선사상을 가장 풍요롭게 가꾼 시기이다. 혜근은 원에서 지공으로부터 달마 이전 서천의 순수한 선사상을 접하였고, 평산처림으로부터는 임제정종을 전승하고 있다. 또한 원에서의 유력은 선사상뿐만이 아니라 정토·밀교·유학 등의 사상을 접할 기회를 충분히 제공받았다고 생각된다.

　귀국 후 교화활동기는 그의 생애에 있어서 가장 중요한 시기라고 볼 수 있다. 그는 공민왕의 부름에 응하여 왕사를 지내면서 공부선을 주관하는가 하면, 지공의 ‘三山兩水之記’의 授記에 따라 회암사를 중창하는 등 유감없는 활동을 펼쳤다. 공부선의 실시는 승풍의 진작과 승정의 질서를 위한 것으로 평가된다. 또한 회암사는 국운 창성과 불법 재흥이라는 국가적 차원에서 이루어진 일이었다. 이러한 일련의 일들은 그의 철저한 시대인식에서 출발한 것이었다. 그러나 영원사로의 추방과 돌연한 입적의 벽에 부딪혀 그의 꿈은 좌절될 수밖에 없었다. 이때 혜근이 보여준 열반불사는 많은 의심을 종식시키고 훗날 조선대에 이르러서까지 그의 존숭의 정도를 재는 척도가 되었다.

혜근이 살던 시기는 성리학으로 무장한 신진사류들의 대불비난이 강화되고 있던 시기이며, 국내외적으로 정치·사회적 상황이 불안정한 상태였다. 이처럼 급변하는 정치사회적 영향과 함께 불교사회는 이에 대해 나름대로의 대응을 해나가지 않으면 안되었다. 이 시기에 혜근의 시대인식은 크게 지공·임제선의 전승, 공부선의 실시, 회암사의 중창 등으로 나타났다.

특히 지공선과 임제선의 직접적인 전승은 여말 불교계에 새로운 선풍을 일으키기 위한 의도에서 이루어졌다. 종교·사상계의 쇄신이야말로 사회정화의 차원에서 국가 전반의 정화로 확산될 수 있는 것이라고 생각하였기 때문이다. 그는 귀국 후 고려 불교계를 새롭게 변혁하기 위한 시도로서 공부선을 실시하였는데 이것은 승과의 실시를 통하여 승정을 바로잡고자 하는 의도로 파악된다. 공부선의 실시는 큰 성과를 거두었다고 보기는 어려우나 승정을 바로잡고 승풍을 일으켜 국가사회에 기여하고자 하였다는 점에서 가볍게 평가해서는 안될 것이다.

혜근은 지공의 수기에 따라 국운의 부흥과 불법의 재흥을 위하여 회암사 중창불사를 추진하였다. 낙성식 때에는 왕을 비롯한 많은 백성들이 대거 참여하였으며 문수회가 베풀어졌다. 이때 지공의 무생계, 혹은 대승보살계도 함께 설해졌지 않았을까 추측할 수 있다. 이러한 것들은 혜근이 선사상뿐만 아니라 교·밀·계를 선으로 융섭·회통하고 있음을 보여주는 좋은 자료이다.

이러한 불사는 당시 대불 비난정책을 펴나가고 있던 성리학자들에게는 큰 위협이 되지 않을 수 없었다. 결국 그는 추방당하여 밀양 영원사로 가던 중 신륵사에서 의문의 죽음을 맞이함으로써 그의 불법재흥과 국운의 부흥이라는 염원은 이루지 못하게 되었지만, 이러한 점을 통해 그의 적극적인 시대정신을 살필 수 있다. 또한 회암사 중창불사는 無學 自超(1327~1405)에 의해서 다시 이어지고 조선이 불교사상으로서 재창 조될 수 있는 연결점을 갖게 한다.

혜근의 선사상은 법안·조동·위앙 등의 가풍 및 간화선과 국내 선 사상의 접합과 지공의 선사상·임제의 선사상의 영향을 받은 것으로 축약해서 말할 수 있다. 그러나 혜근은 그 어떤 사상에도 치우치지 않 고 각 사상을 폭 넓게 수용하여 자신의 선을 구축하고 있다. 혜근은 자 신의 선사상을 펼침에 있어 항상 자기확신을 주장하였으며 자기체험과 표현, 일상성, 자기본래성, 본래면목 등을 강조하였다.

혜근은 공부선에서 「공부십절목」을 제시하여 그의 선사상의 요점을 유감없이 드러내었다. 그뿐 아니라 지공·임제선에서 탈격한 자기만의 선의 세계를 구축하였다. 즉 혜근은 임제선에 매몰되지 말고 자기 안에 서 스스로의 종지를 찾을 것을 권한다. 또한 혜근은 선에 교·계·밀을 회통시키고 있으며 '가삼수' 등 가사문학을 전개하여 선사상을 더욱 풍 부하게 하고 있고 「승원가」·「서왕가」를 통하여 대중구제의 실제를 보 이고 있다.

아울러 선 안에서 정토사상을 적극 수용하고 있다. 즉 무념·유심정 토관과 칭명·관상염불관으로써 근기에 따르는 방법을 제시하고 있다. 이는 선사로서의 대중을 구제하려는 애민심의 발로이며, 대기대용의 활 용이라고 하겠다. 또한 상당법어로서의 영가법어와 대령소참법문 등은 선이 유심정토로서 정토사상을 적극적으로 수용한 것으로 선의 온전한 정착을 보여주는 것이라 하겠다. 이후 이러한 전통은 조선시대에 걸쳐 서 활용되었고 혜근을 증명법사로 모시게 된 원인의 하나가 되었다고 할 수 있다.

혜근은 보조지눌, 태고보우와 여러 면에서 비교된다. 지눌은 외부나 국가권력과는 일체 관계 없이 수선사를 이끌어나가고 결사운동을 사회 정화와 구국의 차원으로까지 승화시키고 있다. 그리고 선·교일치, 간화선의 제창 등은 고려후기 선사상의 한 분수령이 되었다. 보우는 지눌의 시대처럼 많은 사상을 선택적으로 수용할 수 있는 전통과는 달리 격외 조사선이 강한 단일화된 선풍이 크게 유행하던 시기를 보냈다. 그는 간화·화두를 통하여 깊은 경지를 경험하고 그를 위한 공력을 주장하였다. 그리고 원융부의 설치를 통하여 구산통합을 추진하였으며 국운의 쇄신을 위해 한양 천도를 주장하였다.

혜근은 단기적이지만 송광사에 살며 결사정신에 매료되었던 점에 있어서 보우와 다르며, 보우가 신돈과의 알력 이후 활동을 거의 하지 않았던 데 비하여 그는 자신을 죽음으로 몰고 가게 할 정도로 굽히지 않는 기개를 보여준 것도 큰 차이라고 할 수 있다. 그러나 혜근은 보우와 마찬가지로 왕실에 접근하고 있다. 이것은 고려말 시대적으로 어려운 상황이었다는 사실을 감안하면, 그는 철저히 대중구제의 실현을 위해 노력한 선승이었다는 관점에서 평가되어야 할 것이다.

혜근의 법손으로서는 混修와 自超를 들 수 있다. 혼수는 나옹법통설과 태고법통설에 걸리는 중요한 인물로 거론되고 있다. 그러나 그를 단순한 이분법적 관점에서 나옹의 제자 혹은 태고의 제자로 구분짓는 것은 재고되어야 한다. 혼수는 나옹과 태고, 양대 선사의 법을 이은 고승이기 때문이다.

자초는 혜근의 입적 이후 그 활동이 두드러지게 나타나고 있는데 혜근과는 이미 원에서부터 이루어진 사제관계였다. 그는 지공과 혜근 관련 추모사업을 적극 추진하여 회암사에 지공과 혜근의 부도와 탑비를 건립하여 후일 3화상 도량이 건립되는 계기를 마련했다. 또한 「불조종파지도」를 확정하여 혜근의 법맥을 정리하였다. 혼수가 더 상수제자이냐 자초가 더 상수제자이냐라는 질문은 우문에 불과하다고 할 수 있다. 이 둘은 각각 혜근의 고족으로서 여말과 선초의 불교계를 이끌어갔던 것이다.

나옹법통설이 옳으냐 태고법통설 혹은 보조법통설이 옳으냐 하는 것은 혜근의 선사상과 관련하여 나옹법통설이 갖는 의미에 중점을 두어 살펴야 한다. 혜근은 당시의 여러 선종의 사상을 수용하고 있을 뿐만 아니라 교·밀·계·정토 전부를 아우르는 선승이었다. 또한 태고법통설이 대두하게 된 국제사회적 요인과 국내적 요인을 점검해야만 한다. 태고법통설이 확정된 것은 중국대륙에 淸이 들어서게 됨에 따라 明을 계승한다는 강한 小中華意識에 집착한 데 따른 중국 선종계보의 전승이라는 점과 국내 성리학 계보 상승에 따른 자극에 기인한 것이다. 그러나 그 결과는 구산선문 이래 지눌 및 국내 선계보의 탈락이라는 커다란 문제점을 낳았다.

나옹법통설이 배제된 큰 원인은 혜근이 평산과 지공의 법을 받았다고는 하나 지공의 영향이 단연 지대하므로 나옹법통설을 세운다면 중국 계보가 자연 도외시된다는 우려에 기인한다 하겠다. 그러나 혜근은 임제종 평산의 법을 계승하고 있고 또한 지눌과도 연계가 있으며 조선 전기만 하더라도 혜근―서산 법계가 무리가 없었다. 따라서 법통설의 평가는 기본적으로 이러한 기반 위에서 진지하게 재검토되어야 한다. 나옹법통설은 한국 선의 지평을 확대시키는 계기를 마련해 줄 것이며, 선이 현실에서 구체적으로 어떻게 전개되어야 하는가에 대한 해답을 줄 것이라고 믿기 때문이다.

혜근은 조선대에 와서 석가모니불의 후신 또는 조사로서 숭앙되었으며, 3대화상·의식의 증명법사로서 추앙되었다. 그것은 혜근이 타의 추종을 불허할 만큼 원융무애·대기대용한 선사상을 적극 활용한 결과이다. 그런데 이러한 일련의 일들이 태고법통설이 확정된 이후 18세기에 들어서부터 적극적으로 이루어지고 있다는 점에서 볼 때 많은 것을 시사한다고 하겠다. 그가 남긴 열반불사는 많은 의문을 종식시켰으며 그에 대한 숭앙의 결정적인 요인이 되었다. 또한 그의 철저한 대중구제

의식은 선을 단지 선으로서만 그치게 하는 것이 아니라, 실천적인 도로서, 선이 어떻게 전개되어야 하는지를 보여주는 좋은 예가 되었다. 혜근이 비록 여말 유·불교대의 도도한 흐름을 막지 못하였으나, 한 시대의 인물로서 자신의 본령을 다하고 생애를 마감한 고승으로 평가되어야 한다는 것은 틀림이 없다.

## 懶翁惠勤(1320~1376) 年譜

| 서기 | 왕조 | 나이 | 혜근의 행적 | 불교 관련 사건 |
|---|---|---|---|---|
| 1320 | 충숙왕 7년 | | ·부 牙瑞具, 모 鄭氏 사이에서 태어나다. | |
| 1325 | 충숙왕 12년 | 6 | | ·祖衡을 왕사로 임명하다. |
| 1326 | 충숙왕 13년 | 7 | ·崇壽寺에서 지공에게 수계하다. | ·指空이 고려에 들어오다. |
| 1327 | | 8 | | |
| 1328 | 충숙왕 15년 | 9 | | ·지공이 延福寺에서 계를 설하다.<br>·雲默이 『釋迦如來行蹟頌』을 찬술하다.<br>·지공 원나라로 돌아가다. |
| | 가을 | | | |
| 1331 | 충혜왕 1년 | 12 | | ·了圓을 왕사로 임명하다 |
| 1338 | 충숙왕 후 7년 | 19 | | ·冲鑑 입적하다. |
| 1339 | 충숙왕 후 8년 | 20 | ·이웃 친구가 죽는 것을 보고 妙寂庵 了圓禪師에게 출가하다 | |
| 1344 | 충혜왕 4년 | 25 | ·전국을 돌아다니다 檜巖寺에 도착하다. | |
| 1346 | 충목왕 2년 | 27 | | ·太古普愚 원으로 가다. |
| 1347 | 충목왕 3년 | 28 | ·순력4년의 수행 끝에 開悟하고 원나라로 향하다. | |
| 1348 | 충목왕 4년<br>3월 13일 | 29 | ·法源寺에서 지공을 만나 수학하다. | |
| 1350 | 충정왕 2년<br>3월 | 31 | ·大都를 떠나 平江部 休休庵에서 여름안거를 지내다. | |

| 1350 | 8월 | 31 | ·淨慈禪寺에 도착하여 蒙堂의 노화상과 대화하다.<br>·平山處林禪師를 만나 법의와 불자를 받다. | |
| 1351 | 충정왕 3년<br>2월 | 32 | ·平山處林에게서 나오다.<br>·明州 補陁洛迦山 관음을 친견하다.<br>·育王寺 釋迦像에 예배하다.<br>·오광, 설창, 무상, 枯木榮화상을 만나다. | ·天頙『禪門寶藏錄』 찬술하다. |
| 1352 | 공민왕 원년<br>4월 | 33 | ·婺州 伏龍山 千巖和尙을 만나다.<br>·松江의 了堂화상과 泊菴화상을 만나다. | |
| 1353 | 공민왕 2년<br>3월 | 34 | ·大都 法源寺에서 지공을 다시 만나다. 대도를 나와 여러 산천을 돌아다니다. | |
| 1354 | | | ·법원사에서 자초를 만나다. | |
| 1355 | 공민왕 4년 | 36 | ·道行이 원 순제에게 들려 대도 廣濟禪寺에 주지하다. | |
| 1356 | 공민왕 5년<br>10월 15일 | 37 | ·개당법회를 열다(지공과 평산의 법을 받음). | ·태고보우를 왕사에 봉하다. |
| 1357 | 공민왕 6년 | 38 | ·두루 명산을 다니다 法源寺로 돌아오다. | |
| 1358 | 공민왕 7년<br>3월 13일 | 39 | ·지공에게서 '三山兩水之記'를 받고 귀국하다. 전국 각지를 돌아다니며 수기설법을 하다. | |
| 1360 | 공민왕 9년<br>가을 | 41 | ·五臺山 象頭庵에 거주하다.<br>·龍門山의 浙僧 古潭과 서신을 주고받다.<br>·幻庵이 와서 도를 묻고, 그에게 금란가사, 상아불자, 석장을 주어 신표로 삼다. | |
| 1361 | 공민왕 10년<br>10월 15일 | 42 | ·內殿에서 心要의 법을 설하다. | |

| 1361 | 10월 20일 | 42 | ·왕과 태후의 청으로 神光寺에 머물다. | |
| | 11월 | | ·홍건적이 神光寺에 들어왔으나 스님께 예를 하고 물러가다. | |
| | 공민왕 10년 겨울 | | ·왕의 요청으로 궁에 들어가서 普說하고 心要를 말하다. | |
| 1363 | 공민왕 12년 7월 | 44 | ·신광사를 사퇴하는 글을 올렸으나 허락하지 않아 九月山 金剛庵으로 나오다. | |
| | 10월 | | ·여러 번 신하를 보내 부르니 부득이 신광사로 다시 돌아오다. | |
| 1365 | 공민왕 14년 3월 | 46 | ·글을 올려 사퇴하고 龍門山, 圓寂山 등을 두루 다니다. | ·공민왕, 辛旽을 師父로 삼고 국정을 자문하다. |
| 1366 | 공민왕 15년 3월 | 47 | ·금강산 正陽庵에 머물다. | ·신돈 전횡을 휘두르다. |
| | 10월 | | | ·보우 왕사를 사임하다. |
| 1367 | 공민왕 16년 가을 | 48 | ·왕이 淸平寺에 머물 것을 청하다. <br> ·普菴長老가 지공이 유촉한 가사와 친서를 전하니 향을 피워 보설하다. | ·禪顯을 왕사에, 千熙를 국사에 임명하다. |
| 1369 | 공민왕 18년 9월 | 50 | ·병을 핑계로 사퇴하고 오대산 靈鑑庵에 거주하다. | |
| 1370 | 공민왕 19년 | 51 | ·廣明寺에서 水陸齋를 주관하다. <br> ·廣明寺에서 공부선을 주관하다. | ·達睿가 지공의 靈骨 舍利를 갖고 회암사에 이르다. |
| | 3월 | | ·지공의 靈骨에 절하고 廣明寺에서 하안거를 보내다. | |
| | 8월 17일 | | ·왕이 회암사에 거주하기를 청하다. | |

| | | | | |
|---|---|---|---|---|
| 1370 | 9월 16일 | 52 | ·兩宗五敎 衲子들의 工夫選을 주관하다. | |
| | 9월 19일 | | ·회암사로 돌아오다. | |
| 1371 | 공민왕 20년 8월 26일 | | ·왕사로 봉하고 東方第一道場인 松廣寺에 있게 하다. | ·신돈이 주살되다. |
| | 9월 27일 | | ·송광사에 도착하다. | |
| 1372 | 공민왕 21년 가을 | 53 | ·지공의 '삼산양수지기'를 생각하고 회암사로 옮기기를 요청하다. | |
| | 9월 26일 | | ·지공의 영골과 사리를 회암사 북쪽 봉우리에 안치하다. | |
| 1373 | 공민왕 22년 | 54 | ·瑞雲, 吉祥山을 노닐며 여러 절을 다시 일으키다. | |
| | 8월 | | ·송광사로 돌아오다. | |
| | | | ·송광사에서 自超에게 衣鉢을 전해 주다. | |
| | 9월 | | ·회암사 消災法會를 주관하다. | |
| 1374 | 공민왕 23년 봄 | 55 | ·왕의 요청으로 회암사에 머물고 중창불사를 시작하다. | ·白雲景閑 입적하다. |
| | 9월 23일 | | ·왕의 빈전에서 對靈小參하다. | |
| | 우왕 원년 | | ·왕사직을 사직하다. 우왕이 다시 왕사로 책봉하다. | |
| 1376 | 우왕 2년 봄 | 57 | ·회암사 중창불사를 마치다. 혜근이 회암사로 초청, 자초를 首座로 삼으려 하다. | |
| | 4월 15일 | | ·落成式을 베풀다. | |
| | | | ·臺諫에서 간하여 왕명으로 密陽 瑩原寺로 향하다. | |
| | 5월 15일 | | ·驪州 神勒寺에서 입적하다. | |
| | 8월 15일 | | ·會巖寺 북쪽 언덕에 부도를 세우다. | |

# 參考文獻


史 料

『稼亭集』卷 5, 『韓國文集叢刊』 3, 민족문화추진회, 1990.

『巨濟縣牛頭山見巖禪寺重修記』, 『東門禪』 卷 75, 조선고서간행회, 1922

『景德傳燈錄』, 『大正藏』 51, 昭和 2년.

「高麗國大藏移安記」(日本 靜嘉堂文集 所藏).

『高麗史』 上・中・下, 아세아문화사, 1972.

『高麗史節要』, 아세아문화사, 1973.

『宏智禪師廣錄』, 『禪藏』 32, 佛光出版社, 1994.

「金剛山白華寺立碑跋記」, 『奇巖集』 卷 3, 『韓國佛教全書』 8冊, 동국대 출판부, 1987.

「金剛山潤筆庵記」, 『東文選』 卷73, 조선고서간행회, 1923.

「衿州安養寺塔重新記」, 『陶隱集』, 『高麗名賢集』 4, 성균관대 대동문화연구소.

『勸供諸般文』, 『韓國佛教儀禮資料叢書』 제1집, 삼성암, 1993.

『懶翁集』, 『高麗高僧集』, 佛教學研究會・영인문화사, 1974.

『懶翁和尙歌頌』, 『韓國佛教全書』 6冊, 동국대 출판부, 1984.

『懶翁和尙語錄』, 『韓國佛教全書』 6冊, 동국대 출판부, 1984.

『大覺國師文集』, 『韓國佛教全書』 5冊, 동국대 출판부, 1989.

『大乘無生方便門』, 『大正藏』 85, 大正一切經刊行會, 1931 .

『大日本佛敎全書』24.

『大慧普覺禪師書狀』,『禪藏』32, 대만 佛光出版社, 1994.

『陶隱集』4,『韓國文集叢刊』6, 민족문화추진회 영인본, 1990.

『東師列傳』,『韓國佛敎叢書』, 보련각, 1972.

「東遊記」,『高麗名賢集』3. 성균관대 대동문화연구원.

『牧隱文藁』2,『韓國文集叢刊』5, 민족문화추진회 영인본, 1990.

「蒙山和尙法語約錄諺解」, 아세아문화사, 1980.

『文殊舍利菩薩最上乘無生戒經』3卷, 영산불교문화연구원 창간호 부
        록, 1990.

『白雲和尙語錄』,『韓國佛敎全書』6冊, 동국대 출판부, 1984.

『碧松堂 老行錄』雲興寺本.

「普光寺重創記」,『韓國金石全文』中世 下, 아세아문화사, 1988.

『佛祖傳心西天宗派旨要』, 서울대 필사본.

「比丘大戒序」,『出三藏記集』大正藏 45, 大正一切經刊行會, 1927.

『泗溟堂大師集』,『韓國佛敎全書』8冊, 동국대 출판부, 1987.

「泗溟大師石藏碑」,『朝鮮金石總攬』, 아세아문화사, 1976.

「四佛山潤筆庵記」,『東文選』卷74, 조선고서간행회, 1923.

『三老行蹟』,『韓國佛敎全書』7冊, 동국대 출판부, 1986.

「西普通寺行同前牓」,『東國李相國集』卷25, 영인문화사, 1993.

『西域中華海東佛祖源流』,『韓國佛敎全書』10冊, 동국대 출판부, 1989.

「西天提納薄陁尊者浮屠銘」,『東文選』卷119, 조선고서간행회, 1968.

「西天提納薄陁尊者浮屠銘幷序」,『牧隱文藁』,『高麗名賢集』3, 1973.

「砥平縣彌智山潤筆庵記」,『東文選』卷74, 조선고서간행회, 1968.

『禪家龜鑑』,『韓國佛敎全書』7冊, 동국대 출판부, 1986.

『禪門拈頌』,『韓國佛敎全書』5冊, 동국대 출판부, 1989.

『禪門祖師禮懺儀文』峙寺, 1622.

『禪苑淸規』,『續藏經』卷111, 五和出版社.

「神勒寺大藏閣記」,『韓國金石全文』, 아세아문화사, 1988.

「神勒寺普濟禪師舍利石鐘碑」,『朝鮮金石總覽』 上, 아세아문화사, 1976.

『新增東國輿地勝覽』, 朝鮮史學會, 1930.

「十二門戒儀」,『卍續藏』 2・10・11,『大日本佛教全書』 24.

「安心寺指空懶翁舍利石鐘碑」,『朝鮮金石總覽』 上, 아세아문화사, 1976.

「安心寺指空懶翁舍利石鍾碑銘」,『韓國金石全文』中世下, 아세아문화사, 1988.

『梁高僧傳』,『大正藏』 50, 大正一切經刊行會, 1927.

「億政寺大智國社智鑑圓明塔碑」,『朝鮮金石總覽』 下, 아세아문화사, 1976.

『永嘉證道歌』,『大正藏』 48, 大正一切經刊行會, 1927.

「靈鳳山龍巖寺重創記」,『東文選』 卷 27, 조선고서간행회.

『慵齋叢話』, 고려대 민족문화연구소, 1964.

「有明朝鮮國普覺國師碑銘幷序」,『陽村集』 卷 36, 민족문화추진회 영인본, 1979.

『六祖壇經』,『大正藏』 48, 大正一切經刊行會, 1927.

『人天眼目』,『大正藏』 48, 大正一切經刊行會, 1927.

『日用作法集』, 해인사 도솔암, 1869.

「慈通弘濟尊者四溟大師石藏碑銘」,『朝鮮金石總覽』 下, 아세아문화사, 1976.

『霽月堂大師集』,『韓國佛教全書』 8冊, 동국대 출판부, 1987.

『曹溪眞覺國師語錄』,『韓國佛教全書』 6冊, 동국대 출판부, 1989.

「曹溪山松廣寺寺蹟碑」,『朝鮮金石總覽』 下, 아세아문화사, 1976.

「曹溪山修禪社佛日普照國師碑銘」,『朝鮮金石總覽』 下, 아세아문화사, 1976.

『朝鮮佛敎通史』上・中・下, 보련각, 1918.

『朝鮮寺刹史料』下, 增補校訂版, 한국문화개발사, 1972.

『祖源通錄撮要』, 『佛敎學報』 21 부록, 동국대 불교문화연구소, 1984.

『宗鏡錄』, 『大正藏』 48, 大正一切經刊行會, 1927.

『從容錄』, 『大正藏』 48, 大正一切經刊行會, 1927.

『增補文獻備考』, 세종대왕기념사업회, 1980.

『指空和尙禪要錄』, 1326(1474년 復刊), 서울대 필사본.

『震默祖師遺蹟攷』, 『韓國佛敎全書』, 10冊, 동국대 출판부, 1989.

『眞心直說』, 『普照全書』, 보조사상연구원, 1989.

「彰聖寺眞覺國師大覺圓照塔碑銘」, 『朝鮮金石總覽』 上, 아세아문화
　　　　사, 1976.

「采永氏刊佛祖源流」, 『朝鮮佛敎通史』 下.

『天目中峰和尙廣錄』, 『禪藏』 附 76, 佛光出版社, 1994.

「天寶山檜巖寺修造記」, 『東文選』 卷 73, 조선고서간행회, 1994.

『天聖廣燈錄』, 『禪藏』 5, 佛光出版社, 1994.

『天地冥陽水陸齋儀梵音刪補集』 乾降四年(1739), 전라도 곡성 도림사
　　　　重刊本.

「靑龍寺普覺國師定慧圓融塔碑」, 『朝鮮金石總覽』 下, 아세아문화사,
　　　　1976.

「淸州龍子山松泉寺懶翁眞堂記」, 『東文選』 卷 76, 조선고서간행회,
　　　　1968.

『淸虛堂集』, 『韓國佛敎全書』 7冊, 동국대 출판부, 1986.

「崔文度墓誌」, 『韓國金石全文』 中世 下, 아세아문화사, 1988.

『勅修百丈淸規』, 『續藏經』, 中文出版社, 1984.

「太古寺圓證國師塔銘」, 『朝鮮金石總覽』 上, 아세아문화사, 1976.

『太古和尙語錄』, 『太古集』, 月精寺 普濟社, 1940.

「太古和尙傳」, 『東師列傳』 卷 2, 『韓國佛敎全書』, 동국대 출판부,

1979.

「太宗實錄」,『世宗實錄』, 국사편찬위원회, 1958.

『八十華嚴經』,『大正藏』30, 大正一切經刊行會, 1927.

『韓國佛敎撰述文獻總錄』, 동국대 불교문화연구소, 1976.

『韓國寺刹全書』 상·하, 동국대 출판부, 1979.

『涵虛堂得通和尙錄』上同.

「香山潤筆庵記」,『東文選』卷 74, 조선고서간행회, 1968.

「慧炤國師祭文」,『東文選』卷 100, 조선고서간행회, 1968.

「華嚴寺碧巖大師碑」,『朝鮮金石總覽』下, 아세아문화사, 1976.

「檜巖寺禪覺王師碑銘」,『朝鮮金石總覽』上, 아세아문화사, 1976.


單行本·著書

高炳翊,『東亞交涉史의 硏究』, 서울대 출판부, 1970.

國史編纂委員會,『한국사』7, 8.

權奇悰,『高麗後期의 禪思想硏究』, 동국대 박사학위논문, 1986.

神勒寺 篇,『韓國의 寺刹』, 일지사, 1978.

金殷姬,『四明知禮의 天台淨土觀 硏究』, 동국대 박사학위논문, 1997.

金鐘雨,『鄕歌文學硏究』,『國語國文學叢書』14, 삼우사, 1974.

金昌淑,『太古普愚의 思想과 淨化運動』, 동국대 석사학위논문, 1990.

金忠烈,『高麗儒學史』, 고려대 출판부, 1984.

金炯佑,『高麗時代 國家的 佛敎行事에 대한 硏究』, 동국대 박사학위
       논문, 1992.

睦楨培,『戒律論』, 동국대 동국역경원, 1988.

______,『大乘菩薩戒思想』, 동국대 동국역경원, 1988.

朴龍雲,『高麗時代史』, 일지사, 1985.

邊東明, 『高麗後期性理學受容研究』, 일조각, 1995.

白蓮禪書刊行會, 『懶翁集』(禪林古鏡叢書), 장경각, 1991.

成均館大學校 編, 『高麗名賢集』 5, 성균관대 대동문화연구소, 1980.

性　徹, 『韓國佛敎의 法脈』(海印叢林), 1976.

安震湖 編, 『釋門儀範』, 법륜사, 1970.

嶺南大 民族文化硏究所 編, 『三國遺事硏究』, 上·下, 영남대 출판부, 1983.

兪瑩淑, 『高麗後期 禪宗史 硏究』, 동국대 박사학위논문, 1993.

劉彰翼, 『高麗 寺院經濟에 관한 硏究』, 성균관대 석사학위논문, 1994.

尹龍爀, 『高麗對蒙抗爭史硏究』, 일지사, 1991.

李能和, 『朝鮮佛敎通史』, 上·中·下, 보련각, 1918.

李相寶 編著, 『韓國佛敎歌辭全集』, 집문당, 1980.

李龍範, 『中世 滿洲蒙古史의 硏究』, 동화출판공사, 1988.

李在烈, 『朝鮮佛敎史의 硏究』, 동계문화선양사, 1946.

李載昌, 『高麗 寺院經濟의 硏究』, 동국대 박사학위논문, 1974.

李鍾君, 『懶翁和尙의 三歌硏究』, 부산대 박사학위논문, 1996.

李鍾益, 『高麗普照國師の硏究』, 동국대 박사학위논문, 1974.

＿＿＿, 『大韓佛敎曹溪宗中興論』, 보련각, 1976.

＿＿＿, 『普照國師の思想とその宗風』, 동국대 출판부, 1972. 6.

李鍾燦, 『韓國佛家詩文學史論』, 佛光出版社, 1993.

李哲憲, 『懶翁惠勤의 硏究』, 동국대 박사학위논문, 1997.

印權煥, 『高麗時代 佛敎詩의 硏究』, 고려대 민족문화연구소, 1983.

全海宗, 『韓中關係史硏究』, 일조각, 1984.

鄭性本, 『中國禪宗의 成立史硏究』, 민족사, 1991.

宗　浩, 『臨濟義玄의 禪思想 硏究』, 동국대 박사학위논문, 1993.

智　冠, 『曹溪宗史』, 동국대 동국역경원, 1976.

秦星圭, 『圓鑑國師 冲止 硏究』, 서울대 석사학위논문, 1977.

蔡楨洙, 『大慧宗杲의 思想硏究』, 부산대 박사학위논문, 1976.

崔源植, 『新羅菩薩戒思想史硏究』, 동국대 박사학위논문, 1992.

崔昌植, 『高麗時代의 禪苑淸規에 대한 硏究』, 동국대 석사학위논문, 1975.

韓國精神文化硏究院 編, 『三國遺事의 綜合的 檢討』, 한국정신문화연구원, 1987.

한글대장경 『懶翁和尙集』 外, 동국대 동국역경원, 1995.

韓基斗, 『韓國禪思想硏究』, 일지사, 1991.

許興植, 『高麗科擧制度史硏究』, 일조각, 1981.

______, 『高麗佛敎史硏究』, 일조각, 1986.

______, 『韓國中世佛敎史硏究』, 일조각, 1994.

______, 『高麗로 옮긴 印度의 등불』, 일조각, 1997.

洪潤植, 『韓國佛敎儀禮の硏究』, 隆文館, 1976.

______, 『三國遺事와 韓國古代文化』, 원광대 출판부, 1985.

黃乙順, 『佛敎傳來와 冠婚喪祭에 관한 硏究』, 동아대 석사학위논문, 1985.

『日本華嚴の世界』, 法藏館, 昭和 12年 10月.

『三大和尙硏究 論文集』, 檜巖寺, 佛泉, 1996.

『韓國佛敎人物思想史』, 민족사, 1990.

渴次了榮, 『華嚴大系』(제4판), 龍谷大學敎編, 昭和 2年.

忽滑谷快天, 『朝鮮禪敎史』, 春秋社, 1930.

鈴木大拙, 『禪と念佛の心理學的基礎』(『鈴木大拙全集』 4卷), 岩波書林, 1968.

鈴木大拙, 『小室逸書』, 安宅佛敎文庫, 1935.

藤吉慈海, 『禪淨雙修の展開』, 東京: 春秋社, 1979.

高峰了州, 『華嚴と禪の通路』, 南都佛敎硏究會, 昭和 31.

關口眞大, 『達磨の硏究』, 春秋社, 1967.

260

關口眞大,『禪宗思想史』, 山喜房佛書林, 1966.
柳田聖山,『臨濟錄』(佛典講座 30), 大藏出版, 1977.


論文類

姜裕文,「辛旽考」,『佛教(新)』13～14집, 京城: 佛教社, 1938.
高炳翊,「元과의 關係의 變遷」,『韓國史』7, 국사편찬위원회, 1973.
_____,「高麗와 元과의 關係」,『東洋學』7, 단국대 동양학연구소, 1977.
高翊晋,「白蓮社의 思想傳統과 天頙의 著述問題」,『佛教學報』제16집, 동국대 불교문화연구소, 1979.
_____,「圓妙了世의 白蓮結社와 그 思想的 傳統」,『佛教學報』제15집, 동국대 불교문화연구소, 1978.
_____,「祖源通錄撮要의 出現과 그 史料의 가치」,『佛教學報』제21집, 동국대 불교문화연구소, 1984.
_____,「普照禪脈의 淨土思想受容」,『佛教學報』제23집, 동국대 불교문화연구소, 1986.
高惠玲,「稼亭 李穀과 元 士大夫의 交遊」,『民族史의 展開와 그 文化』上, 1990.
權奇悰,「白雲의 禪思想研究」伽山李智冠스님華甲記念論叢,『韓國佛教文化思想史』上, 가산불교문화연구원, 1992.
_____,「西山의 和思想」,『佛教學報』제15집, 동국대 불교문화연구소, 1978.
_____,「韓國佛教에 있어서 禪과 淨土의 關係」,『佛教學報』제26집, 동국대 불교문화연구소, 1989.
_____,『高麗後期의 禪思想研究』, 동국대 박사학위논문, 1986.
祁慶富,「指空中國行蹟考」,『伽山學報』5號, 가산불교문화연구원,

　　　 1996.

金塘澤, 「高麗崔氏武人政權과 修禪社」, 『歷史學研究』, 전남대사학회,
　　　 1989.

金相永, 「高麗 睿宗代 禪宗의 復興과 佛敎界의 變化」, 『淸溪史學』 5,
　　　 정신문화연구원 청계사학회, 1998.

______, 「高麗中期의 禪僧 慧照國師와 修禪社」, 李箕永博士古稀記念
　　　 論叢 『佛敎와 歷史』, 한국불교연구원, 1991.

金相鉉, 「三國遺事의 刊行과 流通」, 『韓國史硏究』 38, 한국사연구회,
　　　 1982.

金成俊, 「高麗와 元明關係」, 『韓國史』 8, 국사편찬위원회, 1974.

金煐泰, 「三國遺事의 體裁와 그 性格」, 『論文集』 13, 동국대 출판부,
　　　 1974.

______, 「朝鮮禪家의 法統考」, 『佛敎學報』 제22집, 동국대 불교문화
　　　 연구소, 1985.

______, 「朝鮮初 己和의 念佛淨土觀」, 『韓國佛敎學』 제15집, 한국불
　　　 교학회, 1995.

金潤坤, 「新興士大夫의 擡頭」, 『韓國史』 8, 국사편찬위원회, 1974.

金鍾國, 「高麗武人政權と僧徒の對立抗爭에 관한 一考察」, 『日本朝鮮
　　　 學報』 21·22, 天理大學 朝鮮學會, 1961.

金知見, 「雪岑의 華嚴과 禪의 世界」, 柳承國博士華甲紀念論文集 『東
　　　 方思想論攷』, 종로서적, 1983.

金昌淑, 「禪苑淸規와 勅修百丈淸規의 亡僧條에 관한 考察」, 『韓國佛
　　　 敎學』 21, 한국불교학회, 1996.

______, 「懶翁慧勤의 淨土融攝考」, 『東院論集』 10, 동국대 출판부,
　　　 1997.

______, 「懶翁의 敎·戒·密 融攝考」, 『東國歷史敎育』 제6집, 동국대
　　　 역사교육학과, 1998.

金哲俊, 「高麗時代 歷史意識의 變遷」, 『韓國文化史論』, 지식산업사, 1976.

______, 「益齋 李齊賢의 史學」, 『東方學誌』 8, 연세대 국학연구원, 1967.

______, 「蒙古壓制下의 高麗史學의 動向」, 『考古美術』 129・130호, 한국미술사학회, 1976.

金忠烈, 「麗末 性理學의 輸入과 形成過程」, 『高麗儒學史』, 고려대 출판부, 1984.

金炯佑, 「胡僧指空硏究」, 『東國史學』 18, 동국대 사학회, 1984.

金浩星, 『普照의 淨土受容에 關한 再考察』, 『普照思想』 제3집, 보조사상연구원, 1990.

文喆永, 「麗末 新興士大夫들의 新儒學 受容과 그 特徵」, 『韓國文化』 3, 서울대 한국문화연구소, 1982.

______, 「朝鮮初期의 新儒學 受容과 그 性格」, 『韓國學報』 36, 일지사, 1984.

閔泳珪, 「高麗 雲默和尙 無寄 茸侁 —— 無寄警策과 釋迦如來行蹟頌 幷序」, 朴吉眞博士華甲紀念 『韓國佛敎思想史』, 원광대학교 출판부, 1975.

閔賢九, 「高麗後期 權門世族」, 『韓國史』 8, 국사편찬위원회, 1974.

______, 「辛旽의 執權과 그 政治的 性格」 上・下, 『歷史學報』 38・40, 역사학회, 1968.

______, 「高麗 恭愍王의 反元的 改革政治에 대한 一考察」, 『震檀學報』 68, 진단학회, 1989.

朴奉石, 「高麗藏高宗版의 傳來攷」, 『朝鮮之圖書館』, 아세아문화사 영인본, 1972.

朴現圭, 「李齊賢과 元 文士들과의 交遊攷」, 『嶠南漢文學』, 교남한문학회, 1990.

朴虎男,「檜巖寺和尙 懶翁의 無生法 考察」,『畿田文化研究』16, 인천
　　　교육대학, 1987.

徐潤吉,「高麗末 臨濟禪의 收容」,『韓國禪思想研究』, 동국대 불교문
　　　화연구소, 1984.

徐宗梵,「朝鮮佛敎와 懶翁禪風」,『韓國佛敎文化思想史』上, 가산불교
　　　문화연구원, 1994.

＿＿＿,「朝鮮時代 禪門法統說에 대한 考察」,『論文集』1, 중앙승가
　　　대 출판부, 1992.

辛奎卓,「懶翁和尙의 禪思想」,『三大和尙研究 論文集』, 檜巖寺, 佛泉,
　　　1996.

安啓賢,「麗元關係에서 본 高麗佛敎」, 黃義敦先生古稀紀念『史學論
　　　叢』, 동국대 사학회, 1960.

＿＿＿,「佛敎行事의 盛行」,『韓國佛敎史研究』, 동화출판공사, 1982.

＿＿＿,「李穡의 佛敎觀」,『曉城趙明基博士華甲記念論集』, 동국대 도
　　　서관, 1965.

吳亨根,「韓國 禪院의 淸規와 儀式」,『韓國禪思想研究』, 동국대 출판
　　　부, 1984.

俞瑩淑,「白雲의 法脈과 禪思想」 芝邨金甲周敎授華甲紀念『史學論
　　　叢』, 史學論叢刊行委員會, 1994.

尹南漢,「儒學의 性格」,『韓國史』6, 국사편찬위원회, 1975.

尹絲淳,「朱子學以前의 性理學導入問題 —— 崔沖의 九齋와도 關聯하
　　　여」,『崔沖研究論叢』, 경희대 전통문화연구소, 1984.

李基東,「新羅社會와 佛敎 —— 國家權力과 身分制社會와의 관련에
　　　서」,『佛敎와 諸科學』, 동국대 출판부, 1987.

李範鶴,「宋代 朱子學의 成立과 發展」,『講座中國史』3, 지식산업사,
　　　1990.

李炳熙,『高麗後期 寺院經濟의 研究』, 서울대 박사학위논문, 1992.

李逢春,「太古普愚와 佛敎社會」,『太古普愚國師論叢』, 대륜불교문화
　　　연구원, 1996.

李永子,「天因의 法華懺法의 展開」, 佛敎文化硏究所 編,『韓國天台思
　　　想硏究』, 동국대 출판부, 1983.

李龍範,「奇皇后의 冊立과 元代의 資正院」,『歷史學報』17・18合集,
　　　역사학회, 1962.

＿＿＿,「元代 喇嘛敎의 高麗傳來」,『佛敎學報』제2집, 동국대 불교
　　　문화연구소, 1964.

李鍾益,「高麗白雲和尙의 硏究」, 鄭縱博士停年退任記念論文集『東西
　　　思想의 만남』, 형설출판사, 1982.

＿＿＿,「祖師禪에 있어서의 無心思想」,『佛敎學報』제10집, 동국대
　　　불교문화연구소, 1973.

李哲憲,「懶翁惠勤의 彌陀淨土觀」,『韓國佛敎學』제18집, 한국불교학
　　　회, 1993.

林英正,「高麗時代僧院僧徒に關する金石文資料の檢討」,『鷹陵史學』,
　　　京都: 佛敎大學 歷史硏究所, 1990.

張東翼,「麗・元 文人의 交遊」,『國史館論叢』27, 국사편찬위원회,
　　　1992.

＿＿＿,「元의 政治的 干涉과 高麗政府의 對應」,『歷史敎育論集』17,
　　　역사교육학회, 1992.

全海宗,「高麗와 宋과의 交流」,『國史館論叢』8, 국사편찬위원회,
　　　1989.

鄭求福,「李齊賢의 歷史認識」,『震檀學報』51, 진단학회, 1981.

鄭炳朝,「白雲의 無心禪에 대하여」,『韓國佛敎學』3, 한국불교학회,
　　　1978.

鄭垣杓,「懶翁和尙 偈頌의 文學的 性格」,『三大和尙硏究 論文集』, 회
　　　암사, 佛泉, 1996.

鄭鎭禹, 「高麗武臣政權과 僧徒의 對立」, 『清大史林』 4·5, 청주대 사학회, 1977.

趙明濟, 「14세기 高麗思想界의 楞嚴經 盛行과 그 思想的 性格」, 『伽山學報』 5호, 가산불교문화연구원, 1996.

曺永祿, 「朝鮮의 小中華論」, 『歷史學報』 제149호, 역사학회, 1996.

宗 眞, 「普照知訥의 禪思想에 대한 再照明」, 伽山李智冠華甲紀念論叢 『韓國佛敎文化思想』 卷下, 가산불교문화연구원, 1994.

陳高華, 「元代來華印度僧人」, 指空事輯, 『南亞研究』, 1971.

震檀學會 編, 「三國遺事에 대한 綜合的 檢討」, 『震檀學報』 36, 진단학회, 1973,

秦星圭, 「高麗後期 修禪社의 結社運動」 『韓國學報』 36, 일지사, 1984.

______, 「武臣政權과 禪宗」 『佛敎研究』 6·7合集, 한국불교연구원, 1992.

______, 「圓鑑錄을 통해서 본 圓鑑國師 沖止의 國家觀」, 『歷史學報』 94·95, 역사학회, 1982.

蔡尙植, 「高麗後期 天台宗의 白蓮社 結社」, 『韓國史論』 5, 서울대 인문대 사회학과, 1979.

______, 「高麗後期 佛敎史의 展開樣相과 그 傾向」, 『歷史敎育』 35, 역사교육연구회, 1984.

______, 「普覺國師一然에 대한 研究」, 『韓國史研究』 38, 한국사연구회, 1982.

崔柄憲, 「修禪結社의 思想史的 意義」, 『普照思想』 1, 불일출판사, 1987.

______, 「高麗中期 李資玄의 禪과 居士佛敎의 性格」, 金哲俊華甲記念 『史學論叢』, 지식산업사, 1983.

______, 「義天의 渡宋活動과 高麗·宋의 佛敎交流」, 『震檀學報』 71·72, 진단학회, 1991.

266

______, 「太古普愚의 佛教史的 位置」, 『韓國文化』 7, 서울대 한국문화연구소, 1986.

韓基斗, 「高麗後期의 禪思想」, 『韓國佛教思想史』, 원광대 출판부, 1975.

______, 「懶翁의 禪思想」, 『韓國의 禪思想研究』, 일지사, 1991.

______, 「高麗 禪宗의 思想的 傳統」, 『傳統과 思想』 III, 정신문화연구원, 1988.

______, 「普照와 普愚의 思想的 比較」, 『普照思想』 제8집, 보조사상연구원, 1995.

______, 「朝鮮後期의 禪思想」, 崇山朴吉眞博士 華甲紀念論文集 『韓國佛教思想史』, 원광대 출판부, 1973.

______, 「1306年 高麗國大藏移安記」, 『高麗佛教史研究』, 일조각, 1986.

許興植, 「僧政의 紊亂과 宗派間의 葛藤」, 『高麗佛教史研究』, 일조각, 1986.

______, 「指空의 思想形成과 現存著述」, 『東方學誌』 61, 연세대 국학연구원, 1989.

______, 「懶翁의 思想과 繼承者」 上·下, 『韓國學報』 58·59집, 일지사, 1990.

______, 「指空碑文의 綜合的 檢討」, 『鄉土文化』 5집, 밀양고적보존회, 1990.

______, 「指空의 禪要錄과 禪思想」 震山韓基斗博士華甲紀念 『韓國宗教思想의 再照明』, 원광대 출판부, 1993.

______, 「眞靜國師의 生涯와 時代認識」, 『東方學誌』 35, 연세대 국학연구원, 1983.

______, 「指空의 佛教思想과 麗末鮮初의 現實性」, 碧史李佑成教授停年退職紀念論叢 『民族史의 展開와 그 文化』 上, 여강출판사,

1990.

______, 「指空의 原碑文과 碑陰記」, 李箕永博士古稀紀念論叢 『佛教
와 歷史』, 한국불교연구원, 1991.

______, 「14, 5세기 曹溪宗의 繼承과 法統」, 『東方學誌』 73, 연세대
국학연구원, 1991.

______, 「『東文選』의 編纂過程과 佛教史料」, 『高麗佛教史研究』, 일조
각, 1993.

______, 「高麗中期 禪宗의 復興과 看話禪의 展開」, 『奎章閣』 서울대,
1982. 12.

______, 「指空의 遊歷과 定着」, 『伽山學報』 창간호, 가산불교문화연
구원, 1991.

______, 「指空和尙에 관한 資料와 國內外의 研究現況」, 『三大和尙研
究』, 회암사, 1996.

關口眞大, 「達摩和尙絶觀論 —— 敦煌出土와 牛頭禪」, 『達摩大師의 研
究』, 彰國社, 1957.

______, 「授菩薩戒儀達摩本について」, 『印度學佛敎學研究』 第9卷 2
號, 日本印度學佛敎學會, 1961.

______, 「證心論は天台大師の撰述たるおず」, 『達摩大師の研究』, 春
秋社, 1969.

久野芳隆, 「牛頭法融に及ぶ三論宗の影響 —— 敦煌出土本を中心と
して」, 『佛教研究』, 3卷 6號, 佛教研究會, 1930.

______, 「流動性に富む唐代の禪宗書籍 —— 敦煌出土における南禪
北宗代表的作品」, 『宗教研究』 新第14卷 第1號. 日本宗教學
會, 1937. 1.

岡敎邃, 「朝鮮華藏の梵筴と印度指空三藏」, 『宗教研究』 3卷 5號, 日本
宗教學會, 1926.

江田俊雄, 「高麗版白雲和尙語錄就」, 『宗教研究』 10卷 5號, 日本宗教

學會, 1933.

南楠順次郞,「梵僧指空禪師傳考」,『禪學雜誌』22, 和融社, 1919. 8.

常盤大定,「宋代に於ける華嚴隆盛の緣由」,『支那佛教學の硏究』, 名著出版所, 1979.

北村 高 外,『印度佛教傳播史の硏究』(1), 龍谷大, 1994.

小玉大圓,「印度僧指空の生涯とその事蹟(序說)」,『印度佛教傳播史の硏究』, 龍谷大, 1994.

鈴木大拙,「敦煌出土本 —— 達摩和尙絕觀論」,『佛敎硏究』第1號, 佛敎硏究會, 1937.

永井政之,「萬松行秀の禪とその周邊」,『宗學硏究』19, 駒澤大學, 1997.

______,「萬松行秀考」,『宗敎硏究』50卷 3號, 日本宗敎學會, 1976.

柳田聖山,「絕觀論の本文硏究」,『禪學硏究』58호, 花園大學 禪學硏究會, 1970.

______,「大乘戒經としての六祖壇經」,『印度學佛敎學硏究』12卷 1號, 1964.

二宮啓任,「高麗朝の恒例法會」,『朝鮮學報』15, 天理大學 朝鮮學會, 1960,

伊藤隆壽,「宋代の華嚴學と肇論」,『印度學佛敎學硏究』33卷 1號, 日本印度學佛敎學會, 1984.

前川亨,「耶律楚材論 —— 金朝滅亡前後における思想狀況と政治狀況の牽關」,『駒澤大學硏究所年報』3, 駒澤大, 1992.

佐藤祖哲,「耶律楚材の佛教」,『宗敎硏究』 53卷 3號, 日本宗敎學會, 1980.

中島志郎,「胡僧指空의 硏究」, 동국대 석사학위논문, 1985.

Jorgensen, J., "Conflicts between Buddism and Confucianism in the Choson Dynasty,"『佛敎와 儒敎』(제16회 국제학술회의), 한국불교연구원, 1997.

辭典  目錄·圖錄類

『東京大學 人文科學研究所 漢籍分類目錄』
『禪學大辭典』
『中國歷史地圖』

# 索 引

Abstract


# A study on the Sŏn thought of Naong Hyegŭn


Kim Changsook(Hyothan)


The purpose of this thesis is to investigate the Sŏn thought of Master Naong Hyegŭn(懶翁慧勤; 1320~1376 A.D.) who has lived in the most chaotic period in the Koryŏ Dynasty. It was in this period that King Kongmin carried out the policy directed against Yüan Dynasty, that Yüan and Ming fought each other to occupy the Chinese territory(中原), that the Red Turbans(Chinese bandits taking a red band on their head) and Japanese marauders(倭寇; Waegu) have repeatedly invaded into Koryŏ, that Neo-Confucianism were introduced and developed, that the Buddhist monks introduced the Imje Sŏn(禪 Ch'an in Chinese, Zen in Japanese, here after Sŏn).

We can divide his lifetime into three periods: First, the period of being ordained under Master Yoyŏn and practicing asceticism, second, the period of staying in China to attain Enlightenment, and third, the period of acting as a Sŏn Master after his returning to this country.

We can assort the Buddhist activities by Master Hyegŭn into as follows: First, the transmission of Chigong Sŏn and Imje Sŏn, second, the execution of Kongbu Sŏn, and third, the rebuilding Hyoam-sa. He has been transmitted the pure Indian Sŏn handed over by Master Chigong which was quite different from that of Master Bodhidharma and the Imje Sect transmitted by Master Pingshan Chunlin. He has revived the powerful Sŏn movement in the late Koryŏ Dynasty.

He has executed Kongbu Sŏn to correct the Buddhist policy through the examination system for the Buddhist monks. He has rebuilt Hyoam-sa to promote Buddhism in Koryŏ and to regenerate the national power according to Master Chigong's 'samsanyangsuchigi' (三山兩水之記; a prophecy about the development of Buddhism in Koryŏ). But these Buddhist movement have threatened the Neo-Confucianists. After all, he has been expelled to Yŏngwŏn-sa in Milyang and has passed away at Shinrŭk-sa. His desire to regenerate the national power and to promote Buddhism were turned into failure owing to his death. In this point of we can see that he has worked on positive lines to promote Buddhism, even though he couldn't attain his desire. We can say that the Sŏn thought of Master Hyegŭn was related to the various kinds of Sŏn thought which are Pŏpan family(法眼家風), Chodong family(曹洞家風), Wuiang family(僞仰家風), Kanhwa Sŏn(看話禪) and the Sŏn thought of Master Chigong and Imje sects. He has always emphasized the self-conviction, the self-experience, the self-representation and the self-originality to attain Enlightenment. We can see the points and the outline of the Hyegŭn Sŏn thought through his ten sections on Kongbu(工夫十節目), which is transformed from Chigong Sŏn and Imje Sŏn. He proposed not to be fell to Imje Sŏn but to establish his own Sŏn, i.e. Hyegŭn has interpenetrated the various kinds of Sŏn and Kyo(scriptural study), Virtue(Sila) and

Esoteric Buddhism.

Through his three tunes on praising Buddha(歌三首; *kasamsu*), he has developed his own Sŏn thought. Expecially through his *Sŭngwonga* and *Sŏwangga*, we can see his strong intention to save mankind. He has presented the various ways for the religious practice according to his or her energy. He has claimed that we should introduce the thought of Pure Land in order to establish the proper Sŏn.

We can compare Master Hyegŭn with Master Pocho Chinul(1158～1210 A.D.) and Master Taego Powu(1301～1382 A.D.) in various dimensions. Master Hyegŭn has developed the movement of Buddhist association in Songkwang-sa and has showed his strongest high-mindness which are very different from that of Master Pocho and Master Taego. Even though Hyegŭn came in contact with the royal household of the Koryŏ Dynasty like Powu, but he must be estimated real zen master. Because he has tried to save mankind, as a person has lived in the most chaotic period.

There were Master Honsu and Master Chach'o as his disciples. Master Honsu is a important monk because many scholars has argued whether he is Master Heygŭn's disciple or Master Powu's disciple. I insist that Monk Honsu is a disciple of both Master Heygŭn and Master Powu. The more important thing is that we need not lose our energy to determine whether he is a disciple of Master Hyegŭn or not. Monk Chach'o was a master who founded the stupa and the monument of Master Chigong and Master Hyegŭn at Hyoam-sa temple and wrote *Pulgyochongmaekchido*(佛祖宗派之圖; a book on the Buddhist sects) and settled what Master Heygŭn's school was.

There are the various opinions on the Sŏn school in Koryŏ, which were Naongpŏpth'ongsŏl(懶翁法統說), T'aegobŏpth'ongsŏl(太古法統說),

and Pochopŏpth'ongsŏl(普照法統說). To determine which theory is right, we should deliberate what Naongpŏpth'ongsŏl means. Master Heygŭn accepted not only the thought of the various Sŏn sects but also of Kyo(scripural study), Virtue(Sila), the thought of Pure Land and Esoteric Buddhism. I advocate that Naongpŏpth'ongsŏl is right among others. My opinion give to us the chance to expand the scope of Sŏn in Korea.

Master Heygŭn has been worshiped as a Buddha's later self, and Chŭngmyŏngpŏpsa(證明法師) as one of three famous masters in Korea in the Chosŏn Dynasty i.e., Master Chigong, Master Naong and Master Chach'o, because of his high level in the Sŏn thought. His own last Buddhist ritual sxhowed his iron will to save mankind. Although he did not stop the stream of Neo-Confucianism in the later Koryŏ Dynasty, He should be evaluated as a great Master who has done his best in his life time.

金昌淑(曉呑)

1975년 예산 修德寺 見性庵 출가. 1997년 동국대
대학원 문학박사. 동국대 선학과 및 역사교육과 강
사, 중앙승가대 불교학과 강사, 동국대(경주) 강사,
교육원 불학연구소 상임연구원.
논문:「太古普愚의 思想과 淨化運動」「禪苑淸規와 勅
修百丈淸規의 亡僧條에 관한 考察」「懶翁惠勤의 淨
土觀」「韓國佛敎 講脈傳燈의 考察」외 다수.

高麗末 懶翁의 禪思想 硏究

1999년 9월 20일 초판 1쇄 인쇄
1999년 9월 30일 초판 1쇄 발행

저 자　金　曉　呑
발행자　尹　載　昇
발행처　民　族　社

등록 제 1-149호. 1980. 5. 9
서울 종로구 청진동 208-1
전화 (02)732-2403～4, 722-7679
팩스 (02)739-7565 K.O.P.Box 1560

값 12,000원　　　ISBN 89-7009-047-9 93220